中国金融学会金融科技专业委员会

中国金融信息化发展丛书

中国证券期货业信息化发展

（1980—2021年）

主编　姚　前

中国金融出版社

责任编辑：吕　楠
责任校对：孙　蕊
责任印制：陈晓川

图书在版编目（CIP）数据

中国证券期货业信息化发展：1980—2021 年／姚前主编 . —北京：中国金融出版
社，2022.7

ISBN 978-7-5220-1644-3

Ⅰ.①中…　Ⅱ.①姚…　Ⅲ.①证券市场—信息化—发展—研究—中国—1980-2021
②期货市场—信息化—发展—研究—中国—1980-2021　Ⅳ.①F832.5-39

中国版本图书馆 CIP 数据核字（2022）第 096651 号

中国证券期货业信息化发展（1980—2021 年）
ZHONGGUO ZHENGQUAN QIHUOYE XINXIHUA FAZHAN（1980—2021NIAN）

出版
发行　中国金融出版社

社址　北京市丰台区益泽路 2 号
市场开发部　（010）66024766，63805472，63439533（传真）
网 上 书 店　www.cfph.cn
　　　　　　　（010）66024766，63372837（传真）
读者服务部　（010）66070833，62568380
邮编　100071
经销　新华书店
印刷　河北松源印刷有限公司
尺寸　185 毫米×260 毫米
印张　14.75
字数　298 千
版次　2022 年 7 月第 1 版
印次　2022 年 7 月第 1 次印刷
定价　88.00 元
ISBN 978-7-5220-1644-3
如出现印装错误本社负责调换　联系电话（010）63263947

丛书序言（一）

金融业历史悠久，是一个延续千年的古老行业，在人类发展史上发挥了举足轻重的作用。古往今来，金融业一直对新技术保持高度敏感，是科技成果应用最广最深的行业之一。历史充分证明，每一次工业革命都使金融与科技融合程度不断加深，助推金融业培育新优势、发挥新作用、实现新发展。可以说，技术进步是驱动金融创新发展的关键因素。

我国金融信息化起步于 20 世纪 50 年代。1957 年，人民银行核算工厂在北京成立，探索应用国外引进的电磁式分析计算机系统，拉开了我国金融信息化的大幕。1974 年，人民银行引进 60/61 型电子计算机，开始探索全国联行业务电子化发展之路。改革开放初期，人民银行牵头成立金融系统电子化领导小组，制定了"六五"做准备、"七五"打基础、"八五"上规模、"九五"基本实现电子化的建设规划与发展目标。伴随着改革开放的进程，我国金融业投入大量的人力、财力、物力用于信息技术研究与应用，其信息化程度一直位于各行各业前列。40 多年来，我国金融信息化实现跨越式发展。

自 20 世纪 80 年代起，电子技术广泛应用。金融管理部门采用当时先进的客户端/服务器架构，基于星型网络构建资金清算与同城清算系统，利用卫星通信网络构建天地对接的电子联行和电子证券交易系统，为金融信息化发展提供了不可或缺的重要基础设施。金融机构建设核心交易、账务、信贷等系统，业务处理从拨"算盘"变为敲"键盘"，实现了从手工处理到自动化处理的转变，有效提升了金融业务效率。

进入 21 世纪，互联网成为金融机构与客户连接的关键纽带、信息流与资金流的重要入口。金融服务渠道逐步从实体网点转移到网上银行和移动支付，金融服务时空限制逐步被打破，转账、汇款、支付、基金、外汇、理财等金融业务纷纷"触网"。在此背景下，老百姓足不出户就能享受贴心的金融服务，资金配置效率和服务质量得到显著提升。

近年来，新一轮科技革命和产业变革孕育兴起，金融信息化发展迎来前所未有的历史机遇，金融科技时代来临。金融机构运用大数据、云计算、人工智能、物联网等技术革新业务模式，创新产品服务，使科技成为践行普惠金融、催生消费需求、发展数字经济的新动力。从总体上看，科技逐渐由支撑业务向驱动业务创新发展转变，金融业"科技革命"正如火如荼，金融科技发展前景可期。

抚今追昔，鉴往知来。站在新的历史起点，人民银行牵头编纂这套丛书是对我国金融信息化理论与实践的系统性总结，是对我国金融信息化参与者、经历者和见证者的崇高致意，也是对未来金融科技发展极具价值的参考和借鉴。

书临付梓，可喜可贺，谨书数言，权以为序。

第十二届全国政协副主席　陈　元

2020 年 1 月

丛书序言（二）

金融与科技融合发展源远流长。科技创新的基因已深刻融入金融血脉、铸入金融灵魂。自20世纪50年代电子计算机应用以来，我国金融业顺应时代潮流，积极探索、勇于实践，利用科技手段持续提升金融服务质量和效率。金融业务电子化推动基础设施体系从无到有、从小到大、从分散到集中，摆脱了传统金融作业手工记账、算盘计数的历史，实现了从"算盘到键盘"的飞跃，极大地解放了金融业生产力，为金融服务转型升级与流程再造打下了坚实基础。金融渠道网络化促使储蓄、信贷、理财、保险等传统金融业务借助线上渠道不断革新，延伸至农村、边远地区，突破时间与空间的限制，实现金融服务"天涯若比邻"，为人民群众提供更便捷、更普惠的金融服务体验。近年来，新一轮科技革命和产业变革加速重构全球创新版图、重塑经济发展结构、改变社会治理体系，科技创新成为引领经济新常态的"第一动力"。在此背景下，金融信息化进入金融科技新阶段，不断催生新产品、新业态、新模式，为金融发展提供源源不断的创新活力。党的十九大报告明确要求加快建设实体经济、科技创新、现代金融、人力资源协同发展的产业体系，金融科技迎来大有可为的历史机遇期。

作为金融管理部门，中国人民银行认真落实党中央、国务院决策部署，不忘金融信息化初心，立足金融业发展需要，前瞻布局、统筹谋划，聚焦关键领域和薄弱环节，出台《金融科技（FinTech）发展规划（2019—2021年）》，明确未来3年金融科技工作的指导思想、基本原则、发展目标、重点任务和保障措施，为实现金融科技高质量发展指明方向、提供遵循。在做好顶层设计的同时，积极建立健全金融科技监管基本规则体系，探索创新产品管理机制，加快推进规则制度拟定、监测分析和评估工作，划定金融科技守正创新的边界和底线，打造机构自治、行业自律、社会监督、政府监管协同共治的金融科技治理格局，为科技更好地赋能金融提质增效保驾护航。

编纂《中国金融信息化发展丛书》，意义重大、影响深远。丛书回望我国金融信息化走过的光辉岁月，既诉说了基础设施建设的艰辛历程，也讲述了业务系统构建的奋斗故事；既呈现了数据大集中的显著成效，也展望了金融科技发展的美好愿景。这些可歌可泣的重要事件激励着新时代金融科技工作者继往开来、开拓创新、砥砺奋进。在此，谨向为我国金融信息化发展作出杰出贡献的奠基者、开拓者和耕耘者致以崇高敬意。

丛书付梓之际，谨录感触以为序。

中国人民银行副行长　范一飞

2020 年 1 月

《中国证券期货业信息化发展（1980—2021年）》编写组

主 编：姚 前

副 主 编：俞 枫 彭 枫

主 审：罗 凯 王 泊 喻华丽 史光伟 罗黎明
辛治运 吴 越 何铁军

统 稿：梅继雄

执 笔：贺 欢 道 晟 万晓鹰 曾海泉 杨竞霜
李立峰 顾一新 王友军 于三禄 鲁继东
李 霄 李 刚 路 一 刘大海 强庆华
林 琳 唐沛来 赵 刚 黎 峰 胡卫宁
王 曦 张 勇

编写组成员：黄丽萍 饶建俊 周慰慈 杨振新 谢 明
丁 里 刘 宁 郑晓锋 安政伟 朱少鹏
管建强 刘 芳 牟建斌 吕国豪 祖 超
崔慧阳 邓亭勋 张 磊 李 军 杨鹏翼
蒋锐权 尚守哲

支持单位：中国证监会科技监管局、国泰君安证券、上海证券交易所、深圳证券交易所、全国股转公司、中国证券登记结算公司、中国期货市场监控中心、上海期货交易所、郑州商品交易所、大连商品交易所、中国金融期货交易所、中国证券业协会、中国期货业协会、中国证券投资基金业协会、中证技术、中证数据、上交所技术公司、上期技术、广发证券、银河证券、国泰君安期货、海通期货、华泰期货、南方基金、嘉实基金、中融基金、恒生电子、金仕达软件、根网科技、文华财经

前　言

　　我国资本市场伴随着改革开放的伟大进程，从无到有，从小到大，从分散到集中，成为全球重要的新兴市场，为中国经济社会发展作出重要贡献。资本市场是我国最早应用信息技术的领域之一，20世纪90年代初，其建立后不久即实现了证券无纸化、电子化交易。随着行业信息化水平不断提升，实时交易委托、自动撮合交易、无纸化中央登记结算等以信息技术手段为支撑的市场活动，使证券期货交易突破地域和时间的限制，交易操作的可靠性和便捷性大幅提升，在保障市场高效稳定运转的同时，也为资本市场的发展壮大和改革创新奠定了坚实基础。随着互联网技术的发展，进一步拓展了经营机构的获客边界，通过网络信息技术创新产品、业务和交易方式，扩大了资本市场服务的覆盖面。

　　近年来，全球新一轮科技革命和产业变革方兴未艾，大数据、云计算、人工智能、区块链等现代信息技术蓬勃发展，推动资本市场信息化建设迈向新阶段。新一代技术逐渐渗透到发行、上市、交易、结算以及日常监管各个环节，从上市公司信息披露直通车，再到智能投研、大数据风控等，在缩短金融服务链条、缓解信息不对称、提升市场效率等方面效果显著。当前资本市场金融科技创新正处于重要发展机遇期，数据作为关键生产要素的价值日益体现，以算法为核心的新型经济模式逐渐壮大，基于区块链技术的证券数字化和去中心化业务处理正在推动新型金融基础设施变革。

　　证监会作为证券期货业的主管部门，高度重视行业网络安全和信息化发展，通过多年来的实践探索，形成了适合行业信息化发展的监管模式，为资本市场的稳定发展和深化改革提供坚实保障。证监会先后出台了一系列监管规定，以网络安全为核心，对证券期货业信息技术管理提出了原则性要求，对配套自律规则、行业技术标准等形式做了进一步细化，并对相关监管要求的落实情况开展日常监管。自2008年以来，为适应科技快速发展的趋势，提高监管效能和市场治理水平，监管科技应运而生并得以持续深化。围绕"数据让监管更加智慧"的科技监管愿景，证监会积极探索运用大数据、人工智能等新一代技术赋能监管，不断提升监管的数字化、智能化水平。同时，为深化科技监管改革，证监会统筹规划并发布了《证券期货业科技发展"十四五"规划》，为新发展阶段推进证券期货业金融科技与监管科技创新提供纲领性指南；积极探索完善金融科技监管基础制度，部署开展资本市场金融科技创新试点，在守正创新的前提下进一步释放发展动能，助力建设一个规范、透明、开放，有活力、有韧性的资本市场。

回望证券期货业信息化发展30多年的历史，筚路蓝缕、春华秋实。在科技加速推动行业变革的大背景下，《中国证券期货业信息化发展》（1980—2021年）一书的编写意义重大。本书从业务发展、科技应用与创新、行业基础设施、监管科技等多个视角，系统地回顾了我国证券期货业30多年来信息化建设的峥嵘岁月，全面覆盖了监管层、核心机构、经营机构等行业参与主体的信息化发展历程和贡献，填补了行业内信息化建设相关文献的空白，对推动行业网络安全和信息化工作的长足发展具有积极的借鉴意义和参考价值。

新书付梓出版之际，谨以此为序。

中国证监会科技监管局局长　姚　前
2021 年 12 月

目　　录

第一章 证券期货业信息化发展历程回顾

在证券交易和证券市场产生后的数个世纪，随着证券品种多元化和证券交易规模的扩大，证券信息化水平也在不断提升。从全球范围来看，证券行业中大致以20世纪60年代作为分界线，将证券信息化的变迁历程划分为人工交易阶段和电子化交易阶段。中国的证券期货市场起步较晚，但也因此具有后发优势，充分利用信息技术，用30多年的时间，完成了从手工交易到半手工交易再到电子化交易，实现无纸化、网络化，完成交易系统大集中，推动低延时等技术创新，有力地推动了多层次资本市场的构建和发展，实现了跨越式发展。本书以证券交易方式的重大变迁为出发点，将证券业信息化发展分为创立起步阶段、快速成长阶段、规范发展阶段和创新发展阶段（见图1-1）。

创立起步阶段：1980—1993年，属于中国证券期货市场建立初期，因受技术发展条件限制，早期主要是"一手交钱、一手交货"的实物线下交易方式，证券委托、撮合、资金清算和证券交割等环节都是手工操作。1990年上海证券交易所（上交所）和深圳证券交易所（深交所）的先后成立，标志着新中国资本市场正式建立。证券和期货市场建立初期，证券公司和期货公司积极引入计算机、通信网络等信息技术，替代了人工交易模式，正式推出电子化的交易系统，实现了交易结算等核心业务的信息化，进入电子化交易时代。

快速成长阶段：1994—1999年，行业积极引入计算机、通信网络等信息技术，逐步代替了人工交易模式，初步实现交易结算等关键业务的电子化与自动化。市场规模不断扩大，行业利用高性能计算机主机、卫星通信等信息技术手段建立起全国性的证券期货市场，信息系统的功能与性能得到快速提升，全国性交易网络基本形成。

规范发展阶段：2000—2014年，技术与业务进一步融合，信息系统的功能日益完善，运行管理趋于规范并逐步转向集中交易和集中管理模式；信息技术在行业中的地位日趋重要，行业相关信息技术法规和标准体系的建设日益迫切。同时，逐步建立起多层次的技术规则制定和监管体系，为资本市场的安全运行与持续快速发展提供了有力保障。这一阶段证券公司和期货公司围绕集中交易系统（区域集中和大集中）和网上交易大规模系统进行信息化投资和建设，实现了作业（即交易）过程的自动化。

创新发展阶段：2015年至今，在基础交易系统建立完成后，证券业的业务模式、盈利模式和竞争手段趋于同质化，迫使整个证券业探求以差异化、创新化的战略来应对惨烈的"佣金大战"，利用金融科技打造核心竞争力，"以客户为导向，以满足客户全方位的需求为目标，以专业化、差异化的服务为手段"的策略成为业内普遍的共识。

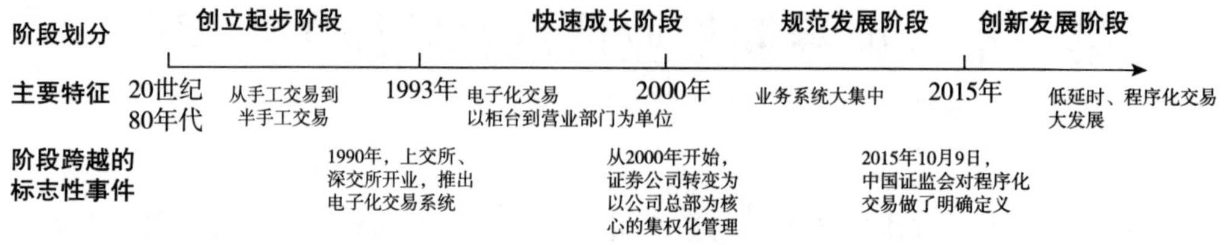

阶段划分	创立起步阶段		快速成长阶段		规范发展阶段		创新发展阶段
主要特征	20世纪80年代	从手工交易到半手工交易	1993年	电子化交易以柜台为营业部门为单位	2000年 业务系统大集中		2015年 低延时、程序化交易大发展
阶段跨越的标志性事件		1990年，上交所、深交所开业，推出电子化交易系统		从2000年开始，证券公司转变为以公司总部为核心的集权化管理		2015年10月9日，中国证监会对程序化交易做了明确定义	

图1-1 证券期货业信息化发展的主要阶段

需要说明的是，行业信息技术的发展历程是一个自然的发展过程，受当时时代背景、行业业务发展、技术更迭等因素影响不断往前推进。这四个阶段的划分是在分析、总结行业信息技术发展的综合特征后做出的大致划分，没有严格界限。一些标志性事件，虽然主要体现的是某个阶段的特征，但是相关工作可能在前一阶段就已经展开。为准确还原事件，在表述的年代上会存在跨阶段的情况。

第一节　创立起步阶段（1980—1993年）

新中国的证券市场发展相比国际已落后了一个多世纪，真正意义上的股票交易可追溯到20世纪80年代初，是在进行股份制改造以及改革经济体制的前提下，开始逐步创建自己的证券市场。

早期的证券交易活动仍然遵循传统的交易模式，各项工作基本都依靠人工作业方式，在有形的交易场所内完成。股票交易都是通过各地分散的证券业务部柜台进行交易。人们为了实现所持证券的交易，或者自己亲自前往固定的交易场所进行交易，或者委托证券经纪人代理买卖业务。包括证券交易前后的信息传递、买卖意愿的撮合以及交易的执行等诸项工作，一般都是通过交易者们相互之间面对面的讨价还价过程来实现的。因而，手工交易通常又被称为"大厅交易""公开喊价交易"。最早期的股票交易主要是现货交易，"一手交钱、一手交货"，交易完成后双方钱、货两清，但因为是人工操作，证券成交与资金清算、证券交割之间往往存在较大的时间滞后。交易双方通常在交易大厅面对面地讨价还价，且交易标的的标准化程度较低，交易对手的选择具有很大的随机性，这就使得早期的证券交易市场与其他的有形商品集市一样，其交易过程喧闹且无序。

随着交易量不断增加，弊端逐渐凸显，不同证券业务部的股票交易信息互不相通，造成同一股票的交易价格出现了较大差异，各地搬来运去的股票和现金越来越多，等候交易的客户队伍也越来越长。市场交易有失公平、效率也存在问题。其中，股票集中交易的场所在此情况下就显得至关重要了。于是，上海证券交易所（上交所）和深圳证券交易所（深交所）先后于1990年11月26日和12月1日成立，标志着新中国资本市场正式建立，自此我国的股票交易市场初具雏形，以便更好地配置资源。1990年，郑州粮食批发市场开业并引入期货交易机制，成为中国期货交易的开端。

20世纪90年代，时逢全球正在掀起信息技术革命浪潮，快速、便捷的信息传递方式受到社会的普遍欢迎，这为长期以人工方式进行信息交换的证券期货市场提供了一个良好的发展机遇。中国证券期货市场的建设者敏锐地意识到这一点并抓住机遇，在市场建立初期大胆对信息技术进行探索与应用，陆续实现了场内交易撮合电子化、登记结算无纸化、柜台系统电子化等，满足了市场初期的业务发展需要。证券交易所引进独立的电子交易系统，实现了证券交易过程的自动化，传统上在交易大厅公开喊价和人工撮合的交易模式被逐步取代。随后，证券交易所的日常运作普遍实现了无纸化，并与经纪商之间建立起了安全的连接和高效的运作架构，投资者在家里即可通过电话机上的按键下单买卖，其委托指令由经纪商在柜台终端输入，并通过计算机通信网络传送至交易所的撮合主机，撮合成交后实时回报，投资者在下单后不用放下电话，就能立即查询交易结果。此后，伴随着计算机技术和现代通信技术的突飞猛进，证券市场陆续实现了证券交易的自动化，证券市场原本的嘈杂声逐渐被静静运行的电子交易系统所代替，包括证券交易指令的下达和传送、指令数据的撮合和执行、市场交易价格的确定、交易前后信息的披露以及清算交割等诸多事项，基本上都是依靠电子技术来实现的。与此相对应的，证券市场有形的交易大厅和人工作业程序相继被取消。可以说，没有电子交易的技术基础，中国证券市场不可能以这样快的速度扩张，也无法支持幅员辽阔的大中国、上亿投资人参与、万亿元的成交规模。

20世纪80年代到90年代初，属于证券业的起步和摸索阶段。这一阶段是中国股份制改革起步初期，各项基本制度在探索中逐步建立，资本市场大多处于自我演进发展状态，资本市场体系初步搭建，整个市场规模较小，并以分隔的区域性试点为主，股票市场的发行和交易缺乏全国统一的法律法规，缺乏统一规范和集中监管。单个的证券公司甚至整个市场的抗风险能力都相对薄弱，处于不断试错和纠正的时期。证券市场信息化建设的投入主要集中在基础交易平台和内部数据传输网络上。

一、中国第一只股票发行及股票交易

20世纪80年代，中国改革开放的重心已经从农村转到了城市，其核心就是激发企业的活力。当时的中国还处在计划经济主导的时代，市场经济刚刚萌芽，一些企业为了摆脱经营困境，自发地实行股份制，发行股票：1980年1月抚顺红砖厂面向企业成功发行280万股股票，成为第一个"吃螃蟹"的企业。1984年7月，北京天桥发行股票，成为第一家进行股份制改造的国有企业，拉开了企业股份制改造的序幕。在1984年11月18日，中国第一只股票上海飞乐音响公司股票正式发行（见图1-2）。此后，北京、上海、深圳、成都等城市相继涌现出各种股份制企业，这是中国企业自下而上对资本的呼唤。资本刚一出现就展示了自身强大的实力。中国证监会首任主席刘鸿儒这样评价当时的情景："股份制把企业搞活了，然后就把经济搞活了。走了股份制这条道路后，资本市场还解决了一个大问题，就是结构调整。"大量股票的出现拉动了转让、交易和买卖股票的需求。

图 1-2　新中国第一股——上海飞乐音响股份有限公司股票

1986 年 9 月 26 日，中国第一个证券交易柜台——中国工商银行上海信托投资公司静安分公司的开张，标志着新中国从此有了股票交易（见图 1-3）。开张当天正式挂牌代理个人股票买卖业务，这是上海继开办银行同业拆借、票据转贴转让业务后，金融体制改革迈出的新的一步。当时代理的只有上海飞乐音响股份有限公司股票和延中实业公司股票这两只股票，而新中国第一股——上海飞乐音响股份有限公司在当天上市的 100 只股票，不到一个半小时即被抢购一空。当时的股票交易通过柜台手工进行，没有电脑，没有行情显示屏，成交价由客户口头协商，然后写在黑板上。在纸质印刷的股票上背书完成过户，交易资金以现金收付，柜台人员手工记录交易台账，算盘还是必不可少的计算工具（见图 1-4）。

最初的股票发行（承销业务）和交易（经纪业务），由银行和信托公司来完成。直到 1987 年 9 月 27 日，成立了新中国第一家证券公司——深圳经济特区证券公司。随着更多股票在全国各地陆续发行，银行、信托公司和证券公司纷纷在各地设立证券营业部，各种股票开始在各地的证券业务部柜台进行交易。各种股票的买价和卖价被交易员写在黑板（白板）上，买卖双方看着对方报价出价交易。

图 1-3　中国第一个证券交易柜台

图1-4 证券交易柜台的现券现金交易场景

飞乐音响作为中国改革开放后公开发行的第一只严格意义上的股票，意义非凡。1986年11月13日，在北京人民大会堂召开了一个颇具历史意义的中美金融市场研讨会，参会期间，邓小平将一张飞乐音响股票赠送给纽约证券交易所董事长范尔霖。之后，范尔霖来到上海静安证券营业部，将这张股票过户到自己名下（见图1-5）。

图1-5 范尔霖来到上海静安证券营业部，将股票过户到自己名下

此时，中国的股份制企业已有上千家。中国经济的发展也需要有一个规范的股票流通市场。创办一个股票集中交易的市场，已经摆到了决策者的面前。中国证监会首任主席刘鸿儒回忆道："股份制推行，要害就在于要有股票市场，要有资本市场配套，要发股票，要发债券。"1988年9月8日，在北京万寿宾馆召开了著名的万寿宾馆会议。随后起草了《中国证券市场创办与管理的设想》（白皮书），它为中国资本市场奠定了理论基础。

在传统的交易模式下，由于交易各个环节基本上都是由人力手工或半手工操作来完成，因而证券交易的规模普遍极为有限，过程历时较长，效率也比较低下。早期的交易市场（上海、深圳两个交易所）的交易行为都以"场内报盘"的形式呈现。即各地证券营业部接受股民买卖股票的委托（填写一张叫"证券委托单"的小纸片），通过长途电话的形式，通知各营业部在上海、深圳交易所内的"红马甲"（即"场内交易员"，他们由证券营业部派驻到交易所），由这些交易员输入交易所的电脑终端，根据成交结果，再长途电话通知各自营业部柜台，再通知股民。这种纯手工的处理方式，以及当时小规模的交易量和股票品种，使得各个证券营业部几乎没有电脑系统可言，只有少数营业部配备了单独的 PC 以运行 dBase 来记账。这时候效率慢主要体现在两个环节：第一，股民的委托必须以填写委托书的形式与营业部的柜台进行数据交换；第二，营业部以长途电话的形式与交易所进行数据交换。

二、两大证券交易所成立

在全球证券交易所的发展过程中，主要的组织模式分为会员制和公司制。交易所组织形式的不同，缘自不同的国情和时代背景，同时也对各国证券市场乃至金融市场产生了重大影响。我国 20 世纪 80 年代的股票交易由中国人民银行管理，中国人民银行是典型的国家行政管理机关，中国的股票交易一开始，就接受行政管理，这是中国证券交易所与境外证券交易所的天然差别。20 世纪 90 年代，我国沪深两家证券交易所相继营业，相比于西方证券交易所起步较晚，且两家证券交易所的设立主要依靠行政力量推进。

1990 年 6 月，在海外访问的时任上海市长朱镕基向全世界宣布，上海证券交易所将于年内开业。这时只剩半年的时间，让筹备交易所的人民银行上海分行措手不及。这时候，刚调来不久的尉文渊，主动请缨筹办交易所（见图 1-6）。那时，资本市场的初级形态已经形成，在北京，王波明、高西庆、李青原等创办了"北京证券交易所研究设计联合办公室"，积极推动中国证券市场的建立；在深圳，已有 10 个股票交易柜台，并且经济特区证券公司已经开始受理深圳发展银行的股票转让业务。

图 1-6　上海证券交易所的发展历史

1990 年 11 月 26 日，经国务院授权、中国人民银行批准，上海证券交易所正式成立。这是中华人民共和国成立以来在大陆开业的第一家证券交易所，上海证券交易所的成立成为我国改革开放在资本市场领域的标志性事件。同年 12 月 19 日，上海证券交易所正式开业。上海证券交易所是采用会员制的事业法人机构，交易所成立时来自上海、山东、江西、安徽、浙江、海南、辽宁等地的 25 家证券经营机构成为交易所会员，会员类型分为专业经纪商、专业自营商、监管经纪商与自营商。主要业务是组织证券上市，提供证券集中交易，提供集中清算交割，股票集中过户，提供证券市场信息。

中国大陆证券交易所的闪亮开场，并不只是上交所的"独角戏"。在上海证券交易所积极筹建之时，改革开放的前沿城市——深圳也在积极筹建自己的证券交易所。1990年12月1日上午，深圳证券交易所开始试营业。1991年7月3日，深交所最终获准正式开业。

这两个交易所的运营实现了股票的集中交易，标志着已经开展了4年的股票柜台交易进入到一个全新的交易所时代，形成了全国性的证券交易市场，有力地推动了股份制的发展。两个交易所的建立对于中国资本市场而言具有里程碑式的意义，它给企业搭建了一个全新的融资平台。

图1-7　1991年10月，上海市民为办理股票账号登记手续，在上海证券交易所门前排长队

交易所自开业起，采用会员制和场内报盘方式，会员缴足席位费即可在交易大厅拥有固定的、有形的交易席位，同时意味着拥有进行证券交易的资格。证券经营机构派出经纪人在交易席位上接听电话，获取来自营业柜台的买卖委托，通过各自交易柜台上的报盘终端（工作站）进行证券买卖。

交易所建立以后，股票交易就从柜台交易转变为集中撮合。股民通过当地的证券营业部柜台提交买卖委托，营业部工作人员（通常称为交易员）通过电话将客户的委托指令报告给派驻交易所的出市代表（这些代表因为身着红马甲而被直接称为"红马甲"），出市代表再将客户的委托指令报告给交易所进行集中撮合。

两地证券交易所的相继成立，实现了股票的集中交易，带来中国股票市场的兴起。上海证券交易所首任总经理尉文渊依然清晰地记得当年这里的热闹场景："每天到交易所，特别是中午休市或者下午闭市的时候，满街都是红马甲，最高峰时大概有三四千人。周边全部都是证券经营机构，那个时候这条路（上海外滩北侧黄浦路）就是中国的华尔街。"

三、证监会成立

1992年沪、深股票市场走出了一轮气势磅礴的牛市行情，其中深圳股市涨幅超过

2倍，股票供不应求。为平抑股价，8月7日，深圳市宣布当年发行5亿股公众股，但是当时市场极度热烈，对股票的需求量极其巨大。于是出现了百万人争购新股、认购抽签表的局面，并且引发了内部人员营私舞弊、暗中套购认购抽签表的行为。结果多数人因为没有买到认购抽签表而到市政府示威，从而引发了震惊全国的"8·10"事件。11日，受发售新股抽签表影响，深圳证券市场领导小组决定深圳证券交易所停市半天。

"8·10"事件后，国家在长达一年的时间里停止了新股发行工作。随着一系列的问题暴露出来，国家意识到了必须加大监管力度。1992年10月12日，国务院证券委员会和中国证券监督管理委员会宣告成立，标志着中国证券市场统一监管体制开始形成。这是中国内地最高证券管理权力机关，负责证券市场管理，保护投资者合法权益。

四、从"老八股""老五股"到无纸化

上交所在刚刚开始挂牌交易的时候，上市证券的种类只有30种，其中股票8只，分别为飞乐音响、方正科技、广电电子、豫园商城、爱使股份、申华控股、飞乐股份和ST方源（见图1-8）。交易所采用现货交易方式，不搞期货交易。开业初期以债券交易为主，同时进行股票交易，逐步转为债券与股票交易并重。深圳证券市场到1990年已有深圳发展银行、万科、金田、安达、原野（世纪星源的前身）5家上市公司的股票公开交易，证券公司12家，营业网点16个，深圳与上海不同，大宗的交易不是债券，而是股票（见图1-9）。彼时，这13家公司加在一起的总市值，也不如现在的一只小股。但就是这13家公司构成了中国资本军团的"十三太保"，它们成为中国股票市场的"星星之火"。

上海申华电工联合公司
股票代码：600653股票名称：申华控股

上海豫园旅游商会成股份有限公司
股票代码：600655股票名称：豫园商城

上海飞乐股份有限公司
股票代码：600654股票名称：飞乐股份

上海真空电子器件股份有限公司
股票代码：600602股票名称：广电电子

浙江凤凰化工股份有限公司
股票代码：600656股票名称：ST方源

上海飞乐音响股份有限公司
股票代码：600651股票名称：飞乐音响

上海爱使电子设备股份有限公司
股票代码：600652股票名称：爱使股份

上海延中实业股份有限公司
股票代码：600601股票名称：方正科技

图1-8 上交所"老八股"

图1-9　深交所"老五股"

实现证券登记交收无纸化：作为证券交易的后台作业，证券登记结算在市场初期基本上处于手工记账模式状态，有纸化的实物股票仍保留使用（见图1-10）。股票发行及每一次股票交易过户都需要人工进行记录，才能进行新一轮的交易。这种登记结算模式不仅效率低、劳动强度大，还经常出现操作错误。尤其在实现证券电子化交易后，登记结算周期仍需要"T+4"甚至更长时间才能完成，手工记账模式成为证券交易流程中的瓶颈，因此无纸化的登记结算模式势在必行。

图1-10　股票转让登记栏

"当时，推行无纸化的最大压力来自市场。投资者不愿交出股票，收老八股的实物券整整用了6个月还没有完全收齐。后来上交所再出规定，不交出实物股票，不能交易。到了老八股之后的第一只股票，也就是兴业房产新股发行时，印制了30%的实物股票，全部被封存于上交所，此后发行新股再也没有印制过实物股票，上交所才真正进入了无纸化时代。"上海证券交易所首任总经理尉文渊说。

实行无纸化，使得交收期大大缩短。上交所开业的时候，规定是"T+4"，也就是说今天成交，第4天才完成交收。按照不允许买空卖空的规定，必须拿到钱和股票，才能再进行买卖，市场效率比较低。无纸化以后，缩短交收期就简单了，也就有了之后的"T+1"，甚至"T+0"。

经过认真准备，上交所于1991年2月15日彻底取消了股票实物交割，并于1991年7月8日顺利推行了股票电子化集中存放，即为每个投资者开设一个股东账户，通过证券账户反映投资者股票使用情况，从而实现了无纸化的交易、存管、清算和交割。与此同时，股票的发行方式也向无纸化方式转变。同年9月，兴业房产成为我国首只采用无纸化发行上市的股票。从1991年10月起，所有股票均要事先存入证券账户才能交易，上海市场证券无纸化登记结算体系初步建立。

随后，1993年3月8日，上海证券中央登记结算公司（以下简称"上证登"）成立，进一步发展了电子化登记结算技术系统，电子化登记结算技术体系基本建成。1993年6月，上证登在NetWare平台上开发了股票账户开户系统和B股登记结算系统，并通过拨号系统，建立了远程数据通信网络，初步实现了证券登记结算业务的网络化。为了解决B股境外结算会员的数据交换问题，上证登开发了电传数据交换系统，实现了B股境外结算会员结算数据的电子化传输。1993年上证登分别上线运行资金三级清算和国债回购清算系统，又进一步推进了电子化清算业务的发展。

而作为经济特区的深圳，也在1990年11月26日，由深圳证券登记公司（以下简称"深证登"）推出了由2个Unix服务器（486微机）和16台终端构成的第一代证券登记系统，使当时柜台交易的"一户一票"制交割模式历史性地过渡到"一手一票"的标准化实物股票交割模式，并将分散在多个交易营业部的手工股份账集中到深证登进行电子化管理。此外，第一代证券登记系统还可以提供为投资者过户登记、为股票发行人分红派息等多种服务。

1991年12月30日，深证登对系统进行改版升级，彻底实现了证券登记从实物化向无纸化的转变，实物化的股票在1992年3月19日之后退出深圳市场。同年6月，深圳市场推出了异地证券登记结算系统以支持异地投资者参与深圳市场的交易。1992年12月底，深证登在全国26个城市建立了异地登记结算系统，利用拨号通信网络，形成了"中央结算与分布式登记"的结算体系。

无纸化的出现使刚出现两年的实物股票很快退出了中国证券市场的舞台，真正意义上的股票变成了一个纯数字化的金融产品，这为利用先进的信息技术快速发展证券市场奠定了基础。

五、证券和期货交易的电子化

对证券市场而言，交易撮合是证券期货市场的核心环节，它决定了市场的运行方式和效率。在中国证券期货市场成立初期，国际上的证券交易方式主要有两种，即传统的场内人工交易方式和新兴的场内电子化交易方式。中国证券期货市场的开拓者在研究以上两种方式之后，大胆决定不必重走西方证券市场的老路，应该积极采用场内电子化交易方式。

为此，1990 年 5 月上海证券交易所在筹建时就加紧研发电脑自动交易系统，并在 1990 年 12 月 19 日开业之日采用电子撮合系统进行交易撮合，这是我国证券市场最早的电脑自动交易系统。开业之时，市场的委托、行情、成交、回报等环节仍需要手工完成（见图 1-11）。1992 年 12 月，上交所完成系统升级，采用单向卫星广播行情，双向卫星接收报单，真正实现了委托输入、撮合成交以及行情发布等业务的自动化处理。

图 1-11　1991 年，深圳证券交易所大厅还在采用手写报价撮合

深圳证券交易所与上海证券交易所略有不同，它采取了"由简到繁，由易到难，先手工，后电子"的发展思路。1990 年 12 月 1 日正式开业时，深圳证券交易所没有完全采用电子化撮合方式进行交易，而是选择了人工写板的交易模式，计算机只负责记录成交情况和进行清算。1 年以后，深交所通过两次技术升级改造，在 1992 年 2 月 28 日也正式推出了具有自动撮合功能的第一代电子化交易系统，从而取代了以前的人工写板的交易模式。1993 年，又开发出第二代电子化交易系统，利用卫星通信技术实现向异地证券公司营业部单向传送实时行情及成交数据。

在交易系统的技术路线上，沪、深证券交易所有许多共同之处，两者均采用了微机局域网的技术方案，同时使用了 Novell 网络操作系统和 FoxBASE 数据库。1993 年 7 月，电脑交易系统实现了从微机网络系统到 TANDEM 系统的切换。

采用自动化撮合交易，不仅大大提高了市场的处理效率，更重要的是，自动化的撮合系统把业务规则固化在交易系统中，防止了市场交易过程中舞弊等不良行为，为市场规范化运作提供了技术保障。

电子化交易系统的推出解决了证券公司在接受委托之后内部处理流程的电子化，但是却没能有效解决投资者下单难的问题。由于初期市场火爆，投资者踊跃，证券公司营业部常常人满为患，排队买卖，引发了一些问题。尤其深圳"8·10"事件之后，证券公司营业部柜台委托下单的落后已成为当时市场关注的焦点，迫使证券公司采用先进的信息技术来化解市场交易难的问题。

1992 年 8 月，技术人员从香港的跑马投注电脑系统中得到启发，成功开发了电话委托系统，并于 10 月在农行深圳分行信托投资公司证券一部率先使用。电话委托系统就是投资者用电话拨号方式拨通证券公司的电话自动委托系统，用电话机上的数字和符号输入操作指令，通过电话委托系统送到柜台系统后，再发送给交易系统进行处理。电话自动委托绕开出市代表（红马甲），投资者的买卖委托信息直接通过电话和电脑系统进入交易所撮合交易。1992 年 12 月 14 日，人民银行深圳市中心支行颁布了《深圳市证券业电话自动委托交易业务管理暂行规定》，电话委托拥有了合法地位，开始在证券公司中被全面推广。

随着电话委托以及自助委托方式的成功应用，投资者足不出户就可以通过电话按键等方式买卖股票，解决了从证券公司营业部到投资者之间日益加剧的交易拥塞，是交易电子化进一步变革投资者委托方式的延伸，实现了投资者电子化的非现场交易模式，极大地方便了投资者委托报单与信息查询，提高了参与股票买卖的便利性和效率。

交易所集中撮合之后，股票交易的行情信息就唯一了。深交所和上交所先后建设了单向卫星传送系统向全国各地的证券营业部传送实时行情和成交数据，报纸开始刊登每日股票交易的行情，而当时面向大众最及时有效的行情传送方式，则是火遍全国的传呼机（BB 机），以及基于传呼机专门定制的股票机。

与证券市场相似，我国期货市场在创立之初也同样积极引入了电子化交易手段。1990 年 10 月 12 日，中国郑州粮食批发市场经国务院批准，以现货交易为基础，引入期货交易机制，作为我国第一个商品期货市场被正式启动。其自行开发的运行在 Sco Unix 操作系统上的粮食交易计算机拍卖系统在全国各区域批发市场推广使用，开创了中国期货市场电脑自动交易的先河。

1992 年 5 月 28 日，上海金属交易所正式开业，国内第一套用于远期现货和期货交易的电子化交易系统正式投入使用，实现报单意向录入、撮合、信息发布、结算和统计报表等核心功能。随后，郑州商品交易所、上海粮油期货交易所、大连商品交易所等全电子化的期货交易系统相继投入运行。这一时期，由于客户数量较少，大多数期货公司的作业主要依赖人工方式，以人工电话报盘、人工结算为主，计算机通常负责辅助清算，行情系统采用电话拨号传输，单机结合分屏器显示。

1993 年，海南中商期货交易所通过与各分交易中心卫星联网模式，率先开通了远程期货交易，网络采用美国 EF Data 公司的设备，共部署了 1 个中心站点、20 个端点。其他期货交易所也纷纷开通了远程交易，但期货市场早期的电子化交易主要采用卫星通信方式，成本较高，技术难度也较大。

此外，这一阶段期货软件开发商虽然数量众多，但规模都比较小，主要提供结算软件，市场严重依赖交易所，地域性的特点比较明显。

第二节 快速成长阶段（1994—1999 年）

1992 年 1—2 月，邓小平同志在南方谈话时发表重要讲话，此后，中国确立经济体制改革的目标是"建立社会主义市场经济体制"，股份制成为国有企业改革的方向，更多的国有企业实行股份制改造并开始在资本市场发行上市。1993 年，股票发行试点正式由上海、深圳推广至全国，全国性资本市场初步形成。1997 年 9 月，中共十五大第一次肯定了"股份制是公有制的一个特殊形式"，至此，股票市场的地位正式确立。

1995 年 9 月 10 日，《商业银行法》修订版发布并实施，其第四十三条明确规定"商业银行在中华人民共和国境内不得从事信托投资和证券经营业务"，由此标志着中国证券业与银行业和信托业分业经营的开始。原来隶属于银行和信托公司的大量证券营业部被迫剥离，一部分被出售给业已存在的专业证券公司，如君安、南方，成就了证券公司的规模快速扩张；另一部分则由股东出面整合，新设成立为证券公司（最著名的莫过于银河证券）。这是中国证券公司发展的一个重要里程碑。

与证券公司大举扩张相呼应的是 1996 年的一波大牛市。沪、深证券交易所随后开始实施 10% 的涨跌停板，股指冲高之后虽有所回落仍收于 917 点，全年涨幅超过 65%。随着证券市场规模不断扩大，由于相关的法律制度还未建立健全，相应的问题也逐步地凸显出来，股市价格暴涨暴跌，投资者尚未树立正确的投资理念，投机之风盛行，黑市行为大量滋生等。打压整顿证券市场也因此成为接下来宏观调控的内容之一。

1999 年 7 月 1 日，《中华人民共和国证券法》（以下简称《证券法》）的正式实施，是我国证券发展史上的另一个重要里程碑。《证券法》是新中国成立以来第一部按国际惯例、由国家最高立法机构组织而非由政府某个部门组织起草的经济法。《证券法》起草工作始于 1992 年，促成《证券法》出台的重要原因之一是 1998 年亚洲"金融危机"的爆发，这一事件使国内对金融风险的重视程度大大提高，尽快出台相关法律，以规范证券市场的意愿占取上风。

股票发行方式不断改进：证券市场发展初期，股票发行采用定向募集的方式在企业内部发行。后来采用发行认购证的方式发行股票，但由于供求的严重失衡，引发了中国证券发展史上"8·10"事件。从 1993 年起采用无限量发售认购申请表的方式向全国公开发行，这虽然有利于保证公平性，但成本偏高。后来又推出了与储蓄存单挂钩的发行方式，但随即被上网定价发行方式所取代，后者具有操作简便、时间短、成本低的优点。为了确保股票发行审核过程中的公正性和质量，中国证监会还成立了股票发行审核委员会，对股票发行进行复审。

从证券监管的角度来看，1992—1997 年是由中央与地方、中央各部门共同参与管理向集中统一管理的过渡阶段。股市的监管机制开始形成，监管体系初具雏形，并规定了涨跌幅及交易量限制。到 20 世纪 90 年代中后期，进入第一次清理整顿阶段。伴随着《证券法》的出台，中国证监会被赋予法定的对全国证券期货市场进行集中统一监督管理的权力，在分业经营、分业管理的总体思路下，行业内大范围实施了由政府主导的并购重组和清理整顿。这一阶段的典型事件包括：证券公司从人民银行分离，信托公司强制清理，信托业整体退出。在初步清理整顿后，随着1999年中期之后市场行情走强，证券公司第一次全行业大规模的扩张运动开始。1999年，中国证监会还依据《证券法》制定了《股票发行审核委员会条例》《新股发行定价报告指引》《关于进一步完善股票发行方式的通知》《中国证监会股票发行核准程序》《股票发行上市辅导工作暂行办法》等一系列文件，实行了对一般投资者上网发行和法人投资者配售相结合的发行方式；确立了股票发行核准制的框架，市场化的股票发行制度趋于明朗。

一、基于营业部的电子化柜台交易

证券公司营业部是直接面向投资者服务的场所。在市场成立之初，柜台委托业务同样也基本采用现场人工处理方式。从投资者到营业部柜台委托开始，一笔交易要经历复杂漫长的手工操作过程，出错率高、效率低，营业部的每个柜台一天满负荷只能完成两三百笔委托交易。

市场最早引入电子化柜台交易系统出现在1991年，具有代表性的证券公司有深圳国投证券（国信证券的前身）、特区证券、万国证券等。当时第一个柜台交易系统基本上能够替代营业部全部的手工作业环节，将报单员从高强度工作状态中解放出来。借助柜台交易系统，熟练报单员一天最多时可完成1500笔的委托单输入。在业务功能上重点实现了证券公司营业部内部操作流程的电子化，如委托排序、委托报单、行情接收以及大户的保证金管理等功能。在技术路线上，大多数证券公司营业部的柜台系统是由一台"386"服务器和几十台无盘工作站组成的，利用同轴电缆将整个网络工作站连接起来。网络操作系统主要采用Novell公司的NetWare，NetWare提供了基于局域网的共享文件系统，为FoxPro等XBase数据库管理系统实现多用户共享数据库提供了基础环境。此后，柜台系统的技术架构不断完善。一方面，柜台系统的处理性能继续提升。采用了更加先进的服务器平台取代原先的微机，增加网段，扩展网络带宽。另一方面，加强了对柜台系统的安全性与可靠性的技术改造。随着数据库规模的扩大，早期第一版柜台系统采用的Novell系统以及Fox数据库在安全性、稳定性、处理能力上均有不同程度的缺陷。为了解决数据安全与数据一致性等问题，从1995年底开始，客户端/服务器（C/S）体系架构的新型数据库管理系统被引入证券交易系统的设计和实现之中，大部分证券公司的柜台系统纷纷转向采用NT平台上的SQL Server，在不降低效率的前提下，全面提高了系统的可靠性。

与1996年的牛市相应的，是每日委托和成交数量的急剧攀升，由此给当时主流的两层架构证券交易系统带来巨大的处理压力，系统性能迅速下降以致出现堵单的情况。为此，在客户应用和数据库服务器中间增加应用服务器的多层架构（Multi-tiers）被引入，证券交易系统进入三层/多层体系架构时代（见图1-12）。1997年，君安证券率先自主开发了业内第一套投入实际应用的三层架构证券交易系统——JASE97系统。随后，君安证券与金证公司合作开发了后续版本 JASE2000，国泰证券与恒生电子也在同期合作开发了 GT98，金证和恒生随后都陆续将系统推广到其他证券公司，为两家公司成为今日主流的证券交易系统供应商奠定了基础。同期的其他证券交易系统开发商，还包括新利、顶点、复旦金仕达等。

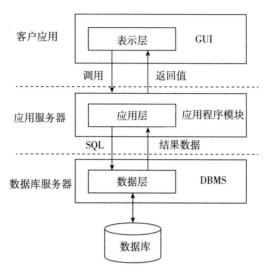

图 1-12　交易系统的三层架构

1992 年实现的电话自动委托解决了投资者不到营业部就可以买卖股票的问题，但股票和市场信息的获取，股民之间、股民与营业部的交流和互动还是需要到证券营业部现场，于是，证券营业部纷纷配备大型的 LED 行情显示屏，设立庞大的交易大厅和众多的大户室、中户室，为大中型客户提供行情系统，并陆续开发了触摸屏、小键盘、热自助等现场交易委托终端系统，引进行情分析软件以满足投资者历史数据查询需求。

交易结算资金方面，在电话自动委托系统出现之前，投资者到柜台买股票下单是现场交钱的。在可以通过电话自动委托系统进行股票买卖不需要到营业部柜台后，买股票所需要的资金就只能提前存到证券营业部，于是有了"电话自动委托交易采用全额保证金的方式进行"这样的规定。提前存到证券营业部账户上的保证金，就是我们今天所熟知的证券交易结算资金。当时，股民存入的保证金直接进入了证券营业部的账户，成为证券营业部的资产（和对股民的负债，同银行活期存款一样）。股民在证券营业部的股票交易保证金，还需要亲临柜台存取。刚开始都是现金存取，现钞点验耗时耗力。于是，银行网点开始向证券营业部派出柜员，并在证券营业部柜台安装银行的柜员终端进行存取款操作。这样，股民只需要携带存折或储蓄卡（而不是现金）到证券营业部就可以了（免除了随身携带大笔现钞的风险）：要存入保证金，就先到银行派驻柜台办理取款，银行派驻柜员从股民账户取出相应资金并等额存入证券营业部的保证金收款账户并打印出单据，证券公司资金柜台人员凭该单据在证券交易系统中给客户保证金账户增加相应金额的资金，操作就完成了（见图 1-13）。整个过程不再有现金的流动，资金存取的效率和安全性得到了大幅提高。1999 年实现证券公司交易保证金与资金头寸的电子化划拨，开发出交易前端资金买空风险监控系统。

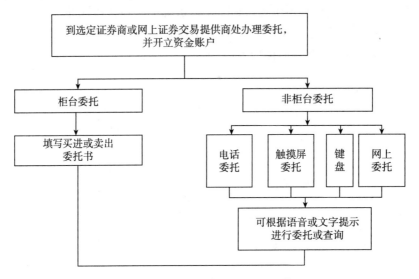

图1-13　证券交易中的委托环节

1995年，深交所开发出第三代电子化交易系统，证券公司营业部柜台系统可通过路由与网络专线实现与交易所的交易系统互联，这使得投资者的委托报单可通过证券公司营业部柜台系统直接进入交易撮合系统，同时成交信息与行情实时回送各证券公司营业部终端工作站，实现交易过程的电子化处理。1996年，交易系统与结算系统联网，利用交易网络报盘实现配股和转托管，向证券公司营业部传送结算数据。

1997年，无纸化交易和无形席位全面推行，取消了出市代表在交易大厅电话接收报盘、利用交易大厅电脑终端手工输单的操作方式，"红马甲"（出市代表）正式退场，无形化市场与电子化交易模式定型。

1998年，为遏制证券盗卖行为，上交所实行指定交易制度，规定个人投资者必须指定某一券商证券营业部作为自己买卖证券的唯一交易营业部。指定交易制度建立了投资者证券账户与证券公司交易单元之间的一一对应关系，有利于实行交易前端监控，便于在出现证券盗卖时追踪取证，并实现了红利自动领取功能。指定交易制度实行之前，上交所实行证券通买通卖制度，即投资者通过一个证券账户可以在全国任何一个证券营业部买入证券，也可以在任意一家营业部卖出。在此模式下，容易出现投资者证券被盗买、盗卖的情形，且事后难以认定违法事实。虽然随着大环境的改变，特别是沪港通的推出，指定交易已过时，但在当时环境下，指定交易制度为解决证券盗卖等问题发挥了积极作用。

二、专业柜台系统提供商的涌现

随着行业通信网络的建立与发展，全国证券市场规模不断扩大，到1994年底，全国已有91家证券公司、2262个证券营业部。证券营业部不断增加的对交易系统、各种委托终端系统和服务器、计算机、网络系统的需求，催生了证券信息技术领域的创业热潮。在随后的三五年间，涌现了恒生、新利、捷意、中天、顶点、复旦金仕达等一批专业柜台系统提供商，为证券营业部提供交易相关的软硬件技术服务。

由于不少证券公司自身技术力量不足，加之市场的竞争，促使柜台系统提供商加大了对柜台系统的创新与产品化建设，如利用中间件技术推出三层技术架构替代原先C/S的两层技术架构，并成为行业性的技术框架标准；新增了柜台监控系统、市场信息查询、保证金管理等一批柜台交易辅助系统。这些技术革新使柜台系统的安全性、灵活性明显提升，同时也提高了证券公司营业部的服务水平。

专业柜台系统提供商的出现，也促进了柜台系统的技术创新与发展，并逐步向产品化与专业化方向发展。信息化解决方案提供商依据下游客户的业务格局及特点开发软件产品并提供相关服务。就证券信息化领域而言，按照研发技术特征、内部研发产品线、软件使用者的角色划分，产品主要分为前台服务渠道与作业支持信息化解决方案、中台流程信息化解决方案、后台基础运营支持系统信息化解决方案；按照向客户提供的业务类别与合同内容划分，产品主要分为交易系统信息化解决方案、CRM业务信息化解决方案、集中运营业务信息化解决方案等。

发行人产品和技术的生命周期、技术更新换代周期通常取决于监管政策、下游行业发展和客户的需求。近年来，我国证券行业每年都在推出新政策、新产品、新业务，如深港通、沪港通、转融通、约定购回式证券交易、债券质押式报价回购、ETF创新、中小企业私募债、代销金融产品、股指期货、融资融券、多银行存管等，创新速度愈加提高，程度不断加深。上述新产品、新业务多为基于传统交易业务、CRM业务、集中运营业务等的衍生和模块附加，非平台型软件企业需要针对各项新产品、新业务进行重新开发，平台型软件企业可基于平台进行定制，实施周期较短。上述软件开发平台的开发周期较长，可能长达数年；基于行业政策和下游需求而对平台进行的升级、调整周期则较短。因此，拥有更长行业经历、更多成功案例的平台型软件企业，可以利用其成熟的研发实力和市场影响力，持续保持竞争优势。由于金融业信息化领域，尤其是证券业信息化领域属于信息产业的细分领域，尚无权威机构发布市场容量等相关信息。但随着下游金融行业客户规模以及信息化投入的不断扩大，金融行业信息化领域的市场规模将不断扩大，广度、深度将不断延伸。

在资产规模排名前40名的券商中，集中交易系统的市场份额基本被4家主导厂商瓜分，其中金证公司和恒生电子作为行业领导者占据了72%的市场份额，金证公司更是以37%的比重稳坐头名交椅。早前，大智慧和东方财富是互联网金融信息服务商，其优势在于金融数据服务，而在金融证券IT系统的开发实力上相对较弱。恒生电子在基金行业应用软件领域具有垄断优势，在基金行业最为核心的投资交易管理系统和开放式基金登记过户系统与直销系统两个产品上，长期保持90%和60%以上的市场占有率。

三、电子化交易基础设施不断升级

深交所采用无形化市场模式，不设交易大堂，成交和行情回报通过覆盖全国的卫星通信网络和地面光纤数据网实时传给全国各个证券营业部。围绕深交所交易相关的交易结算系统由四大部分组成：一是会员营业部的柜台系统，由全国各地券商根据深交所颁布的接口规范开发形成；二是连接柜台系统与中央撮合主机的通信网络，由卫星网络和各通信体系组成；三是中央撮合主机，由多台容错计算机并联组成；四是中央登记结算系统，由实时开户网络系统、股票无纸化托管结算系统、证券资金电子化结算系统、业务凭证电子化管理系统组成。

上交所成立后也一直将技术基础设施建设作为工作重点，截至 1994 年底，上海证券市场以 128K 双向卫星高速通信技术和光缆技术为标志的现代化高速通信网络体系已经形成，通过上海证券交易所的立体通信网络体系，可将上海股市的信息及时传递到中国的每一个角落和世界大部分地区。1995 年，陆续完成了 2200 多个卫星接收小站的安装，并利用高速光纤通信网实现场外直接报盘交易。自 1996 年 9 月起，上海证券交易所对证券交易方式作出重大调整，由原来的有形席位交易方式改为有形无形相结合，并以无形座位为主的交易方式。1997 年 12 月，利用上海证券交易所东迁的机会，由原来的 8 个交易大厅、3700 余个有形席位减至 1 个交易大厅、1608 个有形席位。采用 HP－T520 为主机的计算机配对系统，主机的配对处理能力高达每秒 5000 多笔。1998 年，对结算系统做了改造和优化，经改造后的证券存管结算系统集开户、存管、权益、清算、交收、统计诸功能于一体，不仅提高了结算效率，而且大大增强了抗风险能力。该年年内，上海证券交易所参与人远程操作平台（PROP）正式使用，使登记公司与异地券商之间的账款划拨即刻之间便能完成。1999 年，实现与全部清算银行远程操作平台（PROP）联网，实现交收资金划拨的全过程电子化。该年，完成对所有软硬件系统的"千年虫"问题解决工作，并进行中国证券业计算机 2000 年问题联网测试，实施应急演练，确保平稳度过千年过渡期。

1997 年，中国证监会成立了信息中心，以推动行业信息技术的规范和监管。在制定行业技术管理规范方面，1998 年 3 月，发布了《证券经营机构营业部信息系统技术管理规范》，对证券营业部的信息系统建设与管理提出了明确要求；在行业技术监管方面，借助解决行业信息系统"千年虫"问题的契机，对行业信息系统进行摸底检查、监督整改，巩固、提高了证券公司信息系统的抗风险能力。从 1998 年 9 月至 1999 年 12 月，共组织了 4 次行业联网测试，基本解决了行业"千年虫"问题，提高了行业技术人员的安全意识和技术管理水平。

到 1999 年底，中国上市企业已达 949 家，投资者开户数 4800 多万户，股票总市值超过 26000 亿元，中国国内生产总值超过 8 万亿元，是 1992 年的 3 倍，资本有力地支持着中国市场化改革的进程。

在市场的创立初期，信息技术的主要任务是满足市场快速发展的需要，市场迫切希望用信息技术代替人工交易方式，提高市场运作效率，降低差错率。同时，交易自动化、无纸化以及席位无形化等行业信息技术的出现与应用，也形成了中国证券期货市场技术支持体系最早的雏形。尽管受当时技术和应用水平的限制，信息系统在安全性、稳定性上有着某些不足，但它简单易用，为市场建立初期的大发展起到了重要作用。

第三节　规范发展阶段（2000—2014年）

2001年中期到2004年，处于行业系统性风险充分释放、集中爆发阶段。随着2001年中国正式加入世界贸易组织（WTO），证券行业对外开放逐步展开。这一阶段的典型事件包括：2002年4月，我国证券交易开始实施浮动佣金制；大力发展机构投资者，推出开放式基金；9月11日，首只开放式基金华安创新成功发售。开放式基金的销售和赎回主要由商业银行负责，因此，各大商业银行纷纷建立相应的业务系统，主要为基金、债券等证券的发行人提供代理销售、登记存管，为客户开户、交易、登记、存管、资金管理等业务提供服务。有的证券公司如华夏、国信等为参与开放式基金的销售工作，也开发了开放式基金管理系统。2003年，推出QFII（合格境外投资者）制度，QFII、中外合资证券公司、基金公司开始设立。7月，作为QFII的瑞士银行，在A股市场投下了历史性的第一单。QFII实实在在地走进中国股市，带来的不仅仅是增量资金，更重要的是成熟的价值投资理念，对于我国证券市场长期健康稳定发展具有深远意义，它标志着中国证券市场朝着市场化、国际化的发展方向迈出了新的一步。2001年，证券市场相继推出了B股业务对境内投资者开放。

网上证券交易正处于指数化增长的起点。中国证监会于2000年3月30日颁布了《网上证券委托暂行管理办法》，开始将证券网上交易纳入统一规范的监管体系。2001年5月，中国证监会和中国人民银行共同制定的《客户交易结算资金管理办法》及中国人民银行出台的《商业银行中间业务暂行规定》为银证合作提供重要政策导向，银证通得以在证券行业普及。证券公司在竞争中也纷纷与银行建立合作关系，主要集中在银证转账和资金清算等方面。2001年10月，中国证监会发布《证券市场各方责任教育纲要》，明确市场各方在投资者教育方面的责任。为让更多的投资者了解、熟悉和使用网上证券交易，证券公司尝试利用技术手段加强投资者风险教育。

证券市场在此阶段变得越来越规范。股票发行制度从2001年3月开始进行了调整，核准制取代了原来的审批制，监管机构开始更加严格地审核上市公司治理结构，促使上市公司更加重视经营的合理性，促进公司质量的有效提升，进而使投资者获得更强的自信。2001年4月，为建立上市公司退市机制，并解决NET/STAQ系统的历史遗留问题，中国证券业协会根据证监会要求推出了股份特别转让体系，并选择首批6家证券公司试点主办券商，由其开发了特别转让股票登记、交易软件系统。

2002—2005年，沪、深股市一直处于熊市的状态。所以，股权分置改革也拉开了帷幕，以期能够使上市公司的治理结构得到有效的改善，使资本市场充分地发挥自身的融资和配置资源的功能，由此成功上市的公司很多。

2004年8月到2007年8月，处于全行业综合治理阶段。2004年初，国务院发布了《关于推进资本市场改革开放和稳定发展的若干意见》（以下简称"国九条"），从战略和全局的高度对我国资本市场的改革与发展作出了全面部署，并对加强证券公司监管，推动证券公司规范经营提出了明确要求。在国务院"国九条"的指引下，全行业从当年8月进入综合治理阶段，开始实施分类监管。一方面，在摸清全行业风险底数的基础上，优胜劣汰，处置和关闭了30多家高风险券商，鼓励和扶持行业内规范稳健的优质券商做强做大、积极创新；另一方面，在保持行业整体稳定的基础上，大刀阔斧地开创和实施了全行业基础性制度的大变革，在初步试点之后全面推行了客户资金的第三方存管和客户账户的全面清理规范，在证券公司治理层面，实施高管人员的资格管理和问责机制，证券公司信息披露制度得到全面推行。2005年10月，经全国人大常委会修订的《证券法》，对证券公司监管的基本制度做了规定，对综合治理阶段的改革成果和经验积累进行了充分肯定。

为期3年的综合治理成为改变中国证券行业发展的划时代历史事件，使我国证券行业多年积累的大规模系统性风险隐患得到彻底根治，行业的基础性制度建设明显加强，证券公司的整体状况显著好转。

2007年7月，中国证监会下发了《证券公司分类监管工作指引（试行）》和相关通知，标志着以证券公司风险管理能力为主要指标的全新的分类监管思路进入落实阶段。国务院首次以行政法规的形式颁布和实施了《证券公司监督管理条例》及《证券公司风险处置条例》，从事前、事中风险防范、控制，到事后的风险处置，对证券公司的运行、监管和退出机制作了完整的制度安排，是常规监管阶段的纲领性法规。伴随着两个条例的颁布实施，我国证券公司的经营环境正在发生根本性的转变：第一，证券市场的基础性制度发生了很大的变化。证券市场的账户体系、登记结算体系、产品结构等与全行业综合治理方案实施前有着根本的差别，并将继续向多层次和多品种的方向发展。第二，在中国金融格局的整体性变革中，金融业混业经营和对外开放的趋势将深刻影响证券行业的发展方向，境外同行的逐步渗透和进入，将打破行业原有的竞争格局，同时对证券公司现有的盈利模式和风控能力提出了更高的要求。

随着《公司法》《证券法》的颁布实施，我国证券市场初步形成了以《证券法》为核心，包括250多件法规和规章在内的证券市场法律法规体系，奠定了证券市场规范发展的法律基础。

我国股票市场由于受到2008年国际金融危机的影响，一度变得十分萎靡。中国证监会将2008年定义为"券商合规年"，可见证券公司风险控制与业务合规管理的重要性。

证券期货业是资金、知识密集型行业，对信息系统的依存度以及系统运行的精确性、稳定性要求非常高，必须持续进行信息化投入，以符合规范性的需要。2008

年，中国证券业协会和期货业协会颁布的《证券期货经营机构信息技术治理工作指引（试行）》，作为我国证券期货行业 IT 治理的纲领性文件，提出证券业各类相关机构最近 3 个财政年度 IT 投入平均数额原则上不少于最近 3 个财政年度平均净利润的 6%，或不少于最近 3 个财政年度平均营业收入的 3%。

一、网上证券交易取得良好开端

电话委托开启了不用到证券营业部就可以买卖股票的先河，但电话语音交互的信息量和效率还是非常有限。股民开始寻求其他更好的不用到证券营业部现场就可以买卖股票的方式，其因此成为开发证券交易系统的计算机软件和通信专家们钻研的课题之一。

1997 年底，以美国 E* trade 为样板，以盛润（已不存在）、核新（今天的同花顺）为代表国内软件公司迅速将基于拨号网络的远程终端改造为基于互联网的网上交易系统，推荐给证券营业部，开启了中国证券网上交易的新时代。当时的网上交易主要有两种模式，一种是营业部直接通过互联网提供网上证券委托服务，一般都由营业部与所在地的互联网服务商合作，证券营业部直接通过专用通信线路（DDN、ISDN 等）接入互联网，客户的计算机上安装专用网上交易程序，提供行情显示、技术分析和委托操作、资料查询等功能。另一种是基于证券公司统一的网站、统一的形象、统一的服务为全部证券营业部的客户提供网上证券交易服务的模式。在该方式下，网站系统通过专用 DDN 线路接入互联网，各营业部通过公司内部网（Intranet）与该网站连接。客户使用通用浏览器访问该网站以查询信息，提交委托指令。专用的联网通信系统负责将 Web 服务器接收到的客户指令提交给相应营业部的柜台系统进行处理，并将结果返回给网站服务器。

2000 年 3 月，中国证监会发布《网上证券委托暂行管理办法》，有力地推动了我国证券网上交易的规范发展。虽然世界范围内网络泡沫的破灭对我国互联网的发展带来了一定的不利影响，但是我国网上证券业务的发展呈现出指数化增长的态势，为今后的大发展奠定了良好的开端。2000 年，网上交易累计成交金额为 3578 亿元，占全年证券市场股票（A 股、B 股）、基金总成交金额 81715 亿元（双边计算）的 4.38%。2001 年底，网上委托的客户开户数达 332 万户，占证券市场总开户数 3325 万户（沪、深总开户数的一半）的 9.98%。综观全年的网上交易情况，虽然 2001 年下半年交易量持续萎缩，但网上交易占当月的市场总成交金额的比例却呈现逐步增长的势头；全年累计的成交金额与 2000 年末相比，在沪、深市场总交易金额减少约 30% 的情况下，网上交易的成交金额增长了约 100%。网上交易的客户增长数也保持了比较稳健的发展。

随着网上交易等非现场交易手段的兴起，不用亲临现场也可存取资金的需求变得急迫起来，银证转账由此应运而生。随着银证转账的普及，证券营业部的资金柜台终于退出了历史舞台。

2013 年，中国证券业协会发布《证券公司开立客户账户规范》，放开非现场开户限制，明确证券公司不仅可以在经营场所内为客户现场开立账户，也可以通过见证、网上及中国证监会认可的其他方式为客户开立账户，包括证券账户和资金账户。

网上业务的发展有力地推动了证券公司经纪业务转型。有的证券公司在内部成立了电子商务部门和虚拟营业部，如华夏、海通、申银万国等；也有的将网上业务与传统的营业部结合在一起，如华泰、泰阳证券等；还有的与网络公司紧密合作完成业务转型，如西南证券与飞虎网合作、联合证券与证券之星合作等。除了业务模式的探索，各证券公司为落实《网上证券委托暂行管理办法》的要求，对网上业务系统进行了技术升级，扩大系统处理容量和通信带宽，增加了客户化服务及投资者教育栏目，丰富了网站的信息内容，同时完善应急计划和风险控制方案。

随着证券公司交易技术和互联网以及移动通信技术的发展，证券交易从现场到非现场，从互联网到移动网络，从个人电脑到移动终端，随时随地的证券交易已经成为现实。时至今日，各种非现场交易已经成为主流，证券营业部也已经从主要的交易委托场所变为各具特色的咨询服务台和产品展示厅。

二、推出"一码通"，取消"一人一户"限制

由于历史原因，我国的证券账户信息比较分散，不利于监管。2014年9月，中国结算开展账户整合工作，推出证券市场"一码通"账户，构建多层次证券账户架构（见图1-14）。投资者证券账户由"一码通"账户及关联的子账户共同组成。其中"一码通"账户用于汇总记载投资者各个子账户下证券持有及变动的情况，子账户用于记载投资者参与特定交易场所或用于投资特定证券品种的证券持有及变动的具体情况。子账户包括A股账户、B股账户、封闭式基金账户、开放式基金账户以及中国结算根据业务需要设立的其他证券账户。

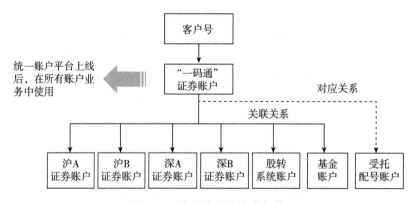

图1-14 多层次证券账户架构

在具体落实上，由中国结算建立的统一账户平台配发"一码通"证券账户，为每个投资者设立一个统一的"一码通"账户，将投资者不同的证券账户统一关联到"一码通"账户下；通过"一码通"账户实现投资者身份统一识别、投资者信息统一归集、投资者证券资产统一登记，也可用于投资者交易各类证券。建立统一账户平台，实现

账户业务的集中运行，统一账户业务规则。任何拥有"一码通"账户信息的投资者可以在任何证券公司的任何营业网点，随时查询个人所有账户信息，只需要提供相关证明信息即可。

"一码通"账户将投资者的不同证券账户统一关联到一个总账户之后，投资者的投资过程将透明化。同时，这对监管层实现证券市场的大数据监管、降低券商管理成本、令投资者地位更趋于平等都有直接的影响。另外，"一码通"账户的设置还加速了证券业融合互联网的速度，为互联网证券业务的开展打下基础。

2015 年 4 月，中国证券登记结算有限责任公司决定，取消自然人和机构投资者开立 A 股账户的"一人一户"限制，允许自然人和机构投资者根据实际需要最多可以开立 20 个沪、深 A 股账户及场内封闭式基金账户。全面放开"一人一户"限制是根据资本市场市场化、法治化和国际化改革的要求所采取的一项举措，提升市场整体效率，同时更好地提高市场服务质量和水平以及业务创新能力。

三、从分散经营转变为集约化管理

在证券市场发展的初期，证券交易模式一直以营业部为中心，这种分散式的模式有利于证券公司迅速开通业务、吸引客户、占领市场。但随着证券行业市场规模日益扩大，业务快速发展，在激烈的市场竞争环境下，证券公司急切希望能进一步降低营业部的交易风险、交易成本，加快证券业务服务产品的创新速度，提高证券公司整体的市场竞争能力，向规模化、集约化的经营模式发展。同时，随着中国资本市场的进一步发展和规范，合规和风险管理逐渐被证券公司提上议事日程。而证券公司原有的按营业部分散经营模式受到挑战，主要表现为：营业部模式的独立性限制了公司整体优势的发挥，无法实现数据集中管理和内部监控，给公司整体的战略决策带来风险；同时各营业部多个系统并存，存在重复建设、维护困难、系统的扩展能力低；各营业部之间服务水准不统一等。

从 2000 年开始，证券公司纷纷以营业部为主体的分散经营模式逐步转变为以公司总部为核心的集约化管理模式。2004 年，随着大批高危券商进入风险处置程序，券商数量大幅减少，纷纷重组为规模较大的券商。在券商经纪业务的转型时期，变革早前以营业网点直连为特点的 IT 应用模式，以集中方式取代分散方式，实现分散经营模式向集中经营模式的转化，成为一项实现券商经纪业务转型的战略举措。利用通信、网络和信息技术手段推动公司资源的优化配置，实现集成化、职能化和网络化的管理。公司级证券系统集多种交易手段、办公自动化、财务系统管理、强大的信息服务功能于一身。其中较有代表性的是在公司层面集中统一处理交易业务、管理客户和交易数据，以降低运营成本和控制业务风险。在此背景下，以证券公司集中部署、运维和管理为特点的证券集中交易系统开始研发，并于 2004 年率先在中信证券和国泰君安证券投入使用。

证券公司总部与营业部系统架构及数据流如图1-15所示。

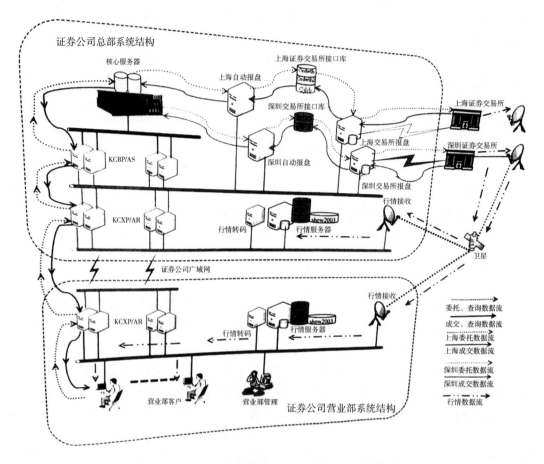

图1-15 证券公司总部与营业部系统架构及数据流

为进一步指导证券公司集中交易系统的建设和管理，提高证券公司内控水平，有效控制风险，促进规范化与标准化建设。2006年8月，中国证券业协会专门发布了《证券公司集中交易安全管理技术指引》。由于行业多年的经验积累，这时期的集中交易系统不论在技术性能还是在业务整合创新方面都得到了极大的提高。此时，集中交易成为证券公司的必备要求。

所谓集中交易就是采取业务整合、数据整合的方法，将证券公司基于营业部分散的柜台系统提升为基于证券公司整体的企业级集中统一的综合经纪业务平台，达到整合企业资源、集中管理、降低经营风险、提高企业核心竞争力的目的。集中交易的"集中"，核心是以证券公司为单位由总部集中统一地部署、运维和管理。随着证券交易品种增多、交易规则变化和交易环节的合规风控要求的提高，以及计算机、网络和分布式技术的发展，传统证券集中交易系统的技术架构和业务处理模式已经越来越跟不上业务发展的节奏，升级换代迫在眉睫。证券集中交易系统下一步的发展，业务架构将走向开放性和标准化，并实现交易业务前、中、后分离，技术路线将走向分布式和松耦合，并组合采用多种技术（见图 1-16）。

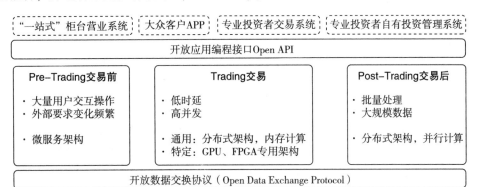

图 1-16 证券集中交易系统发展之技术路线展望：分布式、松耦合、多技术组合

采用 STP（Straight-through Processing）模式构思整个集中交易业务系统。将整个系统构成按业务划分为交易业务、清算业务、客户管理服务和其他业务。集中交易系统的业务组成如图 1-17 所示。

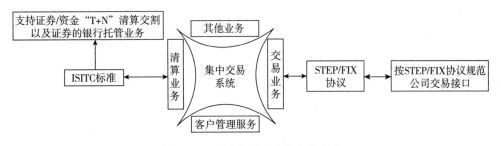

图 1-17 集中交易系统的业务构成

总之，证券集中交易的主要意义在于：有利于降低券商交易代理成本，提高技术系统的运行与维护效率，促进证券公司向集约化、规模化方向发展；有利于总部加强监管，防范风险；有利于优化证券公司营业部的组织结构，转变业务职能，证券集中交易淡化了营业部的通道职能，使营业部的业务职能从以代理服务的通道为主转变为以核心客户的专业服务和公司各项业务的市场营销为主；有利于扩展券商的产品与服务，提供业务模式创新的基础平台；集中交易带来的数据大集中有利于证券公司数据资源的共享，为公司管理层总揽全局、科学决策提供可靠的分析依据。

2008 年，全国绝大部分证券公司已基本实现全国性的集中交易。期货公司因为规模小和营业网点少等，集中交易系统的建设相对容易，实施周期较短。采用集中交易模式不仅有助于改善证券公司的企业 IT 架构与运维管理，而且有助于进一步完善证券公司的经营模式、提升风险控制能力，因而其成为市场监管层对证券公司综合评级与业务资格许可的一项重要考核指标。

四、券商自研交易体系的诞生和发展

随着中国加入 WTO，中国证券公司正面临着强大的来自国际资本市场的竞争压力，为迅速整合现有的资源进行业务创新与低成本扩张，有效控制和防范市场风险、业务风险与技术风险，一些初步具备条件的证券公司纷纷探讨开发建设新一代证券集中交易体系。

在集中交易方面，证券公司的集中交易系统从最初的区域集中到现在的全国大集中经历了一个从尝试到大规模发展的过程。2001年，部分中小规模证券公司开始尝试集中交易。2003年，国泰君安证券在业内最早推出集中交易系统。2004年，招商证券等完成全国性集中交易系统建设。2006年8月，证券业协会发布《证券公司集中交易安全管理技术指引》，集中交易系统在技术性能和业务创新上得到了快速提高。截至2008年，全国绝大部分证券公司已基本实现全国性的集中交易。

在网上交易方面，2000年3月，中国证监会颁布了《网上证券委托暂行管理办法》。根据该管理办法，证券公司开始尝试建设网上交易系统，截至2000年底共有70多家证券公司开通了此项业务。随着网络在国内的普及，网上交易开始在全国市场蓬勃发展。2008年，网上交易已成为市场投资者主要的委托方式，占整个市场交易的65%以上[1]。相对证券公司来说，期货公司的客户主要是机构投资者和少量资金实力较强的个人投资者，网上交易的普及程度更高。

2013年，在光大证券"8·16"异常交易震动整个资本市场后，金融系统软件成为新的关注焦点。多家金融机构均迅速推进排查 IT 系统漏洞，梳理风控盲点。事件也使得各机构更加重视交易、风控流程和交易系统的安全性和稳定性。2016年，券商自研系统建设浪潮持续发酵。部分具有前瞻视野的国内主流券商领导层，意识到了此前交易系统完全依赖证券软件提供商的做法，需要一些变革。这注定是一个艰难但值得期待的历程。自研系统背后的因素，大致包括如下几点：供应商有变为潜在竞争对手的风险（见图1-18），因为政策的"护城河"随时可能消失；依赖供应商，意味着无法提供差异化的服务，且无法很好地满足业务快速敏捷迭代创新的需求；国际化业务很难开展，虽然国内政策依旧限制很多，但各种金融创新还是在逐渐放开的，这也是未来必然的趋势；国际大券商们树立榜样，如摩根、高盛、野村等国际大型券商都是自研系统；在互联网 APP 领域，早期部分成功的自研产品带来现实与精神激励，比如华泰的涨乐 APP、国泰君安的君弘 APP。

---

[1] 数据来源：中国证券业协会。

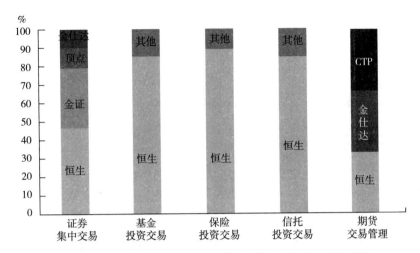

图 1-18　2018 年各主要供应商证券 IT 核心产品的市场占有率

五、交易基础设施实现更新换代

提高登记结算系统处理效率，降低结算风险。尽管与市场成立初期相比，证券登记结算系统的效率有了明显提升，但是为了满足市场的飞速发展需要，并降低市场运行成本，2001 年成立了中国证券登记结算有限责任公司（以下简称"中国结算"），下设沪、深分公司。中国结算通过加强结算通信网络建设和推出新版登记结算系统，不断提高登记结算效率。沪、深分公司先后实现了投资者实时开户功能，提高了投资者开户效率；缩短了权益分派周期，实现红股"R+1"日上市流通；将新股申购资金冻结周期减少到"T+3"日，提高市场资金使用效率。

同时，根据不同产品的结算需求，从 2005 年开始，中国结算沪、深分公司根据市场发展的需要，先后推出了全额逐笔非担保交收系统，使之可以适应不同交收期、不同业务品种的交收需要，结算业务模式从单一结算模式向多样化结算模式发展，满足了市场多样化的需求。

除此之外，中国结算还积极对国际通行的银货对付（Delivery Versus Payment，DVP）交收模式进行探索与推广，以提高结算风险控制能力，为未来市场开展融资融券、衍生品业务打下基础。2004 年 12 月，中国结算上海分公司推出待交收结算系统，率先尝试对买断式回购和 ETF 产品实现 DVP 交收模式；之后，沪、深分公司于 2005 年 12 月对权证产品实现了 DVP 交收模式，为权证产品的"T+0"交易模式提供了有力的交收保障。

大幅提高信息系统的处理性能：市场投资者规模的扩大，新产品及创新业务的推出，加上电子化交易的广泛应用，市场对信息系统的处理性能要求呈现出几何性的增长。特别在以散户投资者为主、证券账户数多达上千万的中国证券市场中，对系统性能的要求就显得尤为迫切。为此，证券交易所、结算公司在这一时期更是加大对信息系统的投入与技术攻关，使整个市场的处理性能出现了历史性的飞跃（见表 1-1）。

表1-1 沪、深证券市场交易、结算系统的处理性能

	项目	上海证券交易所	深圳证券交易所
交易系统	持续订单处理性能	3.5万笔/秒	3.5万笔/秒
	委托处理性能	8000万笔/日	7000万笔/日
	成交处理性能	10000万笔/日	10000万笔/日
结算系统	实时账户处理性能	20000个/分钟	28800个/分钟
	实时清算处理性能	7000笔/秒	7000笔/秒
	系统可处理容量	12000万笔/日	10000万笔/日

注：成交笔数按买卖双边计算。

资料来源：2008年底沪深证券交易所、中国结算。

在证券公司系统方面，通过技术升级与优化，系统性能也得到了大幅度的提升，尤其经历了2007年中国证券市场交易量飙升之后，系统的客户支持数、日处理委托笔数以及峰值处理能力上有了显著的增加（见表1-2）。

表1-2 2006年与2007年证券公司信息系统处理性能

年份	客户支持数		日处理委托笔数		每秒峰值处理笔数	
	平均值（万）	≥100万的比例（%）	平均值（万）	≥100万的比例（%）	平均值（笔）	≥1000的比例（%）
2006	75	26.0	56	15.0	632	20
2007	147	54.5	221	51.5	1331	35

资料来源：2008年1月深圳证券交易所对103家会员的统计调查。

随着信息技术在证券市场广泛深入地应用，信息系统的安全性对市场的正常运作日益重要。特别是美国"9·11"事件引起各国证券市场对信息系统灾难备份的高度重视，纷纷建置了灾难备份中心。

作为证券市场的核心，证券交易系统的灾难备份对于保障整个证券市场高可用性至关重要。2004年与2005年，沪、深证券交易所分别对交易系统在同城异地建立了实时灾难备份系统，主备系统之间实现数据同步，确保数据的零丢失和百分之百完整性，使交易系统具有较高的可用性。中国结算在2000年和2003年分别对沪、深登记结算系统建立了初步的灾难备份系统后，又根据市场发展状况不断优化完善，逐步形成了完备的同城异地灾难备份系统，并建立了涵盖整个核心信息系统的集中、实时、直观的监控系统，使灾难备份的切换时间缩短在45分钟之内。这些技术的改进与完善为登记结算业务的连续性提供了可靠保障。

与此同时，证券通信系统在完善和扩展地面网络建设的同时，沪、深证券通信公司分别于2003年6月与2004年1月启用了卫星通信与地面网络实时备份系统（即天地互备工程），保证交易所与证券公司之间的通信链路的高可用性。除此之外，在中国证监会的指导和推动下，沪、深证券交易所的卫星通信系统建立了互联通道，实现了两个交易所之间卫星广播行情的实时备份。

在集中交易的大趋势下，根据《证券公司集中交易安全管理技术指引》以及监管需求，证券公司重要信息系统同样需要建立灾难备份中心，确保关键应用的高可用性。针对各证券公司的规模与技术水平的不同，以及建立灾难备份的成本与技术专业性的要求，沪、深证券通信公司推出了主机托管和业务连续性服务，为市场提供了多种灾难备份服务模式。

在对市场关键信息系统实现实时灾难备份的同时，沪、深证券交易所、中国结算和证券公司还逐步建立起严格的管理制度和完备的应急预案，并定期举行全市场的应急演练，对系统的可用性和可靠性进行检验。这些措施提高了市场信息系统的抗风险能力，保证了证券市场业务的连续运作。

2000年底，随着开放式基金业务的开展，我国基金行业进入了一个崭新的发展阶段。基金行业投资者、基金品种和基金规模有了快速的发展，基金行业的信息系统也需要不断完善，以适应业务的发展需要。

在平台建设方面，大部分基金公司建立了稳定、开放、可扩展的系统，新的技术被广泛应用。三层架构、中间件以及 B/S 模式在众多系统中被采用。后台数据库也普遍由微软 SQL Server 转向 Oracle、DB2 等大型关系数据库。基础平台从传统的 Novell、Windows NT、PC Server 模式过渡到 Unix+小型机，后期又出现 PC Server+Linux 集群的方式，集中存储设备逐步得到广泛的应用，系统的稳定性、扩展性得到了保障，处理能力也有了很大提高。

为加强期货市场信息技术管理，防范和化解风险，提高运行效率，降低交易费用，促进信息系统技术进步，中国证监会于 2000 年 12 月 26 日印发了《期货交易所、期货经营机构信息技术管理规范（试行）》。以此为契机，从 2001 年开始，在国家"稳步发展期货市场"方针的指引下，我国期货市场技术系统出现了较快的发展。

为了更好地完善远程交易模式，根据中国证监会的要求，2001 年 5 月 8 日，上海期货交易所、大连商品交易所和郑州商品交易所开通了 3 家期货交易所通信联网系统。会员可以通过"三所联网"进行远程交易，大大节省了交易成本。

从 2005 年开始，郑州商品交易所、上海期货交易所、大连商品交易所、中国金融期货交易所（2006 年 9 月 8 日成立）陆续推出了新一代交易系统。与以往的交易系统相比，这些新系统不仅在技术架构上有了明显的优化和改进，具有丰富的系统功能，例如，可提供多种委托组合订单类型、支持期权交易功能等，而且在技术处理性能与通信带宽上也有了大幅的提升。

在这个时期，期货市场也开始迎来了真正的电子化交易。网上交易得到蓬勃发展，投资者可以通过网上交易系统直接看行情信息和下单，能进行实时风险控制和盘后结算的交易，结算系统成为期货公司信息系统的标准配置。

为了参与金融期货业务，多数期货公司投入了大量资金进行信息系统建设和人才培养，有效地提高了期货行业信息技术整体水平，使期货公司的 IT 系统发生了质的跨越，期货公司的交易结算系统性能与功能得到显著提升。2008 年商品期货市场最大单日交易量为1044万手（不含各交易所自营会员交易量），比2006年最大单日交易量100万手增长10倍左右，但行业内没有出现交易系统瘫痪、堵单等故障（见表1-3）。

表1-3　期货公司近3年的信息系统处理性能

年份	客户支持数		日处理委托笔数		每秒峰值处理笔数	
	平均值（万）	≥10万的比例（%）	平均值（万）	≥10万的比例（%）	平均值（笔）	≥200的比例（%）
2006	8.53	32.56	58.35	83.72	316.16	56
2007	12.89	49.02	87.67	86.27	446.67	75
2008	14.89	61.54	104.50	94.23	536.92	87

为更加有效地保护期货投资者资金安全，避免个别期货公司挪用投资者保证金，中国证监会于2005年10月在深圳辖区试点"期货保证金安全存管系统"，在试点取得良好效果后，中国证监会于2006年成立了中国期货保证金监控中心，完善了"期货保证金安全存管系统"，从而改进了监控投资者保证金的方式，提高了监管效率，封堵了保证金封闭管理的漏洞。

第四节　创新发展阶段（2015年至今）

国际化进程加快，资本市场政策逐步放宽和开放。2014年11月，沪、港股票市场交易互联互通机制试点开闸；2016年12月，深、港股票市场交易互联互通机制启动。2018年4月28日，《外商投资证券公司管理办法》发布，外资金融机构投资国内证券公司被允许"由参转控"，外资最高持股比例可达到51%，摩根大通证券、野村证券就是在该政策发布后最先提交申请的两家外资金融机构。2018年12月，瑞银集团完成对中国合资券商瑞银证券的股权交割，瑞银证券成为国内首家外资控股券商。2019年3月29日，中国证监会官方发布，将在近日核准设立摩根大通证券（中国）有限公司、野村东方国际证券有限公司。

资本市场适当性管理制度得到完善、整合和提升。投资者适当性制度是国际资本市场普遍规则，2006年，中国证监会提出探索研究合格投资者制度。自2007年以来，我国已经在部分市场、产品和业务中陆续实行了适当性管理。2016年12月，以现有制度实践为基础，证监会发布《证券期货投资者适当性管理办法》（以下简称《办法》），自2017年7月1日起施行，作为我国证券期货市场首部投资者保护专项规章，是资本市场重要的基础性制度。《办法》的精神以落实证券、基金、期货经营机构适当性管理义务为核心，以投资者分类和产品分级为基础，确保向投资者充分揭示市场风险，目的在于更好地规范机构依法经营，把投资者保护的要求真正落到实处。自《办法》发布以来，证券、基金、期货经营机构等市场主体主动作为，在管理制度、技术设备、人员配备、学习培训等方面做了大量工作。证券业、基金业、期货业协会和有关交易场所抓紧制定自律指引规则，积极开展人员培训、宣传解读、督促落实、服务保障等。另外，期货市场也已构建起统一开户、投资者适当性、期货保证金安全存管监控、期货公司风险监管指标体系、期货投资者保障基金等一系列投资者保护制度，构筑起独具中国特色的投资者权益保障体系。

财富管理转型成为大势所趋，逐渐成为金融机构核心竞争力的体现。现在，国际上一些头部的投资银行已经在向财富管理转型，比如瑞银、摩根士丹利，尤其是瑞银，从 2011 年开始削减投行业务，而集中精力向财富管理业务转型。截至 2018 年底，财富管理业务对瑞银的业绩贡献已经超过 50%。这种变化趋势主要源自行业的盈利模式的转变：（1）证券行业整体佣金率大幅下滑。已经由 2011 年的 0.088% 下降至 2018 年的 0.031%，降幅为 64.77%。再加上资本市场的大幅波动，佣金收入更是受影响。（2）经纪业务佣金收入占券商总收入的比例下滑显著。已由 2011 年的占比达到 50.67% 降至 2018 年的 23.41%（见图 1-19 和图 1-20）。

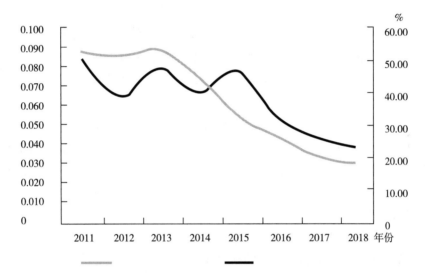

图 1-19　2011—2018 年中国证券行业代理买卖证券业务净收入情况

跨市场监管体系进一步完善，"一码通"打通投资者的期货和证券账户。2016年，中国结算与中国期货市场监控中心在现有证券市场"一码通"账户基础上，共同建立期现市场联动的跨期现"一码通"账户体系，初期仅将金融期货账户纳入跨期现"一码通"账户体系。"五方"（上交所、深交所、中金所、中登公司、保证金监控中心）之间通过信息交换机制、违法风险预警机制、共同风险控制机制和联合调查机制，可以动态监控投资者的跨市场头寸配置状况，约束可能诱发系统风险的跨市场交易行为，有利于维护股票与股指期货市场之间高效的套利关系，切断跨市场操纵风险的传递链条，提升一体化市场定价的有效性。

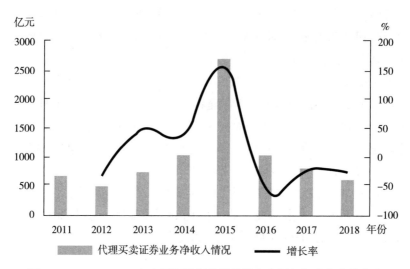

图1-20　2011—2018年中国证券行业平均佣金率及经纪业务营收占比

进一步深化打造多层次、互联互通的资本市场体系。2019年1月30日，证监会发布《关于在上海证券交易所设立科创板并试点注册制的实施意见》。3月1日，证监会发布《科创板首次公开发行股票注册管理办法（试行）》和《科创板上市公司持续监管办法（试行）》。2019年6月13日，科创板正式开板；7月22日，科创板首批公司上市。2021年9月2日，宣布设立北京证券交易所，继续支持中小企业创新发展，深化新三板改革，打造服务创新型中小企业主阵地。北京证券交易所的设立，形成了与沪深交易所、区域性股权交易市场协同互补、错位发展、互联互通的格局，将进一步完善我国多层次资本市场的"大拼图"，补足资本市场在支持中小民营企业方面的短板，进一步推进中国资本市场往多层次、包容性方向发展，标志着我国开启了3个市场共同服务实体经济、服务科技创新的新格局。

行业信息技术水平走上新台阶，满足业务创新发展要求。2016年5月，深圳证券交易所自研的新一代交易系统正式上线运行。这标志着我国证券交易进入全新的"高铁"时代，系统综合能力达到世界级水平。与此同时，深交所建设的中国证券期货业南方信息技术中心也同时正式启用。作为当时行业规模最大、规格最高的南方中心，其数据中心按国际T3+和T4等级标准设计建设，首期面向行业推出5000个托管机柜，可全面满足行业交易托管需求。

一、线上线下深入融合

随着近年来线上互联网金融颠覆带来的红利慢慢减少，互联网引流的成本变得越来越高。券商经纪业务遇到发展瓶颈，行业面临"新零售"的转型，也即线上、线下O2O的深度结合。为了更好地应对零售业务的新形势和新挑战，把线上互联网金融与线下传统业务彻底整合打通、构建公司零售业务线上线下一体化的闭环生态链，将成为证券互联网金融新时代的新使命。

证券公司采用线上化、数字化、智能化三步走战略，完成传统业务向线上迁移，线上线下相结合。形成包含智能投顾平台、投顾服务线上化、流程化集中营运等O2O闭环模式，形成涵盖前、中、后台的全方位业务运营体系。将电商平台、线上互联网合作、线下营销团队和营销渠道进行充分整合再造，形成集电商平台、市场营销、大众客户服务于一体的线上线下融合模式。线上线下融合模式通过打通线上线下的双向通路，可解决线上线下利益切分冲突、线下多头分散对接线上流量、线上流量缺少线下有效转化等行业痛点，是券商零售业务新形势下的重要探索。

二、金融科技蓬勃发展

金融科技从2015年至今，深度渗透到支付、存、贷、产业链、证券交易、融资众筹等各种金融场景。根据金融理事会（Financial Stability Board，FSB）的定义，金融科技主要是指由大数据、区块链、云计算、人工智能等新兴前沿技术带动，对金融市场以及金融服务业务供给产生重大影响的新兴业务模式、新技术应用、新产品服务等。

2018年中国人民银行印发《金融科技（FinTech）发展规划（2019—2021年）》，确定了六方面重点任务，一是加强金融科技战略部署；二是强化金融科技合理应用；三是赋能金融服务提质增效；四是增强金融风险技防能力；五是强化金融科技监管；六是夯实金融科技基础支撑。

证券市场是一个天然的大数据市场，存储了大量历史交易数据、成交量、经济数据等容易量化的数据。大数据技术扩大了证券市场数据运用边界，从多个方位助力券商进行数字转型。人工智能在证券领域主要的应用方向有智能投顾、智能客服、智能风控、智能选股和智能移动应用等。区块链技术在证券领域的应用处于探索起步阶段，日本交易所、德意志交易所、芝加哥商品交易所、纳斯达克等全球主要证券交易所正积极投入区块链技术的研发，希望利用区块链技术来提升现有系统的功能和效率。在本书第三章，将重点介绍金融科技在证券行业的应用。

三、程序化交易是把"双刃剑"

近几年来，在证券交易领域最热门的话题不是技术分析，不是交易算法，而是高频交易和高频交易的技术核心：低延迟的交易系统。在不少投资者眼中，高频交易是"市场里的嗜血鬼"，只要设好程序，就等着机器赚钱。也有人说，程序化交易能够瞬间发现期现基差扩大并进行套利，使基差始终维持在合理范围内，不仅平抑了市场波动，还给市场提供流动性，因此程序化交易作为一种交易方式具有存在的价值和意义。但其对市场的影响，则要看是什么人，怎么来使用。可以说，程序化交易是把"双刃剑"。

程序化交易是指通过既定程序或特定软件，自动生成或执行交易指令的交易行为。中国证监会于2015年10月9日发布《证券期货市场程序化交易管理办法（征求意见稿）》（以下简称《管理办法》）公开征求意见，对程序化交易做了以上的明确定义。

在最早期纽约证券交易所（NYSE）的定义中，程序化交易是指包含15只股票以上、成交额在100万美元以上的"一篮子"交易，2013年8月NYSE取消了定义中总价值100万美元以上的条件。在后来的市场实践中，程序化交易的对象扩大到各个交易所上市的股票、期货、期权等，是由电脑直接发出下单指令并自动执行的。

随着金融衍生品的不断丰富，程序化交易成为机构投资的重要交易实现手段，解决了机构迫切需求的批量下单、全市场不间断交易、减少冲击成本等问题（见表1-4）。这是一种技术手段，用软件下单替代了人工委托。机构采用程序化交易手段是希望在尽可能减少市场冲击的条件下，加速价格的形成，例如，VWAP、TWAP等算法交易都是基础的程序化交易，其本身并不会放大涨跌幅。

表1-4　程序化交易和人为交易的对比

内容	人为交易	程序化交易
市场变化处理方式	预测市场变化	顺从市场变化
分析基础	基本面、技术面	技术面为主
投资报酬率稳定性	不稳定	比较稳定
专业能力需求	高	中
精力与时间投入	高	低
交易记录与风险提示	人工手动	电脑自动
运算速度与执行力	缓慢	快速、坚决
决策判断方式	感性主观、恐惧贪婪	理性客观、数据信号

2019年2月1日，证监会发文就《证券公司交易信息系统外部接入管理暂行规定》发布征求意见，表示券商外部接入系统将对部分私募基金开放，这意味着此前因为2015年股灾被叫停的程序化交易再度复燃。

近几年来，全球各大交易所纷纷对技术系统进行投资改造，其中竞争最激烈的指标就是订单处理延迟和行情发布延迟。低延迟的需求在很大程度上来自证券市场上高频交易比例的迅猛增长。在证券产品可以在多家交易所进行交易的情况下，能够更快处理订单、更快反馈行情的交易所，显然更能吸引采用高频交易策略的机构投资者。低延迟交易系统主要包含低延迟的行情数据、低延迟的交易算法和下单系统三个方面。主机延迟方面，要求选择适合交易系统需要的模型和算法，并开发原型试验论证。接口延迟方面，要求规划设计基于消息接口的通信架构，要求制定主机托管的技术方案和接口协议。网络延迟方面，要求对网络设施、通信协议、消息中间件进行综述和比较。

总而言之，一个成功的高频交易策略，除了在交易算法和细节处理之外，更多的是在于其所使用的交易系统的处理能力和速度。在美国，高频交易者往往需要花费大笔资金搭建交易网络和购买最好的硬件，使自己能够得到最快的数据和交易通道。同时，高频交易者还要不停地跟踪策略的交易情况，调整策略算法逻辑，不断地跟踪策略对行情的反应时间、下单的速度以及交易延迟的情况，试着把策略的反应时间再缩短 1 微秒。低延迟交易与高频交易的关系如图 1-21 所示。

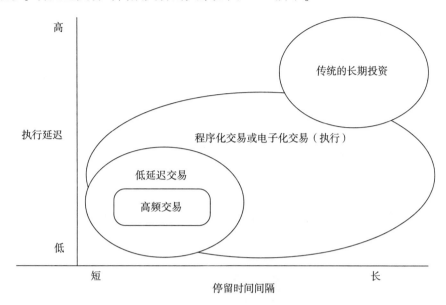

图 1-21　低延迟交易与高频交易的关系

随着允许"T+0"交易方式的商品期货、股指期货等交易品种的不断丰富，以及可以通过一级市场申赎、信用交易等方式直接或变相地实现"T+0"交易的 ETF（交易型开放式指数基金）和融资融券标的股的存在，高频交易的发展必将越来越迅速，成为中国金融市场最重要的交易策略之一。因此低延时高频交易系统的建设，对于经纪商来说是整合资源、做大主经纪商业务必不可少的基础平台架构。

四、交易基础设施向轻型化演变

伴随信息科技的发展与信息化投入加大，证券行业正从底层基础开始，推动信息系统转型升级。目前，行业向海量业务数据、高并发交易、个性化需求、安全可靠等方向发展，传统的信息架构出现了供给不足、扩展成本增加、安全系数低等问题，亟须向更加开放、灵活的新架构进行转型升级，以推动服务模式创新，为行业发展聚集新技术动能。

早期证券行业信息基础设施采用集中式架构将主机资源集中在物理设备紧耦合的大型机或者小型机中，其组件包括操作系统、数据库、中间件等。这种架构虽然部署简单、便于管理，但扩展能力有限，为了获得更高的性能，只能通过升级 CPU、多核、存储提高单机处理能力或横向扩展同架构服务器，但受单机性能有限、横向扩展成本高等方面制约，无法实现按需扩展。

当前证券行业信息基础设施的转型，正从以下三个方面开展：在服务器应用方面，正从集中式架构中的小型机、大型机替换成造价低廉的分布式架构的 PC 服务器集群，通过建设服务器集群构建高速通信网络，在整体上提供高计算能力，灵活支撑高并发交易；在数据库方面，传统架构多采用单机、集群数据库，但随着证券行业业务量激增，传统数据库的性能和容量会成为业务扩展的瓶颈，而分布式数据库采用分库分表的方法，突破了传统架构的容量限制；在性能提升方面，集中式系统将多台主机组合成中心节点，所有功能集中处理，而目前通过采用负载均衡、分布式缓存等组件，解决了集中式架构中大规模数据库访问动作带来的响应延迟问题，提升了数据读取速度以及系统扩展能力，降低了存储成本。综上所述，当前证券行业信息基础设施正从集中式架构向分布式架构转型。

分布式架构是一种将计算资源、服务通过网络和消息中间件集合起来，使各部分之间能共享资源、协调活动，实现高内聚性和透明性，降低上层应用对底层硬件的依赖程度，具备横向易扩展、松耦合、高可靠、可快速迭代开发等特点的现代信息技术架构体系。其核心组件包括消息中间件、负载均衡、分布式缓存和分布式数据库等（见图 1-22）。

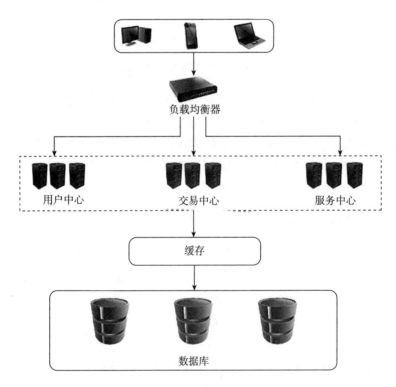

图 1-22 分布式架构的核心组件

消息中间件是一种高效可靠的消息传递机制，通过提供消息传递和消息排队模型实现数据通信，在分布式系统中起到解耦、流量削峰、数据同步、异步处理和冗余等作用。消息生产方将核心数据发送到消息中间件，下游各数据消费方可按需从中间件中获取相应业务数据，以此降低系统之间耦合度；当系统流量瞬时高峰时，消息中间件可通过堆积消息实现流量削峰，缓解下游系统的数据吞吐压力。应用较多的消息队列有 ActiveMQ、RabbitMQ、Apache Kafka、RocketMQ 等。

负载均衡技术可将海量并发与数据流分摊到多台服务器设备上进行并行处理，提高服务的性能以及可靠性，以达到最佳化资源使用、最大化吞吐率、最小化响应时间、避免过载的目的。根据实现技术不同，可分为 DNS 负载均衡、链路层负载均衡、IP 负载均衡、HTTP 负载均衡，常用的负载均衡组件有 Nginx、LVS、HAProxy 等。

分布式缓存技术着眼于解决传统数据库磁盘 I/O 性能瓶颈，缩短响应延迟，将高速内存作为数据的存储介质，获得高读写性能。此外，分布式缓存可支持弹性扩展，动态分配节点数来应对变化的数据访问负载，提高资源利用率。

分布式数据库是一种完整的、全局逻辑上集中、物理上分布的大型数据库。传统数据库依赖高端的存储设备和小型机设备，成本高且难以突破容量限制，不易扩展。分布式数据库则可通过采用合理的数据切片策略实现分库分表，增加系统的存储容量和服务容量，同时采用动态平滑扩缩容支撑业务量的快速变化，更好地应对流量峰值。

以深交所的第五代交易系统为例，其采用基于 X86 框架的服务器和低时延、高性能协议转换引擎等技术，实现了基于高速消息总线的分布式大规模并行处理架构，通过消息总线将交易通信服务行情通信服务、终端通信服务、数据交换服务与各平台连接起来，并在全国呈"两地三中心"部署格局，实现了高可用性和强扩展性，解决了异地容灾问题。分布式的应用使新一代交易系统的交易数据处理效率达到 30 万笔/秒，平均时延约 1.1 毫秒，故障切换时间小于 10 秒，同城灾难备份切换时间小于 3 分钟。

上交所新一代交易系统不断地升级与优化，正逐步向轻型化演变。新一代交易系统的撮合核心是基于 HP 小型机、OpenVMS 操作系统和 RDB 数据库构建，接入服务基于 X86 服务器、Linux 操作系统构建，是采用主机和服务器混合平台的分布式架构。新一代交易系统最高支持 10 万笔/秒的申报速率，全天容量达 3 亿笔订单。新一代交易系统上线以来，成功经历了日申报笔数最高达 9000 万笔、日申报速率最高 10 万笔/秒以及日成交额 1.31 万亿元的市场考验，系统运行安全稳定，有力地保障了资本市场的发展。

为了进一步优化分布式架构性能，缩短系统响应时间、提升数据吞吐量，可采用云计算技术，将物理资源进行虚拟化处理，屏蔽底层硬件差异，实现快速部署资源、获取服务。云计算自身的迁移功能，也可在服务器发生单点故障时实现业务的灵活迁移且保证 IP 地址不变，进一步提高业务稳定性。

在优化系统复杂度、简化系统运维流程方面，当前通常采用微服务架构将业务功能进行分割，形成可独立进行迭代和开发的单个服务，降低系统耦合度。微服务架构通过在云中部署应用、管理和服务，具有结构清晰、敏捷可扩展、可独立部署等优点，现已逐步成为业内应用主流。

第五节　多层次资本市场的构建

多层次资本市场是对现代资本市场复杂形态的一种表述，是资本市场有机联系的各要素总和。发展多层次资本市场是适应我国经济发展的客观需要。一直以来，多层次资本市场体系建设受到党中央、国务院的高度重视。2003年10月，中共十六届三中全会首次明确提出"建立多层次资本市场体系"。党的十八大报告指出，"健全促进宏观经济稳定、支持实体经济发展的现代金融体系，加快发展多层次资本市场"。党的十九大报告指出，"提高直接融资比重，促进多层次资本市场健康发展"。2020年4月发布的《中共中央　国务院关于构建更加完善的要素市场化配置体制机制的意见》明确，健全多层次资本市场体系。2021年的《政府工作报告》也提出，"更好发挥多层次资本市场作用，拓展市场主体融资渠道"。

"十二五"时期，中国证监会积极贯彻落实党中央、国务院部署，大力推进改革创新，加强顶层设计，统筹协调，全面推进多层次资本市场体系建设。由沪深主板、中小企业板、创业板、新三板、区域性股权市场、柜台市场组成的多层次股权市场体系初步形成；债券、期货与衍生品市场发展迅速，市场层次日益丰富，市场覆盖面进一步扩大，为不同规模、不同行业、处于不同发展阶段的企业提供融资渠道，有效支持了更多中小企业运用资本市场发展壮大，推动了创新创业活动和战略性新兴产业发展，满足了服务国民经济发展的需要。"十三五"规划则强调加强多层次资本市场投资功能，优化企业债务和股本融资结构，使直接融资特别是股权融资比重显著提高；深化创业板、新三板改革，完善多层次股权融资市场，以合格机构投资者和场外市场为主发展债券市场，形成包括场外、场内市场的分层有序、品种齐全、功能互补、规则统一的多层次资本市场体系。

为满足不同类型投资者的投资偏好，适应不同类型和不同发展阶段企业的融资需求，我国资本市场从20世纪90年代发展至今，逐步形成了分层有序、品种齐全、功能互补、规则统一的多层次资本市场体系。从广义上来说，从交易场所来看，多层次资本市场可以分为交易所市场和场外市场；根据发行和资金募集方式，可以分为公募市场和私募市场；根据交易品种，可以分为以股票债券为主的基础产品市场和衍生品市场。

为支撑多层次资本市场相关业务的开展，我国逐步建立健全了沪深交易所交易系统、全国中小企业股份转让系统、柜台做市商系统及机构间私募产品报价与服务系统等信息系统。相关系统持续优化迭代，不断丰富完善其功能，部分系统进行了大规模的架构升级，提高了系统运行效率，保障了各项业务的顺利开展。

一、场内与场外市场

近年来，我国逐步形成了交易所、全国性股权转让市场（以下简称"新三板"）、区域性场外市场（以下简称"四板"）及券商柜台场外市场（以下简称"五板"）三个大的层次，服务于多元化国民经济发展需求和多层次投资者投资需求。三者的挂牌或上市企业准入门槛、投资者资质管理、信息披露要求、流动性、交易方式和监管方式等有所不同，但基本原则一致，即"书同文、车同轨"。这三个层次市场的发展将最终形成"正金字塔形"的多层次资本市场体系（见图1-23）。

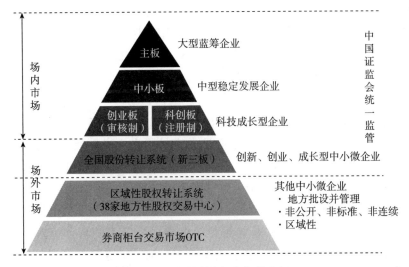

图1-23 交易所市场和场外市场

主板市场又称为一板市场，指传统意义上的证券市场（通常指股票市场），是证券发行、上市和交易的主要场所。2004年5月，经国务院批准，中国证监会批复同意深圳证券交易所在主板市场内设立中小企业板块，在资本市场架构上也从属于一板市场。主板市场的公司在上交所和深交所两个市场上市，而上交所和深交所两大交易所的核心交易系统不断迭代和推陈出新，构建了支持多层次、多品种的核心交易系统，建设了高性能、低时延、易扩展、高可用的交易平台，提高了国际竞争力。

上交所开业第一天，就实现了计算机自动撮合第一笔交易。2009年，上交所上线新一代交易系统，支持现货、衍生品交易，以及众多非交易业务；且支持连续交易、集合竞价交易、报价驱动交易和补充交易等交易模型，以及限价订单、市价订单、市价转限价订单、冰山订单等多种订单类型。

2016年，深交所自主研发的新一代交易系统正式上线，作为基础性技术平台，已经达到世界级交易系统的水平。作为深交所第五代交易系统，在业务上可支持现货与衍生品一体化交易，具备包括竞价交易、协议交易等境内外主流交易模式在内的多元化市场服务功能，提供国际标准化协议接入、私有协议接入、交易终端等多种市场接入方式。新系统持续委托处理能力达30万笔/秒，是原有系统的3倍，平均委托处理时延约为1.1毫秒，仅为原有系统的1%，五年总拥有成本降低为原有系统的1/3。

创业板又称为二板市场，是指为具有一定规模，符合"五新三高"特点，处于成长期的创业企业提供融资服务和资本运作平台。深交所于2009年10月23日举行创业板开板仪式。2020年4月27日，备受市场期待的创业板改革并试点注册制方案"出炉"。创业板的注册制改革，是我国构建多层次资本市场体系的重要一环，有助于国内金融市场改革，进一步激发创业板的投融资活力，提升中小企业直接融资比例，更有效率地支持中小企业发展。为支持创业板改革并试点注册制，深交所按照审核标准、审核进程、审核意见、审核监管"四个公开"的要求，新建了一整套上市审核系统并推出"深证服"APP，实现"一站式、全流程、电子化"的上市审核服务能力；关键节点系统控制，业务操作留痕存档，确保审核工作严格规范、公开透明；发挥科技监管的效力，应用企业画像系统成果，实现上市审核的智能化辅助。同时，沪深交易所和市场经营机构稳步开展交易系统改造，在行情展示和信息公告披露方面与主板分别展示和披露。

科创板是我国多层次资本市场的重要补充。2018年11月5日，习近平主席在首届中国国际进口博览会开幕式上宣布在上海证券交易所设立科创板并试点注册制。科创板是独立于现有主板市场的新设板块，并在该板块内进行注册制试点。2019年6月13日，科创板正式开板。科创板旨在补齐资本市场服务科技创新的短板，是资本市场的增量改革。2019年3月，上交所历经4个多月建设的科创板股票发行上市审核系统正式上线运行，所有通过审核系统提交的文件将被视为正式的科创板股票上市审核文件，开启了中国资本市场股票上市电子化审核的先河。证券公司各科创板技术系统也按照这一时间节点积极准备，对科创板行情系统、交易系统、清算系统等模块进行改造建设，并进行测试，确保系统功能正常。

三板市场包括老三板市场和新三板市场两个部分。老三板市场于2001年7月16日正式开板，主要解决原STAQ（全国证券交易自动报价系统，1990年12月5日正式开始运行）、NET（又一证券交易网"中国证券交易系统有限公司"，1993年2月经中国人民银行批准成立）系统遗留的公司法人股流通问题以及主板市场退市公司的股份转让问题。通过代办股份转让系统，开始了建立场外市场的探索。2006年启动的新三板市场为代办股份转让系统非上市公司股份报价转让试点，是专门为科技园区的非上市股份公司股份转让提供的平台，是证券公司代办股份转让系统的组成部分之一。新三板已逐步成为非上市股份公司股权顺畅流转的平台、创投与股权私募基金的聚集中心、多层次资本市场上市资源的"孵化器"和"蓄水池"。

2013年，全国中小企业股份转让系统（又称"全国股转系统"）交易支持平台上线，实现挂牌公司股票的协议转让、两网及退市公司股票的集合竞价转让等功能，标志着全国股转公司交易系统实现自主运营，市场基础设施进一步完善。2018年，新三板交易制度改革集合竞价系统上线，引入集合竞价、优化协议转让、巩固做市转让等具体措施，标志着深化新三板改革迈出关键步伐。2020年，新三板全面深化改革公开发行及连续竞价等业务系统正式上线，有力地支持了各项改革业务的顺利推出，有助于改善市场流动性、恢复市场生态、完善融资并购制度及产品体系、助力优质企业成长。

2021 年 9 月，北京证券交易所成立，聚焦发展新三板、服务中小企业，意味着以服务中小企业为己任的新三板站上了改革的新起点，使我国资本市场的改革又迈出了非常关键的一步；同时，北京证券交易所与沪深交易所、区域性股权市场错位发展、互联互通，进一步完善了我国资本市场的多层次市场结构，中国资本市场将更有活力和韧性。

统一监管下的场外交易市场包括四板和五板。四板即区域性股权市场，是为特定区域内的企业提供股权、债券的转让和融资服务的私募市场，一般以省级为单位，由省级人民政府监管。对于促进企业特别是中小微企业股权交易和融资，鼓励科技创新和激活民间资本，加强多实体经济薄弱环节的支持，具有积极作用。区域性股权交易市场在区域性股权转让系统上进行交易。随着业务发展需要，区域股权交易系统也正在逐步稳妥地推进与其他市场的互通，促进区域股权市场的健康发展。并依托场内结算设施，逐步探索分散成交、场内结算的交易模式。

券商柜台交易市场（即 OTC 市场，全称为 Over-the-Counter Market），又称为五板，是证券公司与特定交易对手方在集中交易场所之外进行的交易或为投资者在集中交易场所之外进行交易提供服务的市场，提供各类理财产品、私募债券及其他衍生金融工具发行、交易、登记及存管等服务。2012 年 12 月，中国证券业协会制定并发布了《证券公司柜台交易业务规范》，标志着证券公司 OTC 业务正式启动。证券公司柜台交易市场是多层次资本市场的重要环节。

证券公司柜台交易系统主要支持 OTC 市场的客户开、销户业务，客户账户管理业务，OTC 产品的登记、销售、转让、撮合业务，以及 OTC 市场的清算业务等，给投资者提供金融产品的交易流通平台，实现产品、权益的保值增值。

二、公募和私募市场

"十二五"时期，监管部门稳步推进公募基金管理公司及公募业务牌照审批制度改革，优化基金行业准入，研究推动股东多元化和专业人士参股基金管理公司；探索实行公募基金产品注册制；鼓励基金行业在合规基础上大力创新，丰富基金产品种类，不断扩大公募基金业务范围；继续推动保险资金、社会保障基金、企业年金、养老金等中长期机构投资者参与资本市场，践行国务院发布的《基本养老保险基金投资管理办法》。

经纪业务的私募投资 PB 业务（Prime Broker，主经纪商业务），面向机构的经纪业务，很重要的一块是面向私募投资人的 PB 及交易服务，尤其是量化投资的私募。而该业务的基础在于券商托管。现有的大部分券商给私募客户提供的 PB 系统，交易通道基本是采购第三方，包括恒生 O32、讯投的 PB 系统、金证顶点的快速订单系统、深交所的 OES 极速系统等，有的机构还专门打造个性化的交易和行情系统、搭建私募云服务、提供有差异化的增值服务。

机构间市场又被称为机构间私募产品报价与服务系统（以下简称"报价系

统"），是经证监会批准设立的为机构投资者提供私募产品报价、发行、转让及相关服务的专业化电子平台。报价系统秉承"多元、开放、竞争、包容"的理念，以私募市场、机构间市场、互联互通市场、互联网市场为基础定位，以为参与人提供私募产品报价、发行、转让及互联互通、登记结算、信息服务等为核心功能，以私募产品发行转让市场、私募股权发行转让市场、场外衍生品市场、大宗商品市场为主体架构，是多层次资本市场基础金融设施之一。

三、债券市场和期货衍生品市场

"十二五"时期，中国证监会大力推进债券市场建设，深化债券市场互联互通。积极开展资产证券化业务，推动信贷资产证券化产品在证券交易所上市交易，推进政策性金融债在交易所市场发行上市，为商业银行在交易所市场发行减记债补充资本提供制度支持；同时，进一步完善债券发行体制，以信息披露为核心，强化市场信用约束。同时，大力加快期货品种创新，原油期货市场建设取得重大进展，扎实推进农产品期权等上市研发工作；加快推进期货市场对外开放和场外衍生品市场建设，扩大期货保税交割试点；积极提升期货市场服务实体经济能力，完善产业客户参与期货市场的税收、会计等制度保障，培育和发展期货市场机构投资者。

我国债券流通市场分为银行间债券市场和交易所债券市场，交易量绝大部分在银行间债券市场。交易所债券市场的场内交易通过集中竞价系统完成，主要面向零售客户，最典型的就是个人客户参与国债逆回购交易。另外，面向合格机构投资者，上交所和深交所建立了独立的固定收益交易平台，分别是上海证券交易所固定收益证券综合电子平台和深圳证券交易所综合协议交易平台。

2007 年，上交所推出了固定收益平台，是上海证券交易所的核心交易平台之一。截至 2019 年上半年，固定收益平台上共承载确定报价、待定报价、询价、最优价、可转换报价、指定对手方报价、协议交易、协议回购、三方回购共九大类交易业务。自 2007 年正式上线试运行以来，固定收益平台业务品种与功能不断随着资本市场的发展变得充实与丰富，为债券业务发展和市场繁荣提供了有力的支撑和保障。

为更好地满足市场需求，集中开展债券业务，从 2016 年开始，上交所全面展开独立债券交易技术系统建设，实现债券发行、交易、服务、登记结算、监察与风控、分析、业务处理、信息披露十一大功能。2019 年，上交所为推进债券交易机制落地实施，构建灵活、高可用的新债券交易系统，落实"股债分离"路线，实现股债系统初步分离，构建新债券交易系统，并将固收迁移至新债券交易系统。

作为国际资本市场十分成熟的基础性金融衍生产品，交易所个股期权诞生于 1973 年，在过去几十年间发展十分迅速。2013 年，全球主要交易所衍生品合约成交量超过 216 亿张，其中期权成交量约占一半，而基于股票和 ETF 的个股期权又占期权总成交量的一半左右，显示出全球投资者对个股期权的强劲需求。

期权交易系统有广义和狭义之分。狭义的期权交易系统即期权交易系统本身；广义的期权交易系统即衍生品交易平台,除了期权交易系统外,还包含一系列的所内业务平台,如风控系统、场务端系统等,还与所外交易/清算平台互联,完成清算结算等工作。

2015年2月9日,上证50ETF期权开始挂牌交易,这也标志着上交所期权交易系统生产环境正式上线。期权交易系统建设主要为上交所提供衍生品交易,完善业务链。截至2019年底,期权交易系统上线4年多来,投资者对期权产品认识日渐加深,参与人数逐步增加,市场规模稳步增长。

衍生品交易平台是上交所个股期权市场的基础架构设施,它为市场参与者提供了期权交易的电子化撮合平台,支持了股票期权(包括ETF期权和个股期权)的交易功能及相关业务操作,为市场提供了持续、稳定、安全的衍生品交易环境。同时,其内部还包含了相应的风险控制及市场监察和业务操作等功能。通过与竞价撮合平台互联,支持了期现互通,也为现货市场提供了独有的市场化风险转移功能。

四、资本市场国际化

2013年11月,中共十八届三中全会明确了推动资本市场双向开放和加快人民币资本项目下可兑换的任务目标。同年,习近平总书记提出"一带一路"倡议,其中资金融通战略是其重要支撑。2014年4月10日,李克强总理在博鳌亚洲论坛讲话中指出,要积极创造条件建立上海证券市场和香港证券市场股票交易机制的互联互通。为更好地响应"一带一路"倡议,在国务院的批准和证监会的领导下,上交所和中国结算合作开展了沪港通、沪伦通系统的建设和部署。

沪港通(全称"沪港股票互联互通交易结算技术系统")是上海证券交易所、中国证券登记结算有限公司和香港联合交易所、香港中央结算有限公司通过技术系统连接,允许两地投资者通过当地证券公司(或经纪商)买卖规定范围内的对方交易所上市股票的技术安排,是沪港股票市场交易互联互通机制。整个沪港通分为沪港交易通和沪港结算通两个系统。2014年11月,基于新一代交易系统,沪港通业务上线。

沪港通是中国内地深化经济体制改革、稳步推进资本市场双向开放的重要尝试。从技术角度来看,其在跨境互联技术方面对行业的科技进步也起到开创性作用。沪港通的跨境互联互通的技术模式是世界首创,成功树立了互联互通典范,其模式被应用到境内市场与国际市场的互联互通上,加快了我国资本市场对外开放进程。其成功实践应用也为后续的深港通、债券通、沪伦通提供了模式借鉴。2016年12月5日,深港通正式启动。

2018年10月12日,证监会正式发布《关于上海证券交易所与伦敦证券交易所互联互通存托凭证业务的监管规定(试行)》。中国证监会和英国金融行为监管局2019年6月17日发布沪伦通《联合公告》,原则上批准上海证券交易所和伦敦证券交易所开展沪伦通。同日,沪伦通正式通航。沪伦通,即"上海证券交易所与伦敦证券交易所互联互通机制",符合条件的两地上市公司,可以发行存托凭证(DR)并在对方市场上市交易。其中伦交所上市公司到上交所发行 CDR、上交所上市公司到伦交所发行 GDR 分别构成了沪伦通双向业务中的东向业务和西向业务。沪伦通与沪港通、深港通最主要的区别在于，后者所提供的是以两地结算机构作为代理人，进入对方市场参与报价、交易、结算的"投资者跨境"模式，而沪伦通则是使用存托凭证跨境挂牌的"产品跨境"模式，投资者仍位于本地市场。沪伦通将采用存托凭证这一创新形式推出，为两地投资者和发行人提供了参与对方市场投融资的便利机会，也推动了国内证券机构开展跨境业务、提升国际竞争力，是我国进一步扩大资本市场双向开放的重要举措。

第二章　业务发展驱动行业信息化发展

本章将按证券、期货和基金三种主要业务类型分别展开，着重分析业务发展驱动行业信息化建设持续完善。通常来说，证券是各类财产所有权或债权凭证的通称，是用来证明证券持有人有权依票面所载内容，取得相关权益的凭证。按照权属性质的不同可以划分为股票、债券、基金、衍生品等。经营机构的信息系统同样应验了这个最原始的核心价值，它的发展变革直接来源于公司业务上不断更新的业务需求。

第一节　证券业务的发展与信息化

结合证券业务的分类，下面将从股票交易类、信用交易类、衍生品交易类、债券交易、主经纪商、资产管理、场外业务、风险管理及监管报送八个方面展开说明，体现证券业务发展对信息系统演进的推动作用。其中针对单项证券业务，将参考证券交易流程，从开户、证券托管和存管、委托买卖与竞价成交、交易结算四个维度展开解读。

一、股票交易类业务及支撑系统

在证券各业务类型中，股票交易是早前推出的业务，经历了从实物交易到无纸化交易，从手工处理模式、单营业部模式、区域集中模式到大集中时代。交易系统集中管理后，因为业务发展、监管要求和技术推进，大一统的平台功能被逐步剥离，将账户、交易、清算结算进行解耦。

1. 开户

开立证券账户是投资者参与证券交易的先决条件。证券账户是记录证券及证券衍生品种持有及其变动情况的载体。证券账户管理及账户开立方式几经变迁，相应支撑系统及功能也得到不断优化。早期的证券账户是在登记公司开立，与特定的交易场所及交易品种相关联，用于记载投资者在特定交易场所内特定品种持有及变动情况，比如沪市人民币普通股票账户（沪市 A 股户）、沪市人民币特种股票账户（沪市 B 股户）等，一个投资者会有多个证券账户以便进行多个市场多个交易品种的交易。早期营业部和证券公司的账户系统大多隶属经纪业务支持系统的基础服务体系。

为进一步做好账户整合工作，为后续完善优化集中统一登记结算制度工作打好基础，2014 年 9 月 4 日，中国证券登记结算有限责任公司发布《关于为投资者开设一码通账户及建立证券账户关联关系的通知》，构建了以投资者为核心的多层次证券账户体系，在现有沪深 A 股、B 股等证券账户基础上，为投资者设立"一码通"账户，作为记录投资者身份信息以及证券资产的总账户，现有证券账户作为投资者用于投资交易的子账户，并在"一码通"账户与子账户之间建立关联关系。"一码通"账户用于汇总记载投资者各个子账户下证券持有及变动的情况，也可用于记录投资者分级评价等适当性管理信息。同一投资者只能申请开立一个"一码通"账户。投资者开通的子账户范围包括 A 股账户、B 股账户、股转系统账户、封闭式基金账户、信用证券账户、衍生品账户。2014 年 10 月，中国证券登记结算有限责任公司完成了统一账户平台系统切换上线工作，账户业务开始集中由统一账户平台（"一码通"）处理。随着"一码通"账户政策推出，证券公司秉承"小核心、大外延"设计理念，把原来附属于各个业务交易系统的账户模块剥离出来，搭建客户账户管理系统，支持所有账户业务，既提高了交易系统的性能，又防止因账户业务功能的修改给核心业务带来风险，从而保障了业务安全，最大限度地降低了系统运行风险。证券公司普遍采用恒生、新意、金证等专业金融软件公司开发的面向服务、多层体系架构的技术系统平台实现其功能，提供企业级客户账户全生命周期管理服务，集中管理客户的账户信息、客户信息等，为企业各级业务系统提供信息支持。以恒生统一账户管理系统为例，"统一账户管理系统"旨在定义客户账户，建立客户账户体系，控制账户业务风险，为建立客户账户规范管理的长效机制提供有力的技术支持，进一步强化一号制，即实现全公司客户账号（客户 ID）的统一，一个客户、一个证件在本公司只能开一个客户号。逐步增强客户信息管理和客户行为统计分析，提供多层次的账户管理方式，将分散于各个业务系统的客户资源集中为公司客户资源，为客户关系管理（CRM）、客户营销系统构筑基础。

账户开立可选择临柜开户及非现场开户方式。证券市场初期，都是采用临柜开户，投资者需本人到开户代理机构营业网点现场（通常是证券公司营业部）办理开户业务。2013 年，中国证券业协会发布《证券公司开立客户账户规范》，放开非现场开户限制，明确证券公司不仅可以在经营场所内为客户现场开立账户，也可以通过见证、网上及中国证监会认可的其他方式为客户开立账户，包括证券账户和资金账户。2013 年 3 月 25 日，中国证券登记结算有限责任公司公布了《证券账户非现场开户实施暂行办法》，网上开户真正意义上放开了。2013 年 3 月 25 日，国泰君安上海分公司终于成功在网上开出了股东账户的第一单，具有划时代的意义。非现场开户包括见证开户和网上开户两种形式。见证开户是指开户代理机构工作人员在营业场所外面见投资者，验证投资者身份并见证投资者签署开户申请表后，为投资者办理证券账户开立手续。非现场开户业务对如何保证客户开户资料的真实性、安全性和如何了解客户的真实意愿和承受能力等方面都提出了较高要求，要从业务流程和技术手段等多个方面进行保障。随着见证开户等制度的推出，客户在证券公司开立账户，办理普通交易柜台业务、融资融券业务、资产管理业务、股权交易中心和产品代销业务扫描产生的影像资料及见证视频、回访录音等电子档案分散在各套系统中。证券公司通过客户影像系统支持对客户影像资料进行分类、保存、存档和查询，实现客户影像资料输入、审核、存储、查询和输出。也有些软件供应商（如金证、恒生等），并没有独立的客户影像系统，而是把它作为客户账户管理系统的一部分功能模块来实现的。

客户影像系统以先进的影像管理技术为基础，通过建设"集中、统一、规范、高效"的影像中心，实现了客户维度的"一户一档"影像管理（见图2-1）。客户影像系统一方面可以提升管理效率、降低管理成本；另一方面还可以提高信息利用率。无论是远程、异地查询，还是多人信息共享，都可以从容实现，最大限度地实现信息资源的价值。其一般分为影像处理子系统和业务管理子系统两大部分。影像处理子系统采用 C/S 结构，运行在券商的各个营业部以及有扫描需求的部门；业务管理子系统采用 B/S 结构，服务端部署在券商总部，通过 Web 浏览器进行访问和业务处理。影像处理子系统实现影像文件的输入、处理和传输功能。通过扫描仪、数码相机等影像设备，将纸质凭证转换为电子文件，并可以对电子影像文件进行必要的处理，如比例缩放、旋转、水印、剪裁等。处理完成的影像文件，通过通信组件上传至总部保存管理。客户影像系统分散采集，集中管理，分享使用；独立性和开放性相结合，确保和其他业务系统有机整合；高效、安全采集和远程传输性能，确保影像的完整性和一致性，良好可控性、可维护性、安全性和稳定性；通过电子影像集中管理，打破"信息孤岛"，实现信息共享，挖掘数据价值；有利于业务部门对工作的管理和指导，有利于风险控制和管理部门的实时监控。

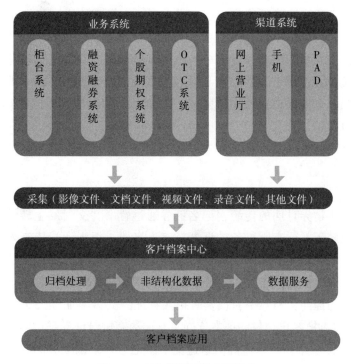

图2-1 客户影像系统应用架构

客户管理方面主要涉及投资者保护，适当性管理是构建投资者保护的重要屏障。2009 年以来，在创业板、金融期货、融资融券、股转系统、私募投资基金等市场、产品或业务中陆续建立了投资者适当性制度，比如自 2009 年 7 月 15 日起施行的由证监会制定并发布的《创业板市场投资者适当性管理暂行规定》。但这些制度比较零散，相互独立，未覆盖部分高风险产品，而且提出的要求侧重设置准入的门槛，对经营机构的义务规定不够系统和明确。为了规范证券期货投资者适当性管理，维护投资者合法权益，2016 年 12 月 16 日，中国证监会发布《证券期货投资者适当性管理办法》（以下简称《办法》），自 2017 年 7 月 1 日起施行。实现对投资者进行分类管理，"将适当的产品销售给适当的投资者"，防止不当销售产品或提供服务。《办法》明确了投资者分类、产品分级、适当性匹配等各环节的标准或底线，具体产品或服务的适当性规定应以此为依据。《办法》的核心就是要求经营机构对投资者进行科学分类，把"了解客户""了解产品""客户与产品匹配""风险揭示"作为基本的经营原则，不了解客户就卖产品，不把风险讲清楚就卖产品，既背离基本道义，也违反了法律义务，将从自律、监管等各个层面给予相应的处罚。《办法》涉及证券公司几十套技术系统的改造，如网上开户新增风险测评功能、网上交易增加客户分级与投资匹配性、新建"双录"系统等。相关系统在 2017 年底就绪，完成系统改造升级，确保适当性制度的全面落实。

2019 年 4 月 27 日，中央全面深化改革委员会会议审议通过了《创业板改革并试点注册制总体方案》，证监会层面发布了相应四部规章制度向市场公开征求意见。在诸多变化当中，投资者适当性管理成为市场热点。对此，深交所也同步发布《创业板投资者适当性管理办法》，并自 4 月 28 日起实施。在技术改造方面，各家券商在接下来 2 个月内完成相关技术系统改造，包括个人投资者资产量及交易经验核验、电子方式签署《创业板投资风险揭示书》等。在相关技术系统改造完成后，将立即组织存量普通投资者重签新版《创业板投资风险揭示书》，以确保其符合条件参与注册制下发行上市的创业板股票申购、交易。

2. 证券托管和存管

登记存管业务：

最早的证券是以实物方式存在，证券交易需要将实物证券在交易双方之间进行转移交付和登记。实物券时期的传统，记名证券通过背书并交付发生转让效力，其权利成立与变动需记载于发行人所置备的证券持有人名册，否则证券持有人不得向发行人主张权利；无记名证券以发行人发给证券持有人的证券本身为权利表征，单纯的交付即可发生转让效力。但是，随着证券市场的发展，交易量激增，大量实物证券的转移无法及时处理，为提高交易效率，投资者把实物证券交付给证券公司保管（称为证券托管），证券公司再把客户交付的证券连同自有证券交付给证券登记结算机构集中保管（称为证券存管），证券登记结算机构通过电子簿记形式记录证券的归属及变动，并提供权益维护服务，实现了证券的"非移动化"。证券集中存管后，市场逐步向"证券无纸化"方向发展，即不再发行实物证券，仅由中央证券存管机构（CSD）设立证券账户对证券进行记账，以提高证券结算的效率。在无纸化证券体系下，证券存管的概念有着新的内涵：为投资者开立证券账户成为证券存管的前提条件，代投资者保管证券更多地表现为维护投资者证券账户中的电子记录，代投资者管理证券权益则体现为代投资者领受股利，分别将现金股利和股票股利记入投资者的资金账户和证券账户。中国证券市场则凭借着后发优势，早在20世纪90年代末即全面构建起证券的无纸化交易机制。投资者参与中国的证券市场，需要先与证券公司建立托管关系，证券公司代客户保管证券并提供代收红利等权益维护服务。中国结算向证券公司提供证券存管服务，受托集中保管证券公司交存的客户证券和自有证券，并提供代收红利等权益维护服务。

上交所于1991年2月15日彻底取消了股票实物交割，并于1991年7月8日顺利推行了股票电子化集中存放，即为每个投资者开设一个股东账户，通过证券账户反映投资者股票使用情况，从而实现了无纸化的交易、存管、清算和交割。与此同时，股票的发行方式也向无纸化方式转变。同年9月，兴业房产成为我国首只采用无纸化发行上市的股票。从1991年10月起，所有股票均要事先存入证券账户才能交易，上海市场证券无纸化登记结算体系初步建立。

随后，1993年3月8日，上海证券中央登记结算公司（以下简称"上证登"）成立，进一步发展了电子化登记结算技术系统，电子化登记结算技术体系基本建成。1993年6月，上证登在NetWare平台上开发了股票账户开户系统和B股登记结算系统，并通过拨号系统，建立了远程数据通信网络，初步实现了证券登记结算业务的网络化。为了解决B股境外结算会员的数据交换问题，上证登开发了电传数据交换系统，实现了B股境外结算会员结算数据的电子化传输。1993年，上证登分别上线运行资金三级清算和国债回购清算系统，又进一步推进了电子化清算业务的发展。

而深处经济特区的深圳，也在1990年11月26日，由深圳证券登记公司（以下简称"深证登"）推出了由2个Unix服务器（"486"微机）和16台终端构成的第一代证券登记系统，使当时柜台交易的"一户一票"制交割的运作模式历史性地过渡到"一手一票"的标准化实物股票交割模式，并将分散在多个交易营业部的手工股份账集中到深证登进行电子化管理。此外，系统还可以为投资者提供过户登记，为股票发行人提供分红派息等多种服务。

1991年12月30日，深证登对系统进行改版升级，彻底实现了证券登记从实物化向无纸化的转变，实物化的股票在1992年3月19日之后退出深圳市场。同年6月，深圳市场推出了异地证券登记结算系统以支持异地投资者参与深圳市场的交易。1992年12月底，深证登在全国26个城市建立了异地登记结算系统，利用拨号通信网络，形成了"中央结算与分布式登记"的结算体系。

1996年4月17日，证监会要求上市公司股份要统一托管。证监会发出通知，要求所有已上市公司和今后申请上市的公司都必须将其全部股份在登记公司统一托管，并将托管情况报送中国证监会；对不按期托管的上市公司，登记公司有权向证交所提出暂时停牌的要求。

1997 年，上证登公司构建了新的证券登记结算处理系统。推出 PROP（参与人远程操作平台）安全版，集证券登记、清算、交收业务的数据通信与远程操作于一体，极大地方便了市场参与人远程开展证券登记结算业务。

2001 年 9 月 20 日，证券登记结算实现了统一。中国证券登记结算有限责任公司、上海证券交易所、深圳证券交易所、上海证券中央登记结算公司、深圳证券登记有限公司发出联合公告，宣布自 2001 年 10 月 1 日起，上海证券中央登记结算公司、深圳证券登记有限公司从事的证券登记结算业务均由中国证券登记结算公司承接，上海证券中央登记结算公司、深圳证券登记有限公司依法定程序注销。这标志着我国集中统一的证券登记结算系统基本形成。中国证券登记结算公司最终成立，改变了登记结算作为交易所的下属部门或直属公司的状况，证券交易所和证券登记结算公司在运行上相互独立。2006 年 4 月 12 日，中国证监会对外发布了《证券登记结算暂行办法》，明确规定证券登记结算机构是为证券交易提供集中登记、存管与结算服务，不以盈利为目的的法人。夯实了证券登记结算体系的法律基础，有利于保障证券市场安全、高效运行。同时，根据新《证券法》第一百六十六条规定，明确了证券登记结算机构是证券账户的开户主体。

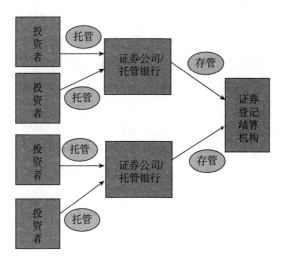

图 2-2　证券存管体系

3. 委托买卖与竞价成交

投资者进行股票交易，在开立了证券账户和资金账户后，可根据开户证券营业部提供的几种委托方式选择其中的一种或几种进行交易。下单委托经历了从柜台委托、自助终端委托（BP 机等）、电话委托到目前主流的网上交易的演变过程。2000 年 3 月，《网上证券委托暂行管理办法》经证监会批准并开始实施。根据该办法，获证监会颁发的经营证券业务许可证的证券公司，可申请开展网上证券委托业务；未经证监会批准，任何机构不得开展该业务。该办法的实施有力地推动了我国证券网上交易的规范发展。

在证券交易过程中，随着技术水平提升和业务量激增，证券交易所通过上线证券交易系统，替代了原有在交易大厅的人工喊价竞价方式和人工写板的交易模式，采用电子化的方式自动地执行或辅助投资者买卖竞价作业（见图2-3）。所有的交易由交易所的电脑交易系统自动撮合完成，无须人工干预。不仅大大提高了市场的处理效率，更重要的是，自动化的撮合系统把业务规则固化在交易系统中，防止了市场交易过程中舞弊等不良行为，为市场规范化运作提供了技术保障。

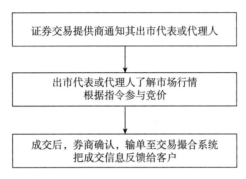

图2-3 竞价交易流程示意图

上海证券交易所成立之初，借鉴世界证券交易所逾百年发展的经验，通过自主开发，创立了一系列运作体系，为投资者的证券投资交易提供必要的基础设施，推动市场更具流动性、低成本和高效率的发展。一是电脑自动交易系统。买卖指令通过场内电脑终端申报输入，由计算机主机按照"价格优先、时间优先"的原则自动配对撮合成交。二是中央清算系统。交易成交后的清算交割统一由上海证券交易所办理，并配有中央集中保管系统，清算交割实行净额交收，资金和证券的交收全部通过账户划转完成。三是股票自动过户系统。在电脑撮合成交的同时，同步完成股票过户。四是无票交易系统。股票交易实行无纸化，股票持有者的股权以电子数据体现。五是行情传输系统。证券行情通过电脑联网及时传送至营业柜台，并建有电话查询股票行情和即时播出股票行情的系统，闭市后，交易行情将通过网络、电台、电视台、报纸等新闻媒介予以告示，并与路透社、美联社联网向全球播发。

此外，上海证券交易所还对外提供的交易平台，包括：竞价撮合平台（MTP）：该平台除了支持标准的"交易买卖"业务以外，还采用对特定的非交易代码进行买卖的方式来支持一系列的"非交易业务"。如A股、B股、融资融券、指定交易和撤销指定、密码激活、配股、可转债转股（可交换公司债换股）、要约收购、可转债回售、债券质押式回购、开放式基金。综合业务平台（ATP）：该平台主要承载上交所各类非交易业务，如网络投票、大宗交易、国债预发行和部分基金申赎业务等。大宗交易、跨境ETF、货币市场基金场内实时申赎、报价回购及约定购回、转融通、股票质押式回购、网络投票。

深圳证券交易所成立之初，其证券交易系统根据功能划分为券商系统接口、通信系统、交易核心系统、市场信息发布系统等主要组成部分，它与券商系统、市场监察系统、结算系统共同组成整个证券市场的技术支持体系（见图2-4）。其中通信系统作为券商与交易核心系统的桥梁，负责收集来自各地的委托，然后传给后端的交易核心去处理；而成交回报或市场信息，也通过通信系统传回给各地的券商。为了让交易系统与不同券商系统进行有效的通信和数据交换，通信系统和券商系统之间技术上还需要定义系统接入的接口方式。交易核心系统主要负责将收集到的委托进行电子化自动撮合配对。它的功能包括两部分：一是交易制度的功能，二是市场控管的功能。其中，交易制度的功能又包括：交易时间、交易撮合竞价规则、委托方式、涨跌范围、价格稳定措施等。为了方便交易管理部门控制和管理市场，交易系统在交易核心系统的基础上，通常还会提供市场的交易控制和管理功能，它大致可分为三部分：控管指令，交易查询（查询全部委托簿、最佳档位、市场概况、股票相关信息及各类股票相关信息等），公告或通知信息（实时通知券商任何重大信息）。市场信息发布系统负责传送市场成交的数据信息、市场委托簿、市场指数、最佳档位的价量以及其他一些成交资料。为确保资料的安全性及保密性，所有发布传送的资料都要通过加密处理。

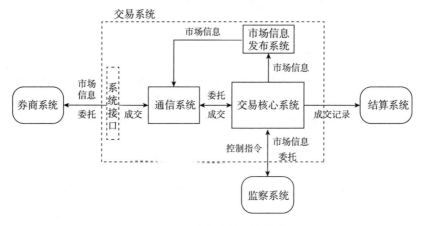

图2-4　深交所交易系统构成

在20世纪90年代证券市场发展初期，证券经纪业务是以营业部为单位开展的，每家营业部都有自己的证券交易系统。证券营业部的计算机系统软件由交易系统和行情系统两部分组成。证券营业部通过卫星系统及数据专线与交易所进行通信，接收行情、发送交易委托数据并接收成交回报和清算数据，营业部与银行连接为客户提供银证转账等业务服务。客户通过营业部自助系统、电话委托系统、网上交易系统等进行交易委托。客户信息、所有交易历史数据等都存放在营业部，交易系统服务器一般采用Windows NT/SQL运行环境，采用Client/Middle Ware/Server结构；行情系统服务器一般采用Novell NetWare 4.11运行环境。营业部客户端一般采用运行DOS操作系统的无盘工作站。每个营业部都能独立地完成从接收客户指令、受理业务到处理业务的全过程。但粗放的管理模式带来了巨大的业务隐患，出现了诸如修改客户结算数据、挪用客户保证金等风险事件。

2004 年左右，整个行业风险经过多年累积，呈现集中爆发的态势，出现了"南方证券""德隆系"等一系列重大风险案件，促使国家开始对证券行业进行综合整治。也就是从这个时候开始，所有证券公司开始部署集中式的证券交易系统，由技术部门统一运营管理，这一代的证券交易系统也开始被行业内称为"集中交易系统"，并一直沿用至今。实际上，国内证券公司从 2001 年就开始了集中交易系统的初步探索，2004 年集中交易进入了大发展阶段。证券集中交易系统是证券公司信息系统的核心，第一代集中交易系统主要按照满足券商经纪业务来设计，定位为一个综合性的业务系统，承载的业务职能包括账户管理业务、资金管理业务、证券交易业务、信用交易业务、理财管理业务等。第一代集中交易系统主要供应商包括恒生电子、金证公司、金仕达软件等，基本都采用了三层架构（接入层、业务逻辑层和数据层）。第一代集中交易系统架构简单，系统的稳定性也很好，但由于采用了数据库事务强一致性的方案，存在严重的资源争用，数据库成为整个系统的容量和性能瓶颈。券商被迫使用高性能的硬件设备来增加系统容量，降低交易延时，这又导致了高昂的系统部署和维护成本。

第一代证券交易系统从 2005 年开始进入券商，基本满足了当时的市场业务需要。但随着资本市场的快速发展，特别是在经历了 2008 年的牛市行情，市场成交量逐步放大的背景下，部分供应商开始尝试解决集中交易系统可能面临的容量和性能问题。其中一个思路是将客户按一定的规则进行分拆，通过部署多个交易中心，解决单交易中心的性能问题，供应商以此思路为基础进行优化，发布了第二代集中交易系统。虽然进行了客户分拆，但由于数据库事务强一致性的约束，在单个节点上单笔交易的系统延时还是很大，供应商开始尝试使用弱事务一致性来处理交易逻辑，即在处理交易时，不再强制在单一事务内完成资金和交易的处理，而是把它分解成两步，降低事务的原子级别，如果处理过程中发生异常，则通过反向交易进行账务回冲，从逻辑上保证业务处理的正确性。弱一致性的引入，可以大幅提高系统的吞吐量，也可以降低单笔业务的延时。在恒生电子的 UF2.0 中，综合采用了客户分拆、弱一致性事务等机制，在券商中得到了广泛使用。但由于是数据库机制，交易延时仍然只能达到 10 毫秒这个量级。

券商从 2009 年开始全面部署第二代集中交易系统，随后证券市场各类创新业务品种频繁推出（如创业板、融资融券、个股期权、沪深港通、固定收益产品扩容到地方政府债、公司债、企业债、ABS 等），叠加券商间对客户资源的争夺日趋激烈，给集中交易系统带来了庞大的新增需求，供应商响应速度无法达到券商的业务需要，且频繁变更也给系统安全运行带来了巨大的挑战。行业内开始思考集中交易系统的架构优化，包括：将账户系统进行剥离，形成独立的账户系统，将与营业网点相关的账户开立、资料录入、业务审核、合规报送等功能从集中交易完全剥离出来，优化经纪业务运营体系；将数据查询功能进行剥离，部署独立的数据中心系统，一方面可以减轻集中交易系统数据查询带来的压力，另一方面也可以进一步完善对客户的服务；将理财产品销售功能进行剥离，部署专门用于处理产品销售的 OTC 系统，将原有开放式基金业务也纳入 OTC 系统统一处理；将清算职能从集中交易系统完全剥离出来，纳入统一的清算运营平台。"瘦身"后的集中交易系统功能更加纯粹，聚焦在高效稳定支持各种场内业务的交易、清算、合规管理等职能。但从交易功能上看，并没有改变围绕数据库进行业务处理的框架。由于在如何给集中交易系统进行架构优化上，不同的券商有不同的思路，因此并没有形成行业统一的产品形态。

随着证券市场投资者结构变化，出现了以量化私募基金为代表的专业机构投资者，他们对交易系统的要求提升了一个量级，主要表现在：使用计算机软件进行程序化交易；对交易延时极为敏感，不同投资者之间存在速度竞争；可能在较短时间内发出大量订单，对系统稳定性要求更高。以数据库为中心的交易系统虽然经过了各种架构优化，但也只能将交易延时缩短到 10 毫秒左右的水平，离专业投资者的要求还有很大的差距。供应商开始推出全内存化的快速交易系统，专门服务少量的专业投资者。快速交易系统只有交易功能，其账户业务、资金划拨、清算均依托集中交易系统。所有业务全部在内存中完成处理，且每个客户的业务均采用串行化处理，确保数据的一致性（这一设计借鉴了期货交易系统）。快速交易系统将交易延时提升了一个量级，达到了 100 微秒，有些供应商的系统甚至更快一些。但由于数据全部保存在内存中，损失了一定的高可用性，且由于业务串行化处理，吞吐量也受到了一定限制，因此单个节点的快速交易无法承载很多客户，券商会根据需要部署多套快速交易系统，有些甚至部署不同供应商的快速交易系统。券商交易系统进入了一种融合的架构模式，并在大部分券商的生产系统中得到实施。

4. 交易结算

结算业务：

证券结算服务是指证券交易成交后的一种服务，结算过程实际上就是交易双方确定和交付钱或券的过程。结算服务包括清算和交收两个环节。清算是指根据证券成交结果，计算交易双方在结算日应收应付的证券数额和资金数额的过程。交收是指根据清算结果，组织交易双方进行证券交付和资金支付的过程。只有交收完成之后，一笔证券交易才算真正实现（见图 2-5 和图 2-6）。

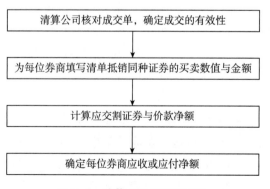

图 2-5　清算交易流程示意图

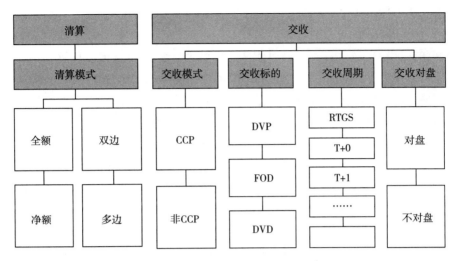

图 2-6　清算、交收模式

作为证券交易的后台作业，证券登记结算在市场初期基本上处于手工记账模式状态，有纸化的实物股票仍保留使用。股票发行以及每一次股票交易过户都需要人工进行记录，才能进行新一轮的交易。这种登记结算模式不仅效率低，劳动强度大，而且还经常出现操作错误。尤其在实现证券电子化交易后，登记结算周期仍需要"T+4"甚至更长时间才能完成，成了证券交易流程中的瓶颈，因此无纸化的登记结算模式势在必行。

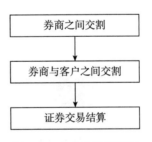

图 2-7　交割流程示意图

注：交割：卖方向买方支付证券收取价款，而买方向卖方支付价款收取证券。

1998 年前，交易所负责把清算的数据发给证券公司的营业部，由营业部完成与投资者的钱券清算交收，作为法人的证券公司自身无法直接掌握营业部的运营情况。经历了 1995 年的"327"国债事件后，登记结算的功能逐步从交易所分离出来。此后，《证券法》对证券交易中证券交易所、证券登记结算公司、证券公司与投资人的责任关系做了规定。1998 年开始改营业部清算为证券公司法人清算，明确法人作为登记结算公司的清算和交收对手，意味着证券公司必须直接承担清算和交收的法律责任。2000 年，上海证券中央登记结算公司推出 PROP2000 版，强化了"法人结算"的业务理念，支持参与人建立总部和下属网点的两层业务运行模式和授权体系，有效地实现了业务和技术的法人集中统一管理模式。

2001年成立的中国证券登记结算公司（以下简称"中证登"）主要负责上海证券交易所和深圳证券交易所的上市公司股票、可转债、基金的登记、托管和结算，作为清算的中央对手方；同时，中证登还负责交易所上市国债、地方政府债、公司债券分托管、交易所场内债券交易的清算，作为其清算的中央对手方。中国证券登记结算公司目前主要实行两种交易结算方式，为两级结算，其中一级结算主体为投资者与券商，二级结算主体为券商与结算公司（见图2-9）。一级结算中：证券交收为"T+1"开市前，资金交收为当日"T+0"；二级结算中：证券交收为"T+0"收市后至"T+1"开市前，资金交收为"T+1"。股票与基金的交易实行"T+1"的交易方式，即当日买进的证券，要到下一个交易日才能卖出。同时，对资金仍然实行"T+0"，即当日回笼的资金马上可以使用。在执行过程上，先由登记结算公司将清算数据发给证券公司，证券公司据此进行其营业部的二级清算交收，再由营业部与投资者进行三级的清算交收。证券公司因此有了法定的、准确的证券、席位、账户及其相关资金变动的数据。这些数据都在法人清算系统中。法人清算系统，根据市场各业务规则，完成证券公司层级一二级业务清算，并生产交收凭证。目前法人结算系统全市场主要使用的是新意科技公司提供的新意证券综合管理平台6.0法人结算系统。

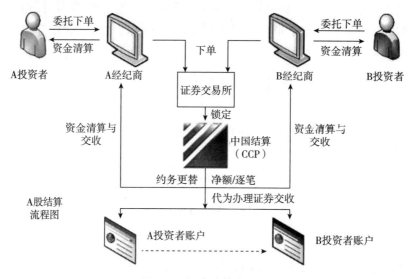

图2-8 证券结算流程图

交易结算资金：

资金账户是指投资者管理其用于证券买卖用途的交易结算资金的账户。资金账户又称为证券资金台账，是证券公司为与本公司签约的投资者开立的内部账户。

证券市场早期，投资者的交易结算资金直接转入证券公司，享受同等银行存款的权利。投资者资金管理曾出现银证转账和银证通两种模式。在银证转账模式下，投资者在证券公司开立资金账户后，用于证券交易结算的资金将从银行流出，保管在证券公司，证券公司设立现金柜处理投资者出入金业务。在银证通模式下，投资者到银行直接开户，由银行保管资金并完成交易结算工作。银证转账是指将投资者在银行开立的个人结算存款账户（或借记卡）与证券公司的资金账户建立对应关系，通过银行的电话银行、网上银行、网点自助设备和证券公司的电话、网上交易系统及证券公司营业部的自助设备将资金在银行和证券公司之间划转，为股民存取款提供便利。基于银证转账模式而产生的银证转账系统，是将银行的储蓄系统与证券营业部的股票交易委托系统进行实时联网，股民通过电话委托或自助交易终端，对证券保证金账户和活期储蓄账户之间的资金进行调拨。

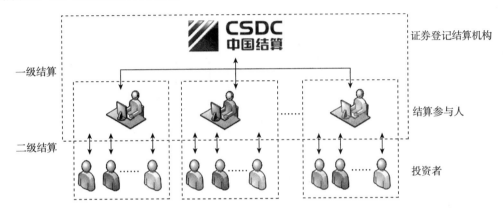

图 2-9　分级结算架构图

银证通业务因有银证混业经营的嫌疑，与当时新颁布的证券法不符，随后被终止；银证转账业务由于客户资金直接由证券公司管理，缺乏第三方机构监管，出现了挪用客户资金的情况而被取消。

2001 年 5 月，证监会公布《客户交易结算资金管理办法》，要求客户资金必须与证券公司自有资金分别管理，建立了客户资金的独立存管制度。此后，挪用客户资金难度加大，客户资金的安全性得到增强。但由于在当时的条件下，客户资金的划转未能完全实现封闭运行，挪用客户资金的行为未能杜绝，历史遗留问题也未能彻底解决，随着市场的深度调整，一度形成影响行业生存发展的重大风险。2004 年 1 月，国务院出台《关于推进资本市场改革开放和稳定发展的若干意见》，要求"改革证券、期货客户交易结算资金管理制度，研究健全客户交易结算资金存管机制"。2005 年 7 月，国务院办公厅转发的《证券公司综合治理工作方案》进一步明确提出，要逐步实施客户资金第三方存管。2005 年 10 月修订通过的《证券法》规定，"证券公司客户的交易结算资金应当存放在商业银行，以每个客户的名义单独立户管理"。据此，在总结综合治理期间被处置证券公司客户资金第三方存管经验并进行深入研究论证的基础上，证监会于 2006 年 7 月开始在证券公司全行业推行客户资金第三方存管制度，并于 2008 年 4 月成功实现了全部活跃账户客户资金的第三方存管。

投资者证券资金的存管方式分为三方存管模式和银衍转账模式，两种资金存管方式均实现了客户交易结算资金的封闭运行及出入金渠道的统一管理（见图2-10~图2-12）。

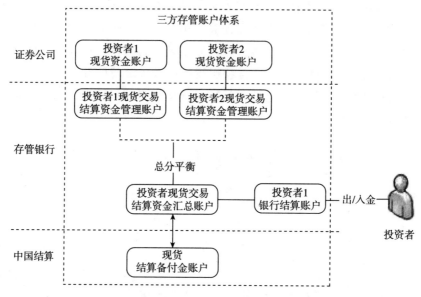

图2-10 三方存管账户体系

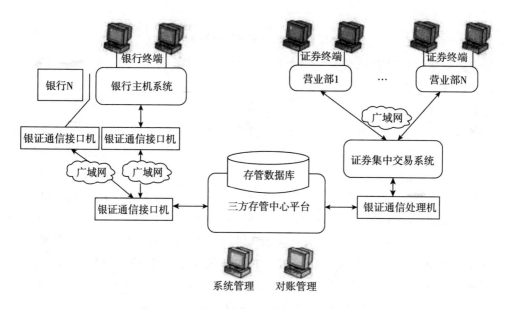

图2-11 证券公司保证金第三方存管系统架构图

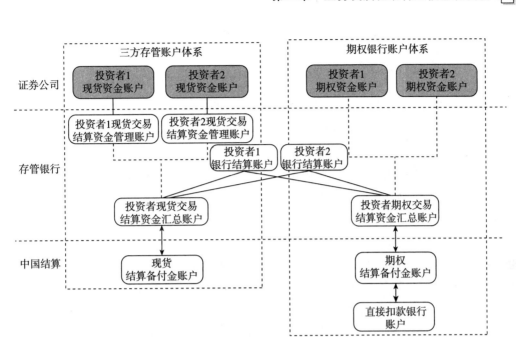

图 2-12　三方存管与银衍转账业务账户体系异同

　　三方存管模式，即投资者与证券公司、银行三方签约开户，对应的资金管理模式是保证金独立第三方存管，即证券公司负责证券交易资金的清算，银行负责客户资金的存管交收，并由投资者保护基金对投资者资金在三方存管模式下的运行情况进行统一监控。遵循"券商管证券，银行管资金"的原则，将投资者的证券账户与证券保证金账户严格进行分离管理。第三方存管工程巨大，技术系统搭建、业务流程再造、账户规范涉及当时的 100 多家证券公司、3000 多个证券营业部、70 多家商业银行及其上万个分支机构。2007 年，证监会与银监会联合颁布《证券公司客户交易结算资金商业银行第三方存管技术指引》，对第三方存管技术标准提出了要求。2008 年，银行、证券公司建立了独立的第三方存管技术系统，证券公司已全面实现客户资金的第三方存管。经受住了 2007 年证券市场交易量创历史新高等重大考验，较好地承担了客户资金划转、存取、查询等业务功能，保障了证券市场的平稳运行。第三方存管制度的全面实施，增强了投资者信心，在促进证券公司增强合规经营意识，提升经营管理、风险控制和客户服务水平方面也产生了积极效应。

　　银衍转账是指投资者在银行结算账户和衍生品资金账户之间的资金划转方式，是引起"股票期权保证金"变动的重要方式之一。银衍转账是伴随上交所股票期权业务而产生的一种转账交易模式，因为个股期权从提出到正式开展，经历了较长的时间，银衍转账被明确提出是在 2013 年 11 月发布的《上海证券交易所个股期权经纪商业务指南 V1.0》的版本中。银衍转账是银衍结算账户和衍生品资金台账之间建立银衍转账关系，银行不会记录投资者银衍账户余额，衍转银时银行只判断客户交易结算汇总账户（券商在银行开立的结算账户）余额；日终只对账户明细和转账明细进行核对，不进行清算交收。支撑银衍转账模式的是银衍转账系统。

二、信用交易类业务及支撑系统

证券市场信用交易类业务包括质押式债券回购、报价回购业务、约定购回业务、股票质押回购、融资融券、转融通、行权融资、代理质押等。其中，融资融券交易（Securities Margin Trading）又称为"证券信用交易"或保证金交易，是投资者向具有融资融券业务资格的证券公司提供担保物，借入资金买入证券（融资交易）或借入证券并卖出（融券交易）的行为，包括券商对投资者的融资、融券和金融机构对券商的融资、融券。

随着我国资本市场迅速发展和证券市场法制建设的不断完善，证券公司开展融资融券业务试点的法制条件已经成熟。2006年6月30日，证监会发布《证券公司融资融券试点管理办法》。2006年8月21日，《融资融券交易试点实施细则》公布。2008年10月5日，中国证监会宣布正式启动融资融券试点。2010年3月31日，融资融券业务开闸，进入市场操作阶段。上交所和深交所开始接受试点会员融资融券交易申报，正式开通融资融券交易系统。

融资融券业务是我国证券市场的一项重要创新，其交易结算制度、业务操作模式、风险防范和控制等均与目前普通证券交易大不相同，融资融券交易是海外证券市场普遍实施的一项成熟的交易制度，有利于充分发挥证券市场的功能，为投资者和券商提供了新的盈利模式。因此，作为市场基础建设的完善之举，融资融券的推出对中国证券市场的发展具有划时代的意义，是我国完善资本市场体系的重大举措，中国股市从此告别单边市。

投资者为参与融资融券交易，首先应向证券公司申请开立信用账户，包括信用资金账户与信用证券账户。信用资金账户是投资者在证券公司指定存管银行开设的资金账户，用于记载投资者交存的担保资金的明细数据；信用证券账户是投资者向证券公司申请开立的证券账户，用于记录投资者委托证券公司持有的担保证券的明细数据。投资者在开立信用账户前，应当已经持有普通证券账户。投资者（客户）与证券公司签订融资融券合同、开立信用证券账户和信用资金账户后，就可以进行融资融券交易了。

为支持融资融券业务，证券登记结算公司、存管银行和券商所涉及的技术系统均需要进行改造。证券登记结算公司为证券公司开设"证券公司融券专有账户"，用于登记证券公司拟融出的自有证券；为证券公司开设信用证券汇总账户，并建立证券公司信用证券汇总账户和客户信用证券账户的二级明细关系。证券交易所需要提供开展融资融券业务的专用交易席位。存管银行需要建立独立的融资账户体系，包括为客户单独开立信用资金银行账户、为证券公司开立融资业务银行总账户等。券商技术系统需要对交易系统、三方存管系统等进行相应改造，包括支持投资者开立信用账户；在投资者委托渠道上，支持融资融券业务相关委托指令；增加对信用交易委托指令的处理功能，每日清算后在约定时间前向交易所申报当日信用交易业务数据，以及行情分析软件可查询到交易所发出的融资融券业务相关信息等。

2011 年 8 月 19 日，证监会发布《转融通业务监督管理试行办法（草案）》，并向社会公开征求意见。2012 年 8 月 30 日，转融资业务启动。转融通业务是指证券金融公司借入证券、筹得资金后，再转借给证券公司，为证券公司开展融资融券业务提供资金和证券来源。

转融通系统主要支持实现转融通借入、转融通保证金交易、转融通出借。转融通借入是指证券公司根据融资融券业务需要，从证券金融公司申请借入证券、借入资金，以及代理机构股东将证券借给证券金融公司；证券公司需要向证券金融公司提供转融通担保保证金。转融通保证金是指证券公司交存的，用于担保证金公司因转融通所生债权的证券或资金。中登公司保证金管理系统部署在中国登记结算总公司，负责为证金公司收取的转融通保证金提供存管、账务处理、提交、返还、买卖、替换、临时使用、盯市、权益处理、处置等管理服务。转融通出借中的转融券出借，是指具有出借资格的机构客户委托证券公司向证券金融公司出借证券的过程（见图 2-13）。

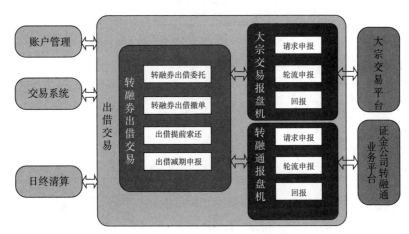

图 2-13 转融券出借交易架构图

三、衍生品交易类业务及支撑系统

金融衍生产品是与基础金融产品相对应的一个概念，其是指建立在基础产品或基础变量上，其价格取决于基础金融产品价格（或数值）变动的派生金融产品。其中，股票期权属股权类产品的衍生工具，是交易双方关于未来买卖单只股票或交易型开放式指数基金（以下简称"ETF"）的权利达成的合约，包括个股期权（合约标的为单只股票）和 ETF 期权（合约标的为 ETF）两类。

中国结算接收投资者的衍生品合约账户开户申请，并根据"投资者 A 股证券账号+888"的规则为其配发衍生品合约账户。投资者可以通过行情软件分析系统查看行情，并通过电话、自助终端、互联网等自助交易终端系统委托会员进行股票期权交易申报与非交易申报。券商通过衍生品交易系统为客户提供股票期权交易与非交易服务。经营机构的期权柜台交易系统中对客户的每笔委托申报所涉及的资金、期权合约、合约标的、价格、开仓额度及持仓限额等内容进行核查，确保委托申报符合相关业务规则的规定，防止出现客户保证金不足、占用以及持仓超限等情形。上海证券交易所股票期权业务在期权业务平台（以下简称"DTP平台"）进行交易，证券品种为沪市股票期权合约，主要支持股票期权订单、股票期权组合保证金、股票期权普通询价等。经营机构的个股期权系统，依托证券公司现有经纪业务平台的账户、资产体系，独立于核心集中交易清算系统的专业期权交易系统，主要支持实现股票期权业务，包括股票期权经纪业务和股票期权做市业务。

四、债券交易业务

2000年1月6日，中国人民银行指出，将创造条件开通银行柜台债券交易业务，原则上允许证券公司、基金投资公司等进入银行间债券市场。

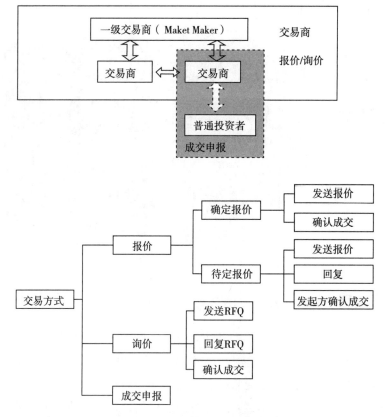

图2-14　交易流程和简要规则

2007年，上海证券交易所根据债券交易的特点推出固定收益平台（FISP），是专用于债券交易的电子平台，其目的是为国债、公司债等固定收益产品提供高效、低成本的批发交易平台。在竞价撮合平台、大宗交易（综合业务平台）和固定收益平台同时挂牌的债券实行"T+0"的跨系统交易。固收平台的产品主要包括：国债现券、公司债现券、私募债、债券质押式协议回购、信贷资产支持证券、债券回售。该系统定位于机构间市场，交易商（经证监会或人民银行批准从事证券自营业务并且交易活跃的证券公司、信托投资公司、基金管理公司、保险公司、财务公司等）作为市场参与主体，可以直接参与证券交易，普通投资者不能直接参与报价系统，交易商与代理的客户之间现券交易可以通过协议交易直接将成交结果报告至报价系统。交易商分为一级交易商和普通交易商，一级交易商向市场提供双边报价（做市），提供流动性。交易商用户又细分为首席交易员和普通交易员。首席交易员可以进行交易商管理、交易员管理、交易商账户管理、交易员账户管理，修改部分信息及权限，设置后立即且长期生效。

五、主经纪商（PB）业务

证券公司 PB 业务（Prime Brokerage），即主经纪商业务，也称为主券商业务或大宗经纪业务，是指证券公司为专业机构投资者和高净值个人客户提供包括快速交易工具及平台、托管结算和代理支付服务、融资融券方案、绩效评估与风险管理、多账户组合管理、交易分析和流动性管理以及整合投行和资产管理的一站式金融服务。

2007 年 4 月 20 日，中国证监会发布《证券公司为期货公司提供中间介绍业务试行办法》，规范证券公司为期货公司提供中间介绍业务活动，防范和隔离风险，促进期货市场积极稳妥发展。券商在私募基金托管及服务上更加具备优势，而托管也带动了券商的 PB 业务发展。主经纪商业务服务的对象涵盖基金公司及其子公司、证券公司及其资管子公司、期货公司及其子公司、私募基金管理人等各类机构客户，通常分为资产托管和基金外包服务。其中，资产托管服务内容包括资产保管、资金清算、估值核算、投资监督、信息披露等，基金外包服务业务包括估值核算、份额登记等。

2012 年 5 月召开的"证券公司创新发展研讨会"是证券行业具有划时代意义的一次里程碑式会议，托管业务作为监管部门鼓励创新业务的五大核心之一。2013 年 3 月，证监会发布《证券公司资产托管业务试行规定（征求意见稿）》，券商资产托管业务全面放开。证券公司开展资产托管业务，是由证券公司作为托管服务提供方，根据法律法规的要求承担传统方式中商业银行的托管服务职责，履行资产管理计划的资产保管、清算对账、资金划付、估值核算、投资监督等职能，并向委托人、管理人提供资产托管信息披露报告等各项服务。

PB 交易平台为机构投资者提供集资产管理、投资下单、极速交易、算法交易、投资风控等功能于一体的金融交易平台，提供覆盖全市场、全资产、全业务的交易支持，以满足不同类型产品的投资需要；支持包含自动交易、算法交易、期现套利、篮子交易在内的多种交易方式；支持现货、期货多账户交易等；提供内存化交易方案，专注于交易业务快速处理，快速稳定地接入现货或期货分仓柜台，以满足风险监控等资产管理的需要。

随着监管法规不断颁布，创新业务不断推出，以及私募基金个性化需求不断丰富，PB业务的支持、创新、改革都需要依靠技术系统的提质增效和升级完善来完成。头部券商通过金融科技实践为客户"销售募集、投资交易、运营管理、清盘退出"等全生命周期提供高效优质PB服务。伴随程序化交易模式的快速发展，监管和风控更加严格，尤其是当账户数量较多、风控数量增加时，交易系统的指令、委托延时比较大，已经满足不了客户需求。以私募基金、信托计划为代表的机构客户对券商PB交易系统的性能和稳定性提出了新的要求。因此，不少券商将PB交易系统升级为极速PB交易系统。极速交易系统采用全内存数据库技术，配合全新的数据通信机制、多线程并行技术，实现所有业务流程处理均在内存中进行，极大地提高了委托确认、成交，以及事前、事中风控的效率。

六、资产管理业务

2003年12月18日，中国证监会颁布了《证券公司客户资产管理业务试行办法》，该办法规定，经证监会批准，符合条件的证券公司可以从事3种客户资产管理业务：定向资产管理业务、集合资产管理业务和专项资产管理。资产管理业务是证券经营机构在传统业务基础上发展的新型业务。证券经营机构通过建立附属机构来管理投资者委托的资产。

投资交易系统是证券公司等资产管理机构投资交易管理的核心平台，提供了投资管理、投资交易、交易接入、合规风险管理、交易通道等核心功能，覆盖了资产管理的订单管理OMS、订单执行EMS、合规风险管理等核心环节，一般在与投资决策产品无缝对接后，形成投资交易前、中、后一体化解决方案。

投资交易管理系统支持的业务范围有以下几人类：（1）普通权益业务：沪深交易所的权益类业务、沪深大宗交易平台。（2）衍生品业务：沪深交易所股票期权业务、中金所股指期货和国债期货业务以及股指期权业务。（3）固定收益类：沪深交易所债券、沪深固定收益平台、银行间等。按产品功能划分为权益子系统、固收子系统、衍生品子系统等不同业务子系统，其中每个业务子系统都包含客户端、指令、风控、交易管理、报盘、清算全流程的业务处理。

2003年，证券公司资管业务开始发展，使用较多的投资交易系统是恒生最早的证券资产管理综合业务系统软件V3.0，解决了证券公司资管指令、风控、交易、报盘、清算等电子化交易和风控流程。从2010年开始，随着证券公司资管业务的发展，对于投资交易系统支持的业务范围、交易性能、账户灵活性、风控类别提出了更高的要求，恒生公司研发的O32系统（基金投资管理系统）逐渐从基金行业应用到券商资管业务，头部券商开始从V3.0升级到O32系统。在SQL版本基础上性能得到进一步提升，业务覆盖更加全面，满足了ETF发行、衍生品投资、银行间业务等业务需求。

从2019年开始，资管行业对交易系统提出了更高的要求，包括系统灰度升级、业务解耦、风控性能、客户端自定义等新需求。恒生推出新一代投资系统O45，从系统架构、性能、开放性、运营管理等诸多方面进行全面革新。

七、场外业务

综观境外发达国家资本市场，场外证券业务占据着重要的市场地位，而场外衍生品又是其中非常关键的组成部分。我国的场外衍生品市场起步晚于场内衍生品市场，但是经过十几年的发展，已经取得了一定的进步，在资本市场中的影响力愈加凸显。

当前，中国境内的场外衍生品市场包括由人民银行主导的以 NAFMII 主协议为交易基础的银行间市场、由证监会主导的以 SAC 主协议为交易基础的证券期货市场，以及由外资机构主导的以 ISDA 主协议为交易基础的柜台市场三大市场体系。三大市场各有特色，相互促进，共同构成了我国三足鼎立的场外衍生品市场格局。

证券公司自营所涉及的场外衍生品业务，即属于证监会监管体系下的证券期货市场。其中按照标的区分，主要分为境内标的的场外衍生品业务和跨境境外标的的场外衍生品业务。

证券公司柜台市场的场外衍生品业务始于 2012 年，证券业协会于该年 12 月发布了《证券公司柜台交易业务规范》，明确证券公司柜台交易产品包括金融衍生产品，由证券业协会实施自律管理。2015 年，证券业协会发布了《场外证券业务备案管理办法》，从制度上明确了场外金融衍生品业务实施事后备案的自律管理安排。2018 年 5 月，证券业协会发布了《关于进一步加强证券公司场外期权业务自律管理的通知》，强化场外期权业务自律管理，将场外期权原有的业务试点资质改为交易商资质，未能成为交易商的证券公司将不得与客户开展场外期权业务。2020 年 9 月 25 日，《证券公司场外期权业务管理办法》发布，新规在券商业务资质要求、业务标的范围、投资者适当性以及监测机制等多个层面，进行了有针对性的优化与完善，促进了场外衍生品市场健康有序发展。

在证券公司柜台和中证报价衍生品交易系统上开展的场外衍生品业务分为场外期权和收益互换两大类。场外期权和收益互换的挂钩标的主要包括以沪深 300、中证 500、上证 50 为主的股指，A 股个股、黄金期现货和境外标的等。证券公司开展场外期权业务的主要交易对手为商业银行、证券公司及其子公司、私募基金等，其中商业银行和私募基金的交易规模占据主导地位。收益互换业务的交易对手主要为私募基金、其他证券公司及其子公司和以工商企业为代表的机构等。

场外业务的交易系统随着业务发展逐步得到完善。起初，业务以券商线下管理为主。自 2012 年业务产生以来，场外业务稳定发展，由于业务的非标属性，此阶段主要是线下合约管理，因此对信息系统的依赖程度低，业务的簿记和管理以券商人工手工实现为主，信息化程度差。2016—2018 年，场外期权业务规模变大，管理系统需求骤增。第一代场外衍生品系统，可以满足券商场外期权业务的综合管理，系统可提供场外期权合约定价、风险监控/对冲及核算报表等关键业务环节的管理功能，包括职能体系构建、客户信息管理、客户签约信息管理、保证金管理、报价信息管理、审核管理、产品设计、风险对冲交易、持仓管理、风险管理及复核管理等。

2018—2020 年，场外监管新规出台导致场外期权系统成为标配。第二代场外衍生品系统提供场外期权全业务流程管理功能，涵盖前、中、后台的所有业务，同时通过不同角色的设置，使各部门可以更好地协同工作。提供的前台服务包括：销售管理、产品设计、对冲管理、交易执行。中台服务包括：券池管理、清算交收、定价。后台服务包括：盘后分析预警、风险监控、报表分析等。系统支持从 SAC 协议签署（客户信息尽调后，双方签署 SAC 协议、完成预付金划转、客户进行合约询报价）、签订合约（合约设计，双方达成初步签约意向，交易确认后，签订合约）、存续期管理（业务报表，核算成本，生产评估报告，进行实时和盘后的风控管理等）、交易了结（提前赎回或了结、完成后续管理工作）全生命周期的管理，可以更好地管控业务风险。

2020 年至今，随着收益互换业务规模增加和监管新政策，跨境和 SWAP DMA 逐渐成为发展趋势，券商场外主经纪商平台初具雏形。第三代场外衍生品系统全面支持场外期权和收益互换业务，结合监管对于业务开展的信息化系统建设要求和风险管理能力要求，在监管报表的电子化报送、客户适当性管理、风险管理等多个方面做了优化，帮助一级、二级交易商合法合规并稳定展业，同时也在收益互换业务方面，提供多空组合等多种交易模式的簿记和管理，场外衍生品业务的丰富性得到了更好的提升。

从国内证券公司的业务布局来看，经纪业务的总体趋势会由场内向场外延伸，越来越多的券商为专业机构投资者提供场外衍生交易的投研策略支持、融资融券、证券拆借等一站式综合金融服务，实际上就是在构建场外主经纪商业务平台。在这样的平台里，涵盖了当前收益互换业务前、中、后台全流程（从客户尽调和资质审核，协议签约，保证金入金，合约签约申请，交易发起，审批流程，策略对冲，再到日终盯市结算和了结），类似头部证券 SWAP DMA 的交易模式，也让机构客户的自主性得到了更大发挥，同时场外可交易的品种非常丰富（从境内到境外标的），能够满足客户的各种资产配置要求，这也是券商提供的场外一体化业务平台带来的优势。

证券公司开展境外标的的场外衍生品业务，主要依赖证券自营跨境资质。从 2017 年开始，监管层积极推动金融业双向开放，引入海外证券机构的同时，推动国内证券公司"走出去"。政策主要涉及提升外资持股国内证券公司比例、规范境外子公司设立、加强券商境外业务风险管控等方面，即在维持适当门槛的前提下支持证券机构"走出去"，规范券商海外业务。

八、风险管理及监管报送

证券业务的风险管理主要包括净资本业务、反洗钱业务、风险监控等。为了预防洗钱活动，维护金融秩序，遏制洗钱犯罪及相关犯罪，自 2007 年 1 月 1 日起施行了《中华人民共和国反洗钱法》。反洗钱，是指为了预防通过各种方式掩饰、隐瞒毒品犯罪、黑社会性质的组织犯罪、恐怖活动犯罪、走私犯罪、贪污贿赂犯罪、破坏金融管理秩序犯罪、金融诈骗犯罪等犯罪所得及其收益的来源和性质的洗钱活动，依照《中华人民共和国反洗钱法》规定采取相关措施的行为。在中华人民共和国境内设立的金融机构和按照规定应当履行反洗钱义务的特定非金融机构，应当依法采取预防、监控措施，建立健全客户身份识别制度、客户身份资料和交易记录保存制度、大额交易和可疑交易报告制度，履行反洗钱义务。

为满足国家法律法规及监管要求，证券公司部署了风险管控平台，大致包括风险监控系统、反洗钱监控系统、合规管理系统、净资本监控及测算系统、融资融券风险监控系统、开放式基金风险监控系统等。其中风险监控系统支持对普通经纪业务、个股期权监控、港股通监控、股转监控、反洗钱监控、创业板监控、OTC 监控、多金融产品代销监控、开放式基金监控、融资融券监控、报价回购监控、约定式购回监控、股票质押回购监控、异常交易与大小非监控、转融通监控。反洗钱监控系统对接的是柜台业务系统，主要从柜台里面获取客户的资金流水明细、客户基本信息、客户信息修改明细。支持证券公司营业部对该营业部发现的大额及可疑交易的筛选及上报工作；支持证券公司营业部对该营业部所有客户进行评级；支持录入相关的反洗钱制度。

同时，经营风控平台从企业经营角度来讲是非常重要的一个 IT 组成部分，也是证券财务管理体系，即客户的专业投资服务的核心平台。证券公司经营风控平台主要按照以下思路来构建：在采集经纪业务系统、资产管理业务系统、自营业务系统、投行业务系统以及财务管理系统的数据构建数据中心，风险控制平台是数据中心之上的重要应用。

1996 年 12 月 9 日，中国证监会下发《关于加强证券市场风险管理和教育的通知》，要求把风险管理作为头等大事来抓，切实采取有效措施，加强风险管理和对投资者的风险教育，提高证券市场防御风险的能力。

1997 年 4 月 24 日，证监会开展"证券期货市场防范风险年"活动，包括：开展多种形式的宣传教育活动，建立市场风险监测系统；形成证券期货市场风险防范体系；建立健全各类市场风险基金；建立重点监控和公开举报制度。

根据 2005 年 6 月发布的《证券投资者保护基金管理办法》（以下简称《管理办法》），设立中国证券投资者保护基金有限责任公司（以下简称"投保公司"），同时要求各证券公司、基金公司、期货公司等建立投保报送系统，向投保公司报送客户资金、交易流水等数据，实现对全市场中小投资者的资金账户的动态监测，确保资金安全。投保报送系统主要用于各个系统，如集中交易系统、融资融券系统等采集客户数据，包括账户信息、交易流水、保证金，按照要求的格式生成数据，并通过中登的 PFX 系统向投保公司报送数据。

2007 年 7 月，证监会下发《关于填报证券公司综合监管报表有关事项的通知》（机构部部函〔2007〕311 号），要求证券公司定期通过证监会监管综合信息系统（以下简称"CISP 系统"）报送公司有关信息。2010 年 8 月，证监会扩展了 CISP 系统的信息报送范围，下发《关于督促证券公司做好信息报送及机构监管综合信息系统使用有关工作的通知》（机构部部函〔2010〕434号），对证券公司信息报送提出了更高的监管要求，信息报送范围涵盖数据报送、文件报备等公司经营的各方面。证监会要求各公司建立多级校验机制，杜绝错报、漏报、瞒报、迟报和信息不真实等情况，对出现错误次数较多或拒不改正的，将记入监管记录，追究公司及相关人员责任，并在分类评价中予以反映。

第二节 期货业务的发展与信息化

1988年5月，国务院决定进行期货市场试点。1990年10月，中国郑州粮食批发市场经国务院批准，以现货交易为基础，引入期货交易机制，成为我国第一个商品期货市场，由其自主开发的计算机拍卖系统在全国各区域批发市场推广使用，从而掀开了我国期货行业信息化发展的历程。

经过30多年的发展，根据目前期货相关的分类，下面将从期货交易业务、期货资产管理业务、期货国际业务、期货风险管理子公司业务和期货公司合规管理五个方面展开说明，体现期货业务发展对信息系统演进的推动作用。其中针对单项期货业务，将参考期货交易流程，从账户管理和保证金管理、期货行情、期货交易结算、期货风控四个维度展开解读。

一、期货交易业务及支撑系统

期货市场自诞生时起，就采用了电子化交易的模式，交易、结算等业务全部采用计算机系统进行处理，随着卫星行情网络和X.25、DDN等数据通信网络的建设，由集中式的交易厅内交易发展为远程化的交易网络，信息化系统覆盖到交易、结算、交割、风控、市场服务、场外交易、中央对手方等全业务领域，信息化程度不断提高。期货公司也由单一的电话报单模式发展为由总部、营业部、客户服务三级网络构成的远程交易体系，信息系统已逐步联通世界。目前，期货交易业务支撑系统，主要由账户管理、交易、结算和风控等系统组成。

1. 账户管理和保证金管理

期货开户经历了各期货交易所分散开户到期货市场监控中心统一开户，从线下开户到互联网开户的发展历程。账户管理功能在很长的发展时期，是交易结算系统（也称为期货柜台系统）的一个模块，直到2015年4月，中国期货业协会发布《期货公司互联网开户规则》，以及2016年12月中国证监会发布《证券期货投资者适当性管理办法》，账户管理系统逐步走向相对独立的系统。

（1）期货市场统一开户

开户是投资者进入期货市场的起点，扎实高效的账户管理体系是摸清市场运行情况，精准打击违规交易行为，全面推进科技监管，有效保护投资者合法权益的必要保障。

早期，在各期货交易所分散开户模式下，账户开立手续烦琐、流程重复、效率低下，客户账户资料不统一，无法确保客户资料的真实、准确和完整。为加强期货市场风险监控，落实开户实名制要求，提高期货市场开户效率，中国证监会于2009年9月发布《期货市场客户开户管理规定》，建立期货市场统一开户制度，授权中国期货监控建立和维护期货市场客户统一开户系统，建立期货市场客户基本资料库，负责客户开户管理的具体实施。

期货市场统一开户系统于2009年9月正式投入试用；11月，全国期货公司对接上线，有效归集了投资者、期货公司和期货交易所的各类账户和编码，形成了统一的开户路径、完整的开户规则，实现了开户流程、开户资料和开户审核标准的"三统一"，成功构建了以统一开户编码为基础、分合有序、一一对应的账户体系。在证券、期货业内实现了"两个率先"：一是率先引入了以客户为基础的全市场统一开户编码体系，建立了同一客户与各期货公司账户、各期货交易所交易编码间的关联关系。期货公司按照统一开户要求采集审核客户资料后，向中国期货监控提交开户申请，即可开立下挂在其统一开户编码下的各期货交易所交易编码，有效提升了开户环节运行效率，节约了市场成本。二是率先实现了客户身份信息同步实时核验。通过对接外部权威机构数据库和自动化核查手段进行核验，有效落实了开户实名制、投资者适当性制度、市场禁入等监管要求，有利于全市场客户资料的集中统一管理，有利于高效监测监控市场风险，推动期货市场稳定健康发展。

依托期货市场统一开户系统，在中国证监会的统一部署下，中国期货监控正式启动期货市场账户规范工作。随着该项工作的完成，我国期货市场20年来积累的客户资料进行了一次系统、彻底的整理，期货市场实名制和"一户一码"等基础制度得以全面落实，有力打击了分仓、操纵市场等违法违规行为，从源头上进一步规范了市场，为期货市场监管、统计分析和行业诚信建设打下了坚实基础。

2014年12月，根据证监会发布的《关于进一步推进期货经营机构创新发展的意见》，中国期货监控启动互联网开户云平台相关筹备工作。2015年4月，中国期货业协会发布了《期货公司互联网开户规则》和《期货公司互联网开户操作指南》；7月，期货公司互联网开户正式启动。

期货互联网开户云平台是一项兼顾服务监管和服务市场的行业创新，该平台运用多项技术手段，有效保证了监管部门关注的客户身份识别、期货交易风险揭示和投资者适当性制度等内容得到有效落实；同时还突破了期货市场长期以来现场临柜开户的限制，有效拓展了期货公司业务空间和服务范围，降低了营业部运营成本，提高了投资者开户便利性。

（2）期货保证金封闭管理

早期客户开户后，用于期货交易和结算的资金统一存放在期货公司的保证金专用账户中，由期货公司来进行管理，为了有效地保护期货公司客户的保证金安全，自2004年起，证监会对期货公司客户保证金实施封闭管理，并于2006年成立了中国期货市场监控中心有限责任公司，进一步完善了期货保证金封闭管理制度。期货保证金封闭管理，即期货公司必须将客户保证金存放于保证金账户，保证金可以在期货公司保证金账户、期货公司在期货交易所指定的存管银行网点开立的专用资金账户、期货公司在期货交易所及其他期货结算机构的资金账户之间划转。上述账户共同构成保证金封闭圈。保证金只能在封闭圈内划转，封闭运行；与期货公司自有资金相互独立，分别管理。

期货保证金封闭管理，为保证金监控工作奠定了制度基础，对于有效防止期货公司挪用占用客户保证金、保障客户资金安全，防范市场风险具有重要作用。期货保证金封闭管理主要包括期货保证金安全存管监控系统和投资者查询服务系统：

①期货保证金安全存管监控系统（以下简称"保证金监控系统"）。2006 年，中国期货市场监控中心（以下简称"中国期货监控"）设计建设并上线了保证金监控系统。通过保证金监控系统，中国期货监控对期货公司结算数据、交易所结算数据、存管银行保证金账户数据三方数据每日进行核对预警，对于有效防止期货公司挪用占用客户保证金、保障客户资金安全、提高期货公司各业务环节运作规范程度、节约监管资源和提升监管效率都发挥了显著作用，对于我国期货行业的健康稳定发展具有重要的意义。

期货保证金监控体系，是在期货监管领域具有中国特色的创新之举，受到监管部门、市场各方和国际同行的高度评价。

②投资者查询服务系统（以下简称"查询系统"）。2006 年，中国期货监控设计并建设上线了查询系统，通过将期货公司上报的结算数据制作成结算单，为客户提供权益查询服务，解决了困扰期货公司多年的结算单送达难题，减少了法律纠纷。同时通过引入客户查询监督机制，进一步促进期货公司合规经营，提升了期货公司报送数据的真实性和准确性。

（3）期货投资者适当性管理

自 2017 年 7 月 1 日起正式施行的《证券期货投资者适当性管理办法》，在法规层级对经营机构需要履行的义务要求覆盖范围、对普通投资者的特别保护、监管力度以及可能承担的法律责任等多个方面均更为严格，对经营机构提出了全方位更高要求。这是中国资本市场首部专门规范适当性管理的行政规章，对我国投资者尤其是中小投资者的权益保护格局带来积极和深远的影响。

投资者适当性管理系统包括适当性客户开户、投资者风险评测、投资者业务准入及产品匹配等功能，是以用户为中心的统一适当性管理系统，保证一个投资者在某期货公司只做一次适当性评测，同一个投资者在不同的业务线上共用适当性评测结果。

通过对客户风险承受能力综合评级、产品风险等级评级，定义客户风险级别与产品风险级别的允许销售对应关系，确保投资者的风险把控。系统可以自定义客户认证级别、客户适当性风险承受能力级别、客户反洗钱级别、客户适当性服务分类级别及其他风险分级等不同类别的适当管理及风险控制级别来控制各种交易，为市场在统一适当性、统一反洗钱的管理领域打下了基础。

2. 期货行情系统

期货行情系统将行情数据实时、准确地发布传输，同时提供 K 线图、技术指标、统计分析、资讯等相关衍生数据，最终将期货市场瞬息万变的行情变化以简单、清晰的逻辑方式展现给投资者，对于辅助投资者判断行情趋势进而做出交易决策有着重要的作用，同时投资者还可以借助期货行情系统提供的全面、丰富的数据以科学的金融分析方法辅助，做出交易决策。随着信息化建设快速发展，期货行情系统逐步完善、丰富，提供了越来越多样化的功能，从最初的营业部看盘到现在的移动端随时随地看盘交易，给投资者带来极大便利的同时推动了期货行业的蓬勃发展。

期货行情系统主要包括行情数据采集、行情数据发布、历史数据服务、资讯服务、指标公式服务等子系统。从期货交易开始至今，期货行情系统已经发展到第三代：

第一代行情系统是基于卫星通信方式的营业部行情信息系统，安装在期货公司的营业部，投资者必须到营业部才能使用。从 1993 年期货市场诞生开始，一直持续到 2003 年，行业内的主流行情系统都是这种卫星方式的。

当时交易所以行情信息服务商作为出口以卫星站通信方式发布行情数据，在技术上采用 DOS 操作系统，后来随着时代的发展和 Windows 操作系统的出现，对期货公司采用整体收费，对终端客户采用按终端收费。会员端一般都有交易所提供的白板行情和行情商提供的行情。

随着互联网技术的出现，1999 年左右，基于互联网的期货行情信息系统被推出，也就是我们常说的第二代行情系统。投资者不仅可以在营业部使用这套系统，只要有电脑、有互联网的地方都可以查询行情，进行交易。

第二代行情系统从 2003 年开始成为行业主流，那一年 ADSL 宽带开始普及，网络速度大幅提升，互联网行情系统速度更快，达到与营业部的局域网行情系统相当的速度。那一年还发生了"非典"（SARS）疫情，为了避免感染，大多数人避免外出，客观上也促进了第二代行情系统的应用普及。

第二代行情系统为二级结构：第一级为行情发布中心主服务器，第二级为多台子服务器，子服务器负责行情发布、K 线数据生成和存储。投资者的终端软件连接某一台子服务器系统获取行情、K 线图等数据。

第二代行情系统已经具备行情数据深加工方面的能力，2009 年 6 月随着商品指数的出现，跟踪主要的 19 种大宗商品期货价格，给期货投资者提供了新的投资参考标准，推动了期货行业的行情数据深加工和信息多样化发展。终端软件方面也有了大的进步，交易的功能已经整合到终端软件里。

2011 年开始陆续上线并一直沿用到现在的第三代行情系统在各方面取得了较大进展：总体架构上，第三代行情系统发展为三级结构。第一级为行情发布中心主服务器，第二级为各种运算模块的多台服务器，第三级为多台用户接入网关，分布在全国的多个机房。投资者的终端软件连接某一台子服务器系统获取行情、K 线图等数据。

技术上，第三代行情系统将原来大一统的服务进行了细化，重新构架每个模块之间的分工与协作，提高了行情传输速度，增强了数据的一致性，提高了计算资源分配合理性和效率。服务器端系统采用分布式的架构，可以更好地支持数据深加工，可以更容易地加入和变更模块，不论是增加新的业务（如期权、套利），增加新的功能（如量化计算服务），还是对现有的模块进行升级（如优化算法、提高性能）都可以以增加或修改子模块的形式完成。

功能上，第三代行情系统在服务器端系统的进步，是通过云端条件单中台系统，开创了云端条件单、云端止损/盈单、云端备份等一系列云端功能，让投资者的交易策略可以在期货市场夜盘交易时段在云端运行，当行情触发条件单时可自动发出买卖指令，把投资者从辛苦的熬夜交易中解脱出来，云端交易技术创新提高了期货市场夜盘交易时段的投资者参与度，增加了期货市场交易量，推动了期货市场的发展。终端软件方面也有两个关键创新，一是移动终端功能，二是通过量化交易将大数据技术应用于期货交易，帮助投资者借助现代统计学和数学建模的方法，使用海量的历史交易数据进行量化模型回测研究，评估策略模型的优劣，找到盈利与风险的平衡点，使交易决策更科学、更理性，推动了期货交易的技术进步。

3. 期货交易结算系统

从期货交易结算信息系统建设的维度来看，期货行业发展至今，共经历了四个发展阶段。

期货市场初期发展阶段（1990—1995年）：1993年以前，由于客户数量较少，大多数期货经纪公司采用简单的人工控制方式，通过手工计算、记账，然后通知客户。

1993年，随着市场的逐渐扩大、风险的日益增加，大部分期货经纪公司开始使用计算机系统来进行盘后的结算工作，这时候的主要方式是手工将成交单录入系统，自动进行结算，但大多数公司的结算系统规模不大。

此阶段期货公司几乎没有专职的IT人员，IT系统的主要功能是当作计算和行情显示，电脑维护工作全由业务人员兼任。IT软件开发商数量众多，但规模都比较小，市场往往依托交易所，地域性的特点比较明显。

期货市场清理整顿阶段（1996—2000年）：这一阶段交易所普遍采用电脑撮合。期货公司客户仍采用人工填单、电话报盘的方式。

期货公司IT系统建设主要集中在行情系统和结算系统方面，交易主要依赖于电话报单的方式。由于交易所众多，建设能连接各交易所的期货公司交易系统难度比较大，只有少量有实力的公司拥有可以连接主要交易所的通信线路，并采用交易员下单方式，在期货公司为客户直接下单到场内。这阶段软件开发商迅速减少，只有少数公司还继续苦苦支撑。

期货市场规范发展阶段（2001—2005年）：这个阶段，期货市场迎来了真正的电子化交易，能支持投资者更为直接看行情信息、下单，能进行实时风险控制和盘后结算的交易、结算系统成为期货公司信息系统的标准配置。

期货公司的 IT 系统发生了质的跨越，电子化交易的迅猛发展使期货经纪公司对 IT 系统的依赖性越来越大。在该系统中，交易与结算并没有采用完全相同的体系架构，交易系统基本采用了三层的系统架构，即客户端、应用服务器、数据库；而结算部分采用了数据库、客户端的两层架构。IT 系统的进步集中体现在提供方便快捷的下单，提高系统交易的性能和稳定性方面。

这个阶段最重要的成果就是网上交易的快速发展。另外一项具有革命性的变革从 2003 年底开始的银期转账系统在各期货公司的陆续使用，大大方便了客户的资金划拨，同时为控制风险、加强监管起到了积极作用。

另外，IT 网络及系统安全引起各期货公司的高度重视，期货公司都相继成立专门的 IT 部门负责公司 IT 系统的规划、建设、运行、管理和维护等工作，IT 人员队伍得到了扩充，IT 人员的素质也有了较大提高，并且已有 IT 人员开始进入期货公司的高管队伍。

期货市场快速发展阶段（2006 年至今）：2006 年，中国金融期货交易所开始筹办并成立，金融期货的推出提上了事务日程。这一时期的最大特点之一是期货行业对 IT 系统的建设高度重视。各期货公司争先恐后地加大 IT 软硬件及人员投入，更新 IT 软硬件系统，并开始采用新一代、更先进的四层结构期货交易结算系统。同时，IT 网络及系统安全引起各期货公司前所未有的极大重视，IT 管理制度不断得到更新和完善。无论是交易系统还是行情系统，大容量、高响应速度、冗余、稳定等因素都成为期货公司的选择标准。

典型的交易结算系统主要由交易、结算、风险控制三大系统构成，主要用于实时接收处理报单、成交，实时计算投资者的资金、持仓。其提供交易员终端以及各种平台终端（Windows、Linux、IOS、Android）的 API 用于客户查询报单、成交、资金、持仓、合约等信息，提供报单、撤单、改单、预埋单、条件单等功能，根本目的就是支持盘中交易。其从交易员终端或 API 获得报单请求，检查资金、持仓，并将报单发送至交易所，获得成交回报后返回至交易员终端或 API。

一家期货公司往往有多套交易系统，其中主席交易系统包含账户、交易、风控、银期转账、结算和交割等综合性功能模块，为大多数投资者使用；而其他多套次席交易系统，往往只有交易、风控等基本功能模块，用来满足交易速度有很高要求的投资者的需求。

2018 年，期货行业开始落实看穿式监管规定，期货公司交易系统陆续进行改造，配合期货市场监控中心满足对客户交易终端 IP 和 MAC 地址进行自动采集的要求。

典型期货交易结算系统架构示意图如图 2-15 所示。

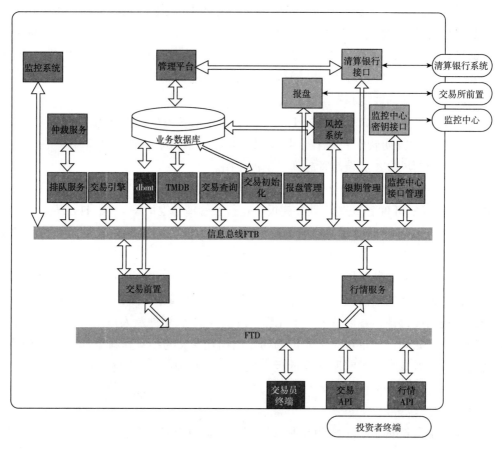

图 2-15 典型期货交易结算系统架构示意图

期货交易所交易系统是指交易所采用公开的集中交易方式进行期货或者衍生品交易活动的信息系统。交易所交易系统可以通过会员单位间接接收客户的交易指令，按照"价格优先、时间优先"的规则进行交易撮合，使买方与卖方配对成交，产生成交信息与行情信息，对交易所履行职能，发挥期货市场价格发现、套期保值功能具有重要作用。

市场交易体系（以下简称"交易系统"）主要包括交易前置机系统、竞价撮合系统、通信系统。各期货交易所的交易系统详细介绍和发展历程可参见本书第四章。

4. 期货风控系统

（1）期货市场监控中心相关系统

期货市场在运行中面临市场风险以及价格操纵等风险。为了实现对期货市场风险"看得见、说得清、管得住"，期货市场监控中心开发建设了期货市场运行监测监控系统，主要包括期货运行监测监控系统及期权运行监测监控系统。该系统收集了国内各期货交易所的实时交易数据，进行实时分析和计算，实时展现全市场运行状况，对期货及期权交易各环节进行跟踪分析，首次实现了跨品种、跨期货交易所的期货市场监测监控，形成了完整的期货市场监测监控体系，为保障我国期货市场平稳运行发挥了重要作用。

期货运行监测监控系统自 2012 年起逐步上线，包括市场概况、实时监控、违法违规、预警等功能模块，突出全市场监控，为跨市场风险监测和系统性风险防范提供有力保障。自 2017 年以来，期权品种陆续上市，期货市场监控中心在现有期货运行监测监控系统的基础上，开发建设期权运行监测监控系统，包括委托、成交、持仓、违法违规、风险监控及预警在内的五大监测监控模块，实现各期权品种之间、期货和期权之间、场内和场外之间的跨市场监控。

期货市场历史数据分析系统是期货市场多维度数据的统计分析平台，它将期货交易所、期货公司和银行报送的交易、结算、资金等数据进行加工整合，以固化模块查询的方式实现相关数据的统计分析。通过该系统可以实现日常报表的统计查询、全市场的压力测试、品种的预警分析等功能。此系统的开发和应用，进一步提升了数据分析效能，有助于更好地为监管提供数据支持。

看穿式监管关联账户分析系统于 2019 年 5 月底正式上线，该系统从客户交易行为、客户资料和交易终端信息三个维度，分析和排查疑似实控账户组。其中，交易行为分析使用相关系数算法，基于成交、持仓和盈亏数据进行分析，得出疑似实控账户组；客户资料分析基于客户基本信息，比对一致性，得到疑似实控账户组；交易终端信息分析基于监控中心 2019 年 6 月开始统一采集的 IP&MAC 等交易终端信息，针对电脑、手机以及线下等交易方式分别设置多个组合指标进行分析，得到疑似实控账户组。该系统支持以全市场大户和特定客户群两个渠道进行分析，得到疑似实控账户组。看穿式监管关联账户分析系统，实现了对疑似实控账户组的自动化识别，扩大了监测监控范围，有效提升了看穿式监管效能。

内幕交易监测系统于 2019 年 4 月底建设完成并投入使用。该系统依托于大数据平台，从吻合性和异常性两个方面对客户的交易行为进行量化分析。交易吻合性即客户的建仓、持仓、平仓等行为与内幕信息影响方向吻合；异常性即客户展现出建仓意愿强烈、仓位大幅上升、交易信心充足、交易品种改变等异常行为。同时具有交易行为吻合性和异常性的账户将被系统标记为疑似内幕交易账户，并被赋予相应分值，分值越高的账户疑似程度越高。该系统提高了监测内幕交易行为的效率，扩展了针对违规交易的监管触角。

（2）期货交易所风控系统

为满足一线监管工作需要，提升对市场风险的量化研判、对违法违规行为的监控水平，各交易所确立并建设了完善风控系统，从而为期货市场交易提供坚定的系统保障。风控系统主要包括实时交易风控和结算风控系统两部分。

实时交易风控是指交易系统中在处理每一笔交易指令时进行的多方位的实时风险控制，包括资金风控、持仓限额风控、交易限额风控等。资金风控是为了确保会员的可用资金能够覆盖交易指令所需的保证金；持仓风控是为了确保交易者的持仓量不超过规定的额度；交易限额风控是为了确保交易者当日的开仓量不超过规定的额度。

结算风控系统是指交易所用于控制和管理结算后市场风险的系统。系统以最低结算准备金和限仓为基础，处理会员保证金不足的追保业务、持仓量超过限额的超仓业务以及大户报告等业务，并提供相关业务的会员通知服务。

各交易所风控系统具体发展历程可参见本书第五章。

（3）期货公司风控系统

期货公司的风控系统主要实现对投资者及公司头寸的风险监控、管理、处置。风险管理系统主要包括盘中风险监控、风险试算、风控处理以及盘后风控计算和处理。

风险监控主要包括对客户的资金、保证金、风险率的监控，对公司头寸的保证金、可用资金的监控。风险试算主要包括对客户的风险试算、强平试算、提保试算等。风险处置主要包括对客户的预警、强平、登记日志等。

早期的风控系统，主要采用轮询式风控，按照定时轮询制度，根据行情及客户持仓、资金变动重新计算客户的风险情况进行风险监控，保障了期货公司对投资者的风险管理诉求。

新一代的风控，主要采用内存风控和实时推送，大幅度地提升了系统的容量及性能，微秒级单笔处理延时，满足了期货市场近几年的快速发展（期货品种快速上市、期权上市、原油上市等）。同时主推机制，可以在行情和客户持仓、资金变动的第一时间及时对风险率进行重算，确保风险监控信息的及时率提升数倍，再无延迟的风险。同时二代系统中增加了行情及异常行为的监控，在现在严监管的市场要求下，从多维度帮助期货公司全面地监控了客户的资金风险及交易风险，提升了期货公司风控人员的管理能效。

二、期货资产管理业务系统

相比于传统资管机构，期货资管无疑起步是最晚的。2012年5月22日，证监会颁布了《期货公司资产管理业务试点办法》，该办法允许国内期货公司以专户理财的方式从事资产管理业务，期货公司除了能够投资于商品期货、金融期货等金融衍生品外，还可以投资股票、债券、基金、票据等金融资产。2014年5月9日，国务院发布了《关于进一步促进资本市场健康发展的若干意见》（以下简称"新国九条"），提出要推进期货市场的建设，一是期货行业放宽业务准入，允许交叉持牌混业经营；二是期货资管可以有更多的投资产品。由此，期货资管业务才开始真正突围，期货资管规模进入爆发增长阶段。

虽然期货资管业务起步晚，在为国内资产管理行业提供全面解决方案数十年的经验与技术积累基础上，市场上资产管理业务系统本身较为成熟。目前针对证券经营机构的私募资产管理业务，专门打造的高性能、轻量化、易用的投资管理平台，提供全面的投资管理与风险控制功能，包括投资研究、多市场交易通道、多业务品种、多样化的投资流程、多级账号管理功能、多层次风险控制、分阶段的风险管理、丰富的交易手段、准确的资产预估值、支持外部接入服务等。

典型的投资服务管理系统主要由系统管理端和交易端组成，系统管理端包含运维管理、风控管理及独立的清算中心，方便投资者处理盘后相关业务及完成多级账户的清算，同时支持财务管理、报价查询和信息推送等功能；交易端支持统一指令/交易管理、报表查询、消息查询等功能。

三、期货国际业务系统

早在市场启动之初，期货市场即被赋予服务实体经济的使命。30多年来，我国期货市场品种体系不断丰富，投资者结构日益优化。国内期货市场国际化工作稳步展开，对外开放也成为贯穿我国期货市场发展的一个关键词。

与证券行业类似，期货国际化过程中也引入了QFII（合格境外机构投资者）方式，境外合格投资者委托境内商业银行作为托管人托管资产，同时委托境内期货公司作为境内期货交易的中介，三者签署三方协议约定投资交易中权利、义务，其中期货公司一般承担QFII客户在期货交易中的交易所要求的保证金管理和风险控制要求。

为了向合格境外机构投资者提供国内期货、期权等衍生品高质量经纪服务，期货公司一开始就建设了具有交易支持、算法策略、账户管理、保证金管理、风控、结算和FIX支持等综合服务的独立系统，并在这些年来随着期货行业进一步对外开放，相关服务和系统不断完善。

下面，让我们了解期货QFII系统发展的几个阶段：

第一阶段：为了满足QFII客户股指期货实时性投资要求，引入FIX协议实现全流程电子化。

2011年，期货QFII客户在进入期货市场之初，对期货QFII系统提出的要求是可以为其股指期货交易提供一个全自动的过程，将整个交易过程清晰化，包括为其提供很好的订单管理以及更复杂的交易功能。

在这样的市场环境下，期货QFII系统诞生时即支持通过FIX4.2协议与合格的境外机构投资者系统进行电子化对接，接收QFII客户的交易请求，并将成交回报数据返回给QFII客户的DMA订单交易系统。在DMA订单系统的基础上，期货QFII又增加了Worked Order单支持，即当QFII客户的订单到达QFII EMS系统时，通过交易经理确认，经由指派交易员下单执行来完成整套交易操作，这更大地考验了系统的指令缜密、交易安全和策略多样支持，尤其是后期针对QFII客户境外修改单的习惯延续，系统又支持了多场景下（修改数量、修改价格、既修改数量又修改价格）的自动修改单逻辑，使系统更加灵活多变，更进一步满足了国外QFII客户的需求。

第二阶段：基于期货QFII的电子化链路支持更多的期货国际化业务。

2015年，证监会第116号令发布了《境外交易者和境外经纪机构从事境内特定品种期货交易管理暂行办法》。该暂行办法中明确规定境外交易者可以委托境内期货公司或者境外经纪机构参与境内特定品种期货交易（如原油期货、铁矿石期货、PTA期货等国际化品种）。境外投资者参与国际化品种主要包括以下四种模式：期货公司直接代理；二级代理；境外经纪机构直接入场；境外投资者直接入场。

其中模式一和模式二为主要的国际化业务实现方式，模式一的特点是要求期货公司在海外有强大的营销网点或者与境外一些"代理"合作获取直接的境外客户，但其要求期货公司有强大的境外客服支持能力（语言关和业务关）。而模式二则是期货公司与类似 QFII 的机构客户合作（境外中介经纪机构），通过 FIX 方式将境外中介经纪机构系统接入境内期货公司的期货 QFII 系统。

QFII 系统国际化品种功能上仍然需要支持 DMA、DSA、Manual Order 等订单类型，并提供 7×24 小时无间断订单接收处理及执行报告全程推送机制，且在境外投资者账户体系、资金管理、清算等方面与普通期货 QFII 业务有明显差异化。主要体现在二级代理模式也分为两种场景：一是二级代理旗下有众多投资者，需要资金共用、持仓独立管理；二是二级代理旗下有众多投资者，需要资金不共用、持仓独立管理下有客户需要支持子账户并且资券独立管理。

第三阶段：QFII 新规后（商品期货和期权业务等）业务范围扩大。

2020 年 9 月 25 日，经批准，QFII 投资范围方面进一步放宽，可开展商品期货、金融期货、期权等衍生品业务。

早在 2018 年期货 QFII 系统就针对 QFII 业务范围即将扩大趋势发布了相应版本，支持合格境外机构投资者开展商品期货、商品期权、股指期权等衍生品交易，支持期货全市场全业务品种。除了以上传统功能外，针对商品期货和商品期权特点，尤其是在以下两个方面做了重大改造：一是 FIX DMA 和 Manual Order 两种订单类型的商品期货套利单支持；二是 FIX DMA 和 Manual Order 夜盘指令交易支持。

针对衍生品风险强管理的特色，还研发了 FIX DropCopy 功能，将指定 QFII 客户的执行报告数据汇总同步回传其 Gobal 风控系统（必须是同一主体），有助于 QFII 客户实时监控和管理投资风险。

典型期货国际业务解决方案如图 2-16 所示。

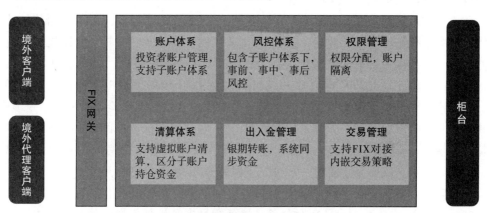

图 2-16 期货国际业务解决方案总览

四、期货风险管理子公司业务及支撑系统

期货风险管理子公司业务包括场外做市业务和场内做市业务。因期货行业风险管理子公司起步较晚，以一家较典型风险管理子公司为例，介绍期货行业风险管理子公司业务支撑系统。

期货信息系统主要分为场外做市业务系统和场内做市系统，其中场内做市系统又包括场内期权做市系统和场内期货做市系统。

场外做市管理系统主要为各个期货公司根据自身业务特点自行研发设计，主要的功能包括风险敞口监控、客户保证金监控和 PnL 监控等功能。在相关系统建设前，场外做市业务主要依赖于 Excel。通过搭建该系统，逐步实现了数据库搭建、风险敞口等数据自动化计算。主要覆盖的品类包括普通欧式期权和远期合约。其典型架构如图 2-17 所示。

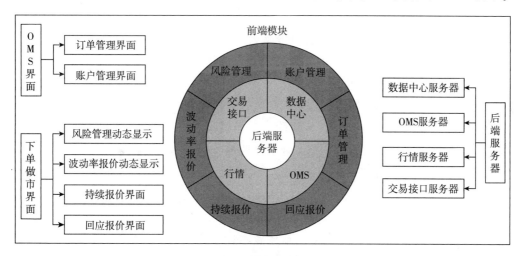

图 2-17　场外做市管理系统架构示意图

场内期权做市系统主要采用了 ORC 系统和 Qwin 系统。ORC 系统提供了包括连续报价、回应询价和自动对冲等做市功能，优化了交易容量，提供了更多品种的做市支持。

场内期货做市系统是自主研发的场内期货做市系统。覆盖了包括郑商所、大商所期货品种的做市业务。该系统实现了期货做市的半自动化，并可以持续开发做市交易策略。其典型架构如图 2-18 所示。

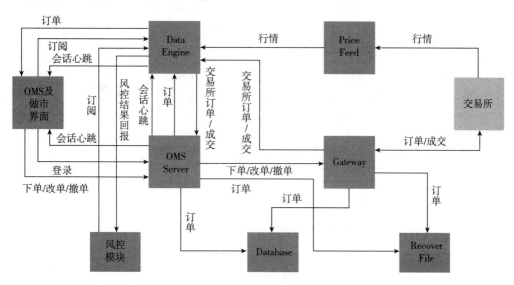

图 2-18　场内做市管理系统架构示意图

五、期货公司合规管理系统

1. 全面风险管理系统

自2015年证券期货市场发生极端行情以来，资本市场监管理念有了新变化，更加重视维护资本市场稳定健康发展。"依法、从严、全面"监管的态势将会持续，针对过去期货创新业务迅速发展时期累积的风险，监管层将会持续给予重点关注，创新业务的风险控制显得尤为重要。

全面风险管理系统应运而生，能对金融公司经营中的流动性风险、市场风险、信用风险、操作风险、声誉风险等各类风险进行准确识别、审慎评估、动态监控、及时应对及全程管理，可以对公司各类业务、各类风险实现全覆盖，达到全员参与全过程管理的效果，对构建全面风险管理体系、持续提升公司风险管理水平起着重要作用。

全面风险管理系统主要包含四大风险：市场风险、信用风险、流动性风险和操作风险，功能上主要包括对风险的识别、评估、监控、应对和产出相对应的风险报告。

其中市场风险管理系统主要包括：组合管理、风险归因、风险度量、情景分析、压力测试、限额监控、风险报告等。信用风险管理系统主要包括：客户管理、评级管理、限额监控和统计查询等功能。流动性风险管理系统主要包括：限额指标的监控、风险报表。操作风险管理系统包括：基础的资本计量及展示，损失数据的收集、管理及上报，关键风险指标的设置维护等，风险控制自评估的制定和评估结果的汇总分析等。

期货公司全面风险管理系统采用了先进的技术架构，保障系统的稳定性、安全性、可扩展性和可适应性，便于将来升级和推广。期货公司全面风险管理系统架构如图2-19所示。

从拓扑结构看，该系统要专门部署采集服务器，以从其他系统采集数据。从自营估值系统、资管估值系统、交易系统采集持仓表、交易表、收益表、凭证表等；从资讯（Wind、聚源、财汇）系统采集证券的分类信息、行情数据、中债等收益率。

从软件系统架构看，该系统采用了分离部署的数据采集服务，通过数据形成系统所需的核心数据，系统业务逻辑层采用Web Services方式，可以为第三方系统提供交互入口，可以为决策层提供查询接口，前端支持Web浏览器和.net客户端方式。

数据采集层：该层次直接采用估值系统、交易系统、资讯系统，数据采集模块具有较强的扩展性，根据应用系统的需要可配置相应的数据源，并且可支持配置导入Excel的相关数据（支持多sheet导入）。

数据层：以原始层数据源转换清洗为核心层，一些复杂逻辑风险指标涉及庞大数据量运算，同时为了满足运算效率，采用R语言作为风险计量引擎，通过编写R语言函数，由存储过程直接调用R函数来计算指标返回结果到业务层，从而对不同业务进行维度划分，如头寸基础数据、市场数据、统计数据、敏感性指标、VaR分析、限额监控数据。

业务逻辑层：按照工作岗位和职责的不同重新划分设计不同的功能权限和用户角色。

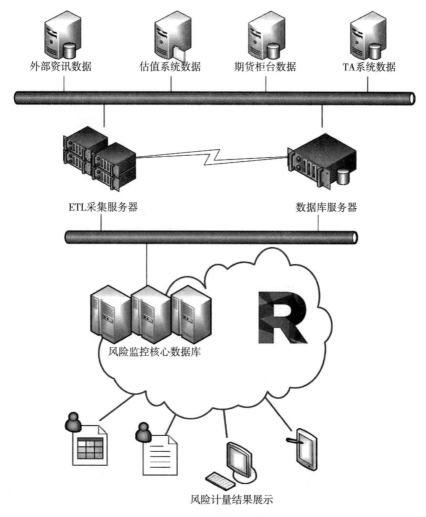

图 2-19 典型风险管理系统架构示意图

2. 反洗钱系统

随着经济的发展，各种洗钱方式层出不穷，人民银行针对反洗钱的监管工作也在不断深入和开展。

2016 年 12 月，中国人民银行正式颁布《金融机构大额交易与可疑交易数据报告管理办法》（中国人民银行令〔2016〕3 号令），该管理办法对各个领域的反洗钱风险管理提出了更严格的要求，对大额可疑交易报送流程、报送数据范围，可疑交易监测分析模式以及名单监控工作提出了新方向、新标准。

2017 年 10 月，中国人民银行下发了《关于加强反洗钱客户身份识别有关工作的通知》（银发〔2017〕235 号），要求金融机构加强对非自然人客户受益所有人、自然人客户特定身份以及特定业务关系中客户的身份识别。

近几年来，中国人民银行发文时间轴如图 2-20 所示。

图2-20 中国人民银行发文时间轴

根据上级监管机构对反洗钱相关工作的监管要求以及期货公司的业务情况和实际需求，期货公司建立了反洗钱信息监控报告系统平台，并能够快速适应期货公司内部反洗钱工作信息管理的需要，通过技术手段依据规则筛选出交易，然后通过人工二次判断，及时准确地监测洗钱风险、调查分析各种可疑交易、实现洗钱案例管理与洗钱风险跟踪监控、结合反洗钱黑名单，有效进行客户风险等级评定与报告，满足上级监管机构非现场监管统计报送的各类要求。

第三节　基金业务的发展与信息化

基金行业从1998年成立以来，规模增长迅猛。基金公司核心业务的开展依赖信息系统的支持，而信息化系统建设也随着业务开展得到进一步发展。基金业务信息系统，涵盖了基金市场销售、基金投资的相关系统，销售端包括直销、代销系统、网上交易、客服系统等，投资端包含投资管理、估值核算、风险管理等系统；内部管理包括数据中心、CRM系统等。

近年来，随着新业务的开展，基金公司的信息系统建设也在加快步伐。X86架构已经全面普及，大数据、消息总线、区块链、AI技术等多样化的新技术新手段不断被采用到现有系统新架构中，模块化、微服务架构以及中台建设的思路也越来越多地被头部基金公司采用。

随着国产化的趋势发展，各公司也逐步探索基于自主可控的软硬件架构建设基金信息化系统（见图2-21）。

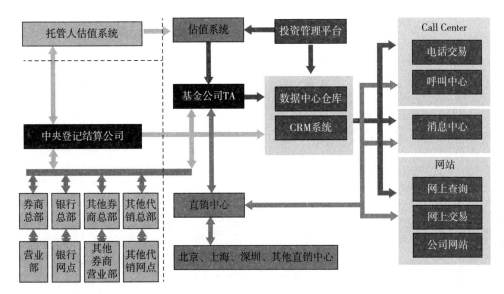

图 2-21 基金业务信息系统

一、投研系统

基金行业投研系统主要由投资交易系统、通信前置机组成。其中，通信前置机为核心机构开发的用于与核心机构系统进行通信的应用程序，根据不同业务需求实现行情、报盘、文件交换等多种业务功能（见图 2-22）。

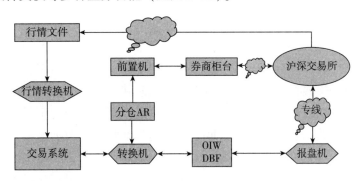

图 2-22 通信前置机

1. 投资交易系统概述

投资交易系统是基金公司最核心的业务系统，用于前、中、后台在内的组合管理、指令交易管理、风险控制、资金清算、报表中心等功能，满足权益类产品、固定收益类产品、金融衍生品、外汇交易四大类投资品种，实现境内外一体化的投资管理。投资交易系统是投研系统的主要组成部分。

当前基金公司的投资交易系统一般由投资决策、风险控制、指令管理、交易管理、日终清算、基金财务、信息查询、系统管理、策略交易等组成，图 2-23 为基金公司交易系统比较典型的架构。

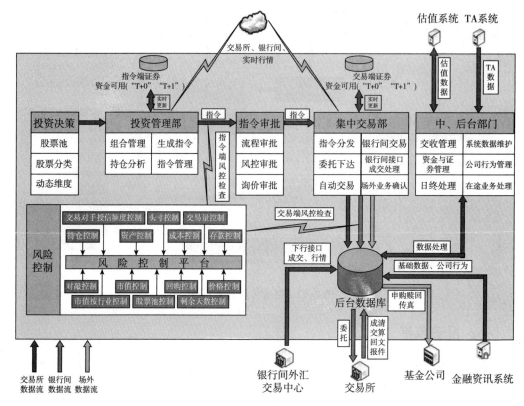

图 2-23 系统架构图

2. 投资交易系统发展历程

1999—2003 年为基金发展的初始阶段，交易系统是基于 SQL Server 数据库为基础的两层架构，每个客户端直接连接 SQL Server 数据库，调用数据库中的存储过程来进行数据处理。这种模式在初期基金公司成立，快速满足交易需求方面提供了有效的帮助。随着基金业的快速发展，这种系统模式也存在数据并发处理不足、系统稳定性弱的问题，并且随着数据量的增长，数据更新和读写都集中在数据库端，业务量多的时候，会在数据库本身和数据库服务器的 IO 端形成瓶颈。

2003 年以后，基金公司逐步过渡到基于 Oracle 数据库的投资交易系统上来，其中以恒生 O3 系统为典型架构方式。

恒生基金投资管理系统 O3 是一个基于 Oracle 数据库，纯三层架构，在多年专业经验积累下开发的服务于基金、保险的应用程序（见图 2-24）。

O3 版本的投资交易系统把高安全性、界面友好性、高可靠性、准确性作为本系统的基本要求。系统设计过程中在充分考虑未来国内外业务发展时，系统架构应兼具灵活性和可扩展性。开放性是系统设计的重要原则，系统可与第三方系统灵活对接，满足业务数据流动的需要，让业务数据发挥更高效的作用，减少不同系统间人工录入。

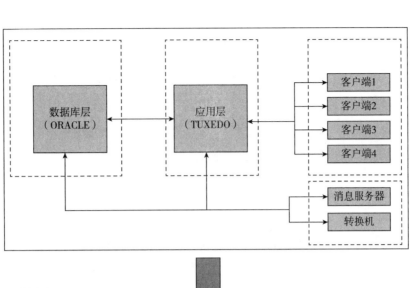

应用层：TUXEDO/ASAR

图 2-24　O3 内部系统构成

　　随着资产规模的扩大和业务品种的发展，针对不同用户的不同业务流程，系统可以适应各种业务流程的需要（见图 2-25）。系统在充分吸收各客户需求后，可根据客户的业务流程，串联起可重用的业务功能组件，构建以满足不同业务需求的投资交易系统架构（见图 2-26）。

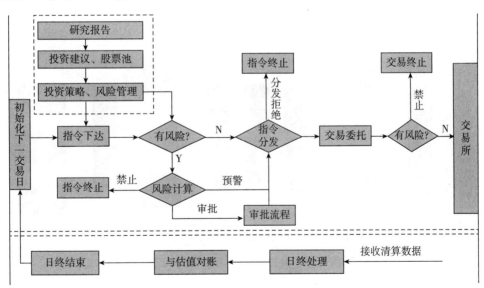

图 2-25　O3 核心业务流程

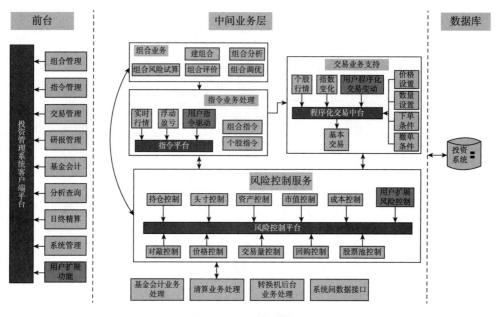

图 2-26　O3 业务功能架构

3. 交易系统在新业务方面的支持

交易系统在基金新业务的开展方面也提供了有力的支持。随着年金业务、ETF 业务、新三板业务、港股通等业务的开展，在投资管理系统 O32 基础上，融合各业务的专有特性，设计了新的层次结构，保障了基金新业务的开展（见图 2-27）。

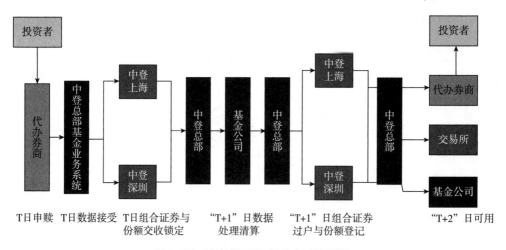

图 2-27　跨市场 ETF 场外申赎流程图

4. 投资交易系统未来的发展

随着基金业务的创新与发展，现有投资交易系统在功能、性能方面也面临更大的挑战。信息系统建设也在做相应的调整。

一方面，原有的交易系统推出 JRE3.0 技术平台、容器、内存交易等更先进的技术与架构，提供更高的性能、更灵活的模块化建设与更强的平行扩展能力，以满足多产品管理、日内高频交易等场景的高并发、低延时性能需求。达到日间交易可容纳千万级交易笔数的能力。同时，实时风控采用内存数据库技术，1 秒钟之内可完成一个上百只股票篮子的交易及风控判断。

另一方面，头部的基金公司也基于统一风控、自主化管理的需求，自主地进行交易管理系统建设。通过自建平台统一场内外交易管理，实现更理想的投资交易管理。在头部基金公司建立的新一代投资管理系统，采用了更新的技术架构，是基于分布式、事件驱动、内存交易的下一代交易系统。通过分布式架构解决单机性能瓶颈问题，确保系统具有扩展性；基于事件驱动架构设计的业务系统，可以很好地支持高可用、灾备和本地回放；基于内存交易模式可以极大地提升系统的处理性能，在风控、ETF 等场景能明显地改善用户体验。

二、市场体系业务系统

传统市场体系 IT 系统以交易和流程为中心进行建设，主要包括销售系统、客户服务中心和 CRM 系统。随着互联网的不断发展，以客户为中心的新一代 IT 系统也逐步形成，其主要包括：基金资产交易、客户运营、智能投顾等系统。与传统交易型 IT 系统不同，新一代的 IT 系统更强调与客户的互动、服务的场景化和个性化。

1. 销售系统建设发展

按销售商的角度，销售系统可分为直销和代销。销售系统需要和基金管理人的登记过户系统对接，完成业务链路。对于同一个基金公司，直销和代销的销售系统，对接的是同一个登记过户系统。故此处仅对基金直销交易系统进行阐述。

2001 年，首只开放式基金诞生，各基金公司陆续开放直销交易功能。初始阶段的销售系统仅有服务器、文件和数据库两层结构，架构较为简单。所有业务逻辑均由单个服务器处理，客户端也直接访问此服务器。2004 年后，基金业务迎来了快速发展。原有的简单结构，因存在缺乏故障转移、维护必须停机、难以应对高并发场景等问题，很快被取代。新的架构引入了本地缓存、缓存集群、应用服务器集群、数据读写分离、动静分离等技术，提升了应用服务器和数据库服务器的 IO 能力。同时，业务场景也在不断增多，大型的业务场景被细分为更小的子业务场景。

2013 年，以"余额宝"为代表的货币基金产品诞生，业务架构也逐渐成熟。但是业务模块不断增多，导致整个应用的复杂程度也不断提高。尤其是大量的独立子应用对数据库的访问，让后端数据库的压力越来越大。为了应对这样的高并发、大流量的业务场景，需要采用分布式应用架构：将各子应用的重叠逻辑抽取出来，成为新的独立子服务；子应用服务之间通过 RPC 或者消息系统进行相互通信，减轻数据库压力。

2017 年 2 月《证券期货投资者适当性管理办法》由证监会发布，并于当年 7 月 1 日起施行。根据该办法，销售系统在投资者分类、交易风险控制、产品推介、风险警示等几个方面需要进行改造，参与改造的系统具体如图 2-28 所示。

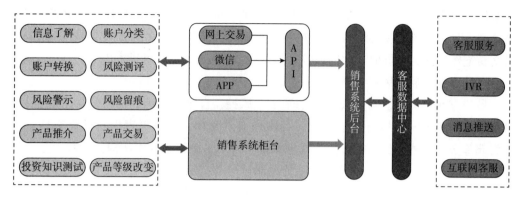

图 2-28　销售适当性业务体系

除了按照该办法的要求进行系统改造，销售系统还在系统层面引入了微服务架构：进行业务拆分，实现服务组件化。通过组件的独立或组合使用，快速构建系统。

互联网中台技术不断发展，基金行业也开始逐步提炼自己的中台战略。把臃肿不堪的前台系统中较为稳定的业务能力，剥离至中台层，以达到为前台减负的目的。实施"大中台、小前台"战略，快速生成前台应用。将旧有的单体应用进行微服务改造，通过领域模型的划分，搭建模块化、组件化的业务服务。让前端业务部门可以像搭积木一样，方便调用中台业务组件，快速响应前台业务创新（见图 2-29）。

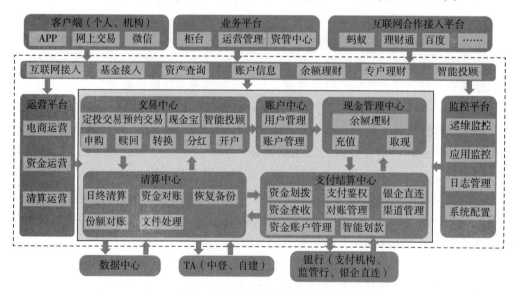

图 2-29　销售系统业务架构图

2. 基金客服系统发展

基金资产管理规模不断发展，业务规则日渐复杂。业务间的相关性增强，也造成业务复杂度增强。对客户的触达方式，由单一的电话，扩展为电话、邮件、短信、微信、APP 等多种渠道。互联网金融的发展使客户量剧增，对客服人员的素质要求也越来越高。市场行情的波动，会导致客户咨询量也波动剧烈，高峰与低谷会有数十倍的差距。传统的人工客服在应对这些挑战时十分吃力。面对日益增长的客户服务需求，亟须在提高人工客服效率和人员配置的同时，通过推进高效智能化服务应用发展来解决。

伴随着云计算的普及，以及人工智能技术的大爆发，智能技术对基金客服行业也产生了巨大影响。近些年来，出现了以下变化：

① 传统的呼叫中心开始向云呼叫中心转型，由重资产模式转向轻资产模式。降低运营成本，提高客户触达率。

② 在线客服由之前的全人工服务转向人机结合的模式。通过不断地优化迭代，目前业内较好的文本机器人已能达到80%的解决率，极大地减轻了座席的负担。

③ 话务方面，由传统按键 IVR 向智能 IVR 转型。各大机构也积极引进包括科大、阿里等公司的大数据与人工智能技术，通过智能 IVR、智能辅助等系统提升座席效率，满足客户自助服务需求。

④ 传统质检向智能质检转型。由以前的10%以下的抽检率提升至100%的质检率，降低运营风险和人力成本。

⑤ 传统知识库向智能知识库转型。通过不同的问题答案视角满足不同渠道（网页、APP、微信、座席）不同答案的需求。通过机器学习不断优化知识，提升命中率。

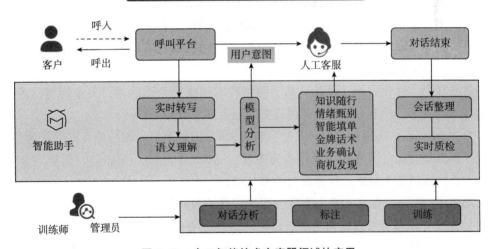

图 2-30　人工智能技术在客服领域的应用

随着行业的发展，也在推动客服部门从被动服务向主动客户运营转型。"运营"一词最早始于互联网行业，并在 2012 年微信兴起后被越来越多的公司重视。运营的产生主要解决两个问题，即用户获取和用户维系。而运营被引入基金行业，则在 2017 年前后，其主要业务架构如图 2-31 所示。

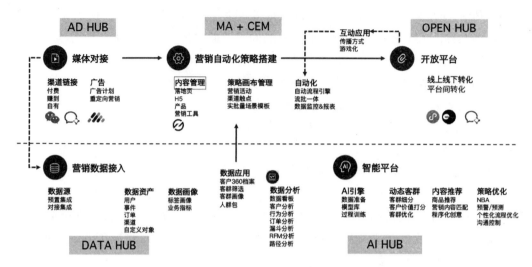

图2-31　智能运营平台架构

该系统是基于客户生命周期的精准人群运营，有效解决"在正确的时间"，给"正确的人"，以"正确的方式"，提供"正确的产品"。维系客户的同时实现业绩增长。运营平台的主要能力包括：细分人群运营、关键时点的客户转化、全渠道触点协同、自动化运营策略执行、客户互动场景落地、全渠道数据融合。

3. 基金行业CRM系统的建设发展

互联网在给传统基金管理公司带来创新的同时，也带来了一些挑战。比如，在线和远程交易，让客户交易门槛降低，客户的忠诚度也随之降低。于是，客户关系管理（CRM）也就日益成为影响公司竞争力的核心要素之一。证券电子商务竞争的一个主要方面就是客户个性化服务，也就是基于网络技术和数据仓库的客户关系管理，通过网络与客户的交互，使基金管理公司得以更好地为客户服务。

自2004年起，头部基金公司开始自建或采购CRM系统。国内的厂商代表为恒生、金证、顶点等公司。国外的厂商代表为微软、Siebel等公司。CRM以分析渠道客户为切入点，实现销售人员的过程管理与结果考核。

2010年11月1日，《基金管理公司特定客户资产管理业务试点办法（征求意见稿）》发布，就基金管理公司从事特定资产管理业务等内容进行了相关规定。恒生基金CRM V2.0版本推出，在汇添富基金成功上线。互联网技术的发展，也推动CRM系统由以前的单一的PC端发展为多终端，包括PC、APP、微信小程序等。CRM系统把流程与数据深度整合，连接基金公司内部各个系统，提供一站式服务。通过信息技术，在保障客户个人信息安全的基础上，赋能理财经理，挖掘新的销售机会。

4. 基金投顾发展现状

2012年，嘉实基金自主研发了集市场预测、资产配置与基金选择于一体的FAS投资系统，为投资者在全市场范围内优选、推荐"一篮子"基金组合（解决方案如图2-32所示）。同年12月，嘉实正式为投资者提供"嘉实定制账户服务"，这是国内最早出现的面向个人投资者的个性化授权账户管理服务。

2019 年 10 月 25 日，中国证监会发布《关于做好公开募集证券投资基金投资顾问业务试点工作的通知》，国内公募基金投资顾问业务试点正式落地。财富管理市场开启了从卖方向买方投顾时代的转变之路。华夏财富、嘉实财富、中欧钱滚滚、易方达基金、南方基金入选首批试点名单。

基金投顾推荐模式主要有两种：系统推荐和货架式。系统推荐是通过问卷调查、应用场景等引导出合适的策略组合；货架式是投资者自行选择机构在平台上为投资者提供全部的投顾策略，只要投资者所选投顾策略的风险水平符合自身的风险等级即可。从优劣来看，系统推荐能够更准确地把握客户的需求，但也存在与客户真实需求不符的可能；而货架式的优点则在于简单便捷。

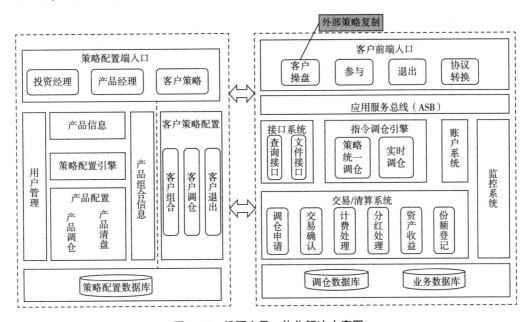

图 2-32　投顾交易一体化解决方案图

三、基金运营相关系统建设

基金运营的职责包括基金注册登记、基金估值与会计核算、基金信息披露以及其他基金运作活动在内的相关环节。

1. 注册登记系统建设发展

注册登记系统（TA）是资产管理业务的核心系统，完成投资人的账户管理、交易确认、份额及权益的登记过户。

2001 年后，开放式基金广受欢迎，逐渐成为支柱基金。针对日益增长的业务需求，各厂商 TA 产品陆续推出并不断升级。

2004 年前后推出创新的基金类型：LOF 基金和 ETF 基金，针对这两类基金的特点，注册登记业务也有了新的业务形式。LOF 基金的创新点在于除了场外代销渠道外，投资者同时可以通过场内进行交易，场内场外份额通过转托管可以互转。其中LOF基金注册登记职责由中登承担，投资者的账户建立和交易确认、份额过户由中登完成，基金公司建立二级LOF分TA，同步中登确认结果并允许管理人对确认结果进行人工干预，包括大额交易限制、巨额赎回比例确认等，同时也可以由管理人发起基金分红、业绩报酬提取、份额强制赎回等特殊业务，保证基金登记业务的灵活性。ETF基金只支持场内的交易，由中登上海或深圳分公司完成注册登记职责，基金公司建立ETF分TA系统被动同步注册登记确认结果。

2006—2007年迎来了大牛市，在天量行情下，TA系统的架构由"主机—终端"的两层架构发展为三层架构，业务处理从数据服务器抽离出来到中间层的中间件，多线程并发、中间件内存计算技术、可横向拓展能力扩大了TA系统的处理能力；同时业务模块设计更加灵活支持业务的处理。

2013年，余额宝横空出世，揭开互联网金融元年序幕，金证股份为天弘基金及支付宝量身打造的实时TA闪亮登场，集销售与实时确认功能于一身的实时TA先天具备互联网基因，从去IOE到分库分表支持大并发再到云部署线性拓展，实时TA已经能够从容不迫地应对各类高并发的业务诉求、快速响应业务落地。以余额宝TA为例，其清算时间和交易笔数随时间发展关系，如图2-33所示。

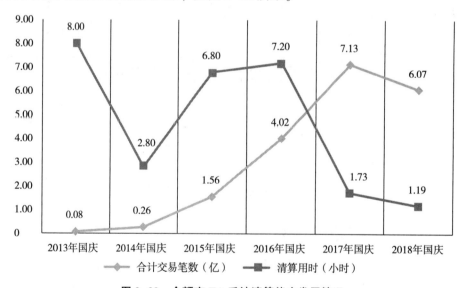

图2-33 余额宝TA系统清算能力发展情况

实时TA的发展在满足货币基金营销需求的同时也为注册登记系统下一代技术选型指明了方向。

随后，根据新版《证券投资基金法》规定，基金管理人可以委托基金服务机构代为办理份额注册登记等事项，为支持基金管理人特色化、差异化发展，降低运营成本，提高核心竞争力，基金业协会在2015年2月1日发布并正式实施《基金业务外包服务指引》，允许以银行、证券公司为代表的基金服务机构建设基金注册登记外包部门，为基金管理人提供注册登记业务服务。多 TA 融合、多管理人统一运营成为注册登记业务的新需求，也促使以金证股份、恒生电子为龙头的 IT 厂商开始研发其下一代产品——统一 TA，从而打破系统间数据壁垒，挖掘数据价值，智能化自动化运营，释放运营人员精力转移到业务研发上。

2. 财务估值系统建设发展

估值核算系统是基于金融资产管理行业需求，遵循金融企业会计准则、基金业会计准则，针对境内、境外投资的各业务特色，支持多市场、多品种、多币种核算，来满足金融资产业务管理的需要。系统应提供资产清算、估值核算、财务管理、统计分析、信息披露等功能，及时对业务进行有效处理和有效控制的管理。

1998 年，经中国证监会批准，设立了两只封闭式基金，即"基金开元"和"基金金泰"，由此拉开了中国证券投资基金试点的序幕。估值核算系统起步阶段，主要用财务来管理，以会计账记录，围绕着 Excel 展开会计核算工作。

2000 年 10 月，证监会发布了《开放式证券投资基金试点办法》。2001 年，国内第一只开放式基金的发行，以单位净值作为申购、赎回投资者份额计算的基准，标志着净值化管理以及公允价值计量作为保护投资者合法权益的方式登上历史舞台，单纯的财务系统已经不能完全满足基金净值化管理以及资产的估值核算，行业迎来了财务估值信息化系统的第一次变革。国内各厂商在 2000 年左右相继推出了财务估值软件初始版本。

2003 年，国内首只货币基金成立，采用摊余成本法核算净值，以公允价值作为影子定价，通过摊余成本和影子定价的差异计算偏离度，根据持有资产的剩余期限计算投资组合剩余期限以控制货币市场基金的赎回风险，使用实际利率法摊销。

随着业务的发展，对财务估值核算系统要求更高；新一代的财务估值系统，需要能快速准确地反映基金资产净值，达到管理人对基金的财务状况和运行状况有着充分的了解，以及对各项财务指标和投资业务的全面监控；能充分考虑证券投资基金、集合理财产品、集合信托产品的行业特色，从基金公司的业务需求及发展要求出发，形成先进技术和成熟应用方案，实现对基金财务和业务的一体化管理。财务估值软件功能不断优化。

2006 年，中国首次推出 QDII 产品。自此，中国开启了 QDII 大门，带着中国的投资者走出了国门，踏上了全球市场的投资之路。QDII 是投资全球证券市场的一种代客理财产品，其投资范围为全球资本市场，传统的境内投资系统已无法满足业务需求。为满足不断增长的业务需求，各厂商财务估值软件功能持续升级，实现了多市场、多币种、多种投资品种的交易、核算、结算、统计分析功能；实现了与多家国际著名的资讯数据提供商、多家全球投资结算托管银行、数十家全球知名的券商以及环球同业银行金融电讯协会 SWIFT 报文数据提供商进行了数据对接。

随着全球证券市场投资的发展，要求财务估值系统运用最前沿的技术方案，结合扎实的行业核算知识，支持多市场、多品种、多币种核算，满足金融资产业务管理的需要，而财务估值软件也陆续升级至新版本，以满足资产管理公司开展混业经营的需要，实现对覆盖产品价值链的业务流程进行全面的计划、组织、协调，及对业务进行有效处理和有效控制的管理。

3. 信息披露系统建设发展

依靠强制性信息披露，培育和完善市场运行机制，增强市场参与各方对市场的理解和信心，是世界各国证券市场监管的普遍做法，基金市场作为证券市场的组成部分也不例外。

2006年，证监会信息中心、保监会信息中心、中国人民银行征信管理局、中科院研究生院金融科技研究中心和上海证券交易所联合发起成立"XBRL中国地区组织促进会"，同时在财政部有关领导的指导和支持下，开始"XBRL中国地区组织"的筹备工作。

2008年，中国证券监督管理委员会（以下简称"证监会"）颁布了首个CFID元素清单，为XBRL信息披露提供了一套标准化披露指标元素。2009年，颁布了CSRC基金实例文档编制技术指引，至此可扩展商业报告语言（eXtensible Business Reporting Language，以下简称XBRL）的革命就此拉开帷幕。

2009年，相关厂商正式推出了信息披露系统，满足证监会对公募基金信息披露的有关要求，按不同周期、不同产品类型等相关细则，如临时公告、日报、季报、中期报（半年报）、年报；类型如货币类、非货币类、QDII类披露工作的执行。针对基金公司提供制作符合行业规范的相关报告，可对接境内/境外估值核算系统，进行相关数据指标计算以及最终生成XBRL实例文件供上报证监会披露。极大地降低披露的管理工作以及制作成本，形成了一套标准化、自动化、业务流程一体化的披露产品。

随着国内金融市场业务飞速发展，行业创新发展步伐加快以及各类资管产品信息披露监管政策日趋完善、严格，管理公司对信息披露建设投入等逐年增加，对新技术的要求越来越高，对政策支持要求也越来越高。市面上信息披露系统的研发模式等难以满足未来业务快速发展需要。且信息披露系统是基于产品财务估值系统搭建的信息披露平台，随着财务估值核算系统的版本迭代更新，各类型资产信息披露报告依托于新一代财务估值核算系统财务数据出报披露，因此信息披露系统也需要同步根据估值核算系统做整体的升级更新。

2014年后，各厂商不断对披露系统进行优化，聚焦于管理、自动化信息披露，为用户提供一体化信息披露服务。根据披露报表特性采用积木式报告拼接、敏捷指标配置等新研发模式，并提供在线仿Word编辑、文字自动化、审计级别校验等提高信息披露效率的业务功能。以各类资产监管机构的监管政策要求为基础，提供满足公募基金、专户产品、保险产品、年金产品、社保基金、养老金等各类信息披露业务功能，满足客户信息披露业务诉求。

4. 电子对账系统建设发展

随着业务品种和客户的增加，电话对账、纸质传真及电子邮件方式无论从效率性、安全性、准确性等方面，还是资源管理、使用成本上都已无法满足业务的需要。

2006年，深圳证券通信有限公司正式发布了深证通金融数据交换平台，推动行业间数据交换标准化工作，促进金融行业业务创新发展。截至2009年，广泛用于银行、证券公司、基金公司以及相关金融机构间业务数据交换。

2010年左右，各厂商先后推出电子对账系统，多数建立在财务估值核算系统平台上，结合深证通金融数据交换平台的标准化接口，生成报文数据与托管银行进行电子化核对，高效率、高质量完成对账核对业务。为用户提供了友好的用户操作界面、安全的审核机制和权限管理机制，实现了各项业务模块明细管理、多套账批量作业处理等功能。

随着国内金融市场的不断开放，基金业务也在飞速发展，各管理人管理的产品越来越多，在进行"T+0"产品对账工作时，大批量产品同时进行对账工作，现有的对账系统在运作效率、系统架构、自动对账等层面都无法满足市场的需求。随着产品的不断创新，在对账多样化的需求上，已无法满足业务需求，比如一个产品多个托管对账；管理人端自己对账等。市场上需要更开放，效率更高，功能更全，更快适应于市场快速发展的平台化系统。

新一代的电子对账系统应运而生。该系统基于分布式技术架构，能进行更大数量的数据传输与对接；能够更快反映基金资产净值，使管理人对基金财务状况和运行状况有更充分的了解，实现对各项财务指标全面监控。同时提供了反向对账、主备机自动切换、自动化对账、定时调度等功能，结合报文系统实现实时电子对账业务处理，大大提高账务核对工作的效率和质量。

5. 划款指令系统建设发展

基金运营的重要工作，是根据资金交收情况，进行相关账户的资金划转，完成销售资金清算，同时根据基金份额清算结果，填写基金赎回资金划转指令，传送至托管行。

2010年，各厂商先后推出划款指令系统，完成基金资产资金往来业务划款指令的自动产生。不同岗位人员通过系统按照公司的划款业务流程，高效率、高质量完成划款业务，保证资金的安全。

随着产品运营业务中资金支付业务的增加，资金支付业务的时效性与安全性需求与日俱增，而现有系统主要依赖估值业务产生指令，并不适合于所有业务场景。随着业务发展，资金系统处理的范围从最初的费用类、产品销售类，逐渐扩充到银行间交易费用、资金类、"T+0"非担保类、开基类、存款类、网下新股新债类等，对接的外部系统从估值系统逐渐扩展到O32、场外、OA、数据中心、自建系统等，相关需求推进了新一代支付系统的落地。

新一代支付系统着眼于为各资产管理机构在资金结算管理业务中建立集中统一的资金管理平台，制定统一的对接规范，对接各个分散的业务系统。在资金管理平台上集中管控各类资金活动，提升工作效率，降低操作风险；提供深证通、电子传真、电子邮件、银企直连、上清中债直连等丰富的直连渠道，保证资金结算过程的时效性及稳定性；将资金管理的各种管控制度、风险管控要点嵌入业务流程，通过制度、审批流程、岗位约束、业务追溯等实现资金风险的事前预警、事中控制和事后核对，防范资金风险；通过数据共享，达成高效的业务协同，提高资金划转整体业务的效率。

6. 科技化运营探索

伴随着基金规模增长、产品数量增加、投资品种的多样化、产品创新层出不穷，基金运作时效要求不断提升，使传统的运营模式面临巨大压力。同时随着资管新规的落地，监管要求不断提高，监管环境日益趋严，如何为快速发展的业务提供稳健、高效的运营支持成为运营部门面临的重大挑战。这些对基金运营模式、运营基础设施系统都提出了更高的发展要求，也促使科技化运营成为发展趋势。通过科技手段，实现业务流程的系统化覆盖、上下游数据全链路对接、风险有效管控、业务自动化调度处理，最终形成运营业务"无人值守"的智能化运营。

为实现数字化运营，监管机构、各大基金公司、行业软件厂商都在积极探索和努力推进，从行业标准制定，到业务规则标准化，再到科技建设的落地，推动基金运营科技水平不断提升。与此同时，机构间业务信息化建设方面，统一的机构身份识别、机构间业务流程规范化、业务数据传输标准化需要行业组织共同推进。

数字化运营将通过科技手段，使业务标准化执行、风险可控、运作高效，解放更多业务人员操作，让人的精力转移到新业务研究、规则解读、标准制定、前台业务赋能等高附加值领域。未来的基金运营科技建设，需要既懂业务又懂科技的人员深度参与，通过科技与业务进一步融合，最终实现业务自动化处理，基金运营能力和价值的进一步提升。

四、风控系统

1. 投资交易系统内风险管理模块介绍

随着风险管理业务的专业性和复杂化，加之其底层数据需求及计算日益庞大，多数市场通用和基金公司自研的风控系统逐渐从传统一体化的投资交易系统中解耦，且在开发资源分配和业务输出上，成为一套独立的、更专业的、更细致的合规风控和投后分析系统。

风险管理作为投资管理系统的核心功能，包括风险监控、风险分析、流程控制、主动业务提醒等多个方面。

风险管理需支持各种监管层和公司对于各类业务的控制要求，如期货业务风险单独控制、期货现货风险联合控制、资产整体流动性控制等复杂风控。对不同层次的账户进行特定的风险控制管理，并实现对政策风险、市场风险、操作风险等多种风险策略的控制。在风控维度方面，可以根据客户的实际控制要求，对多个维度进行风险控制，比如对基金层、资产单元层、组合层、多个基金组、多个资产单元组、多个组合组的多维度多层次进行控制，满足客户对于策略、方案、账户、多账户集等多维度进行风险控制。在下达指令和下达委托时进行风控检查，事后静态风控查询，通过动态报表的形式对风险阈值进行查询。系统可以对账户的风险率指标进行实时监控，当指标跌落触发期货券商强制平仓前，通过业务提醒的方式进行提示。

2. 自研系统来完善风控管理能力

基金公司尤其头部基金公司，因为业务的发展，境内外投资涉及多套投资交易管理系统，如何实现企业层面统一的合规风控、投后分析管理，是基金公司一直面临的痛点。自 2008 年起，部分头部基金公司基于自建投资分析系统（IA）支撑内部合规风控、投后绩效与风险管理的需求。自建风控系统通常采用 Oracle 数据库，通过 PL/SQL 脚本或者存储过程来完成业务逻辑实现，数据的根基在于投研数据中心。

合规风控部分经历了两个大版本迭代，初始版本以合规条款为中心进行实现，对每个条款进行程序实现、获取数据并计算，这意味着条款遍历有大量的数据读取和计算操作，条款之间的数据读取和计算中间结果并不能共享，系统负担较重、条款测算耗时较长；在新版本中，通常以组合数据为中心，将风控条款进行因子化拆解，从数据出发计算各类因子，条款计算只需利用因子数据结果进行计算，数据读取、计算中间结果可复用，性能得到大幅提升。

投后绩效与风险管理部分，主要围绕以下业务展开：

①业务研究。通过内外部数据分析、积累形成的研究认知方法论，为公司管理层决策提供重要参考意见；包括但不限于公司核心风险监控、市场前瞻性风险、业绩监控等。

②组合分析框架。通过持续与基金经理、研究员交流反馈，形成组合绩效与风险分析方法论，为回顾组合风险、绩效提供最重要的客观依据。针对不同组合类型形成不同的分析框架，如货币、长端固收、风格、行业、跨市场、FOF 基金、量化等。

③定制报告。报告建设可支持敏捷的业务模块扩展，主要包括业绩分析、风险管理、监管报送等方面。

④自助分析。通过 BI 工具简单地"拖拉拽"即可生成报告，支持网页、定时邮件、共享目录文件等形式自动生成；支持多语言的 IDE：类 SQL 脚本、Python、Java、R、Matlab。

五、数据管理

信息系统中流淌的、持久化存储的、人机交互处理的信息主要都是数据，时至今日，数据以及从数据产生的信息已被公认为企业资产，对之进行有效的管理是至关重要的。在基金业发展历程中，数据管理大致经历了操作应用系统为主、双数据中心、统一数据平台等几个发展阶段。

1. 数据管理以操作应用系统为主（1999—2004 年）

在行业发展之初，信息系统研发主要围绕功能域进行组织和建设，形成了以投资交易、估值、登记结算、人财物管理等操作型应用系统为主的信息系统体系，在此基础上自然也就形成了以操作应用系统为主的数据域，如图2-34所示。

图2-34　主要操作型应用系统示意图

数据的管理工作都基于各个功能域展开，业务中的数据分析也主要是通过应用系统提供的简单报表功能来支撑。如果涉及跨系统的数据综合分析，则要通过数据导出，经由Excel人工整理分析完成。

2. 逐步建立投研及市场双数据中心（2005—2015年）

随着业务的发展、数据量的增大，尤其是业务管理上对数据分析型的需求快速增长，以操作应用系统为主的数据管理模式越来越满足不了业务的需要。比如，银行间交易领域，根据企业内部管理流程需要进行交易委托的流程管理、风险控制；少量规模较大的基金产品在投资管理过程中涉及分组，面临对不同子组合进行准确的业绩与风险评估问题。在管理层面，面临繁多的分析支持报表需求，以此来支持管理决策。嘉实、博时、华夏、南方等规模较大的基金公司率先启动了数据中心的建设工作，根据业务领域分成两大板块来进行：投研数据中心、市场数据中心。

（1）投研数据中心

以嘉实基金、博时基金为代表的基金公司率先建设了投资分析（Investment Analysis，IA）系统，在数据管理层面形成了统一的投研数据中心。

在业务层面，投研数据中心支持研究支持、组合管理和决策分析、风险合规、交易中及交易后支持、基金估值、组合绩效与风险分析等业务功能域（见图2-35）。

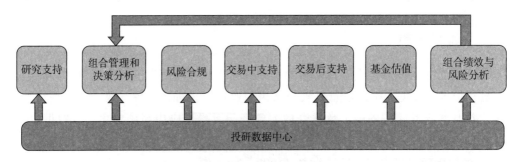

图2-35　投研数据中心

投研数据中心在数据内容上主要涵盖以下几个方面：

①金融资讯数据。这部分会集成行业内 Wind（万得）、聚源、财汇、朝阳永续、沪深交易所、中证指数、境外指数公司、路透或彭博等各类金融工具资讯数据，各个应用模块根据需求自行消费各家资讯数据。因为各家资讯商之间的数据会有内容或多或少重叠、数据模型异构、证券代码不一致等现象，对于消费者来说用哪家的内容、如果要跨资讯商做联合消费都会面临很大的挑战，这也是行业共同面临的资讯数据困境。

②基金投资交易数据。该部分会集成各投资交易管理系统的数据、交易所日间及日末发送的成交回报、登记结算公司发送的结算文件等内容。通过对这些内容的物理集成、逻辑清洗，形成统一的基金投资交易数据。

③基金估值数据。该部分会集成基金估值管理系统的数据，主要包括基金会计凭证、持仓、估值表等内容，是基金数据分析的主要原材料。

④基金绩效与风险分析数据。该部分是基于基金产品、基金投资交易和基金估值数据计算形成的衍生数据，主要包括绩效分析和风险分析两大部分，是企业对基金投资交易回顾分析、投资内控管理的主要决策依据。

⑤合规风控数据。在合规层面，基金的投资交易生命周期中涉及投前、投中及投后的合规风控工作，以确保投资交易符合法律、监管、客户及公司内部管理控制的需要。这些操作管理及分析过程中形成的数据构成了企业合规风控数据。

（2）市场数据中心

以嘉实基金为代表前十大基金公司都在 2004 年左右建设了市场销售、客户运营等相关系统，在数据管理层面形成了统一的市场数据中心。

在业务层面，市场数据中心支持基金直销销售（直销柜台、网上交易、电话交易、APP、微信等）、官网数据公示、客户运营服务、客户关系管理、营销开展分析及决策。

市场数据中心在数据内容上主要涵盖以下几个方面：

①基金登记结算数据。这部分数据主要源自各 TA 系统，大体上为普通 TA、LOFTA、ETFTA 和 RTA，涵盖了各类基金销售业务相关的客户登记、账户操作、基金交易、基金持仓、份额流水、基金分红等市场核心数据。

②基金估值数据。该部分数据源自基金估值管理系统，主要包括基金持仓、估值等内容，是计算客户基金资产、分析收益等的重要数据指标。

③直销交易数据。该部分包括客户交易账号、交易网点、销售适用性相关数据，这些数据是直销作为一个销售机构在交易过程除向 TA 发送之外的数据。

3. 走向统一数据平台（2016 年至今）

随着基金行业全面对接互联网，进行客户营销、交易及服务支持，数据的体量有了飞速增长，对数据的存储、算力和管理要求提出了极大挑战。在此背景下，基金业数据管理也逐步走入了大数据时代。

（1）成熟稳定的混合数据架构

来自互联网渠道产生了数十/百倍于原有渠道的数据，如果维持原有数据库的架构，将不能满足监管机构对信息披露的时效性要求，其他基于海量数据分析的业务也将无法继续实现。头部基金公司纷纷基于自有业务场景探索实践了"关系型数据库+大数据平台"的混合数据架构，来构建新一代数据平台（见图2-36）。

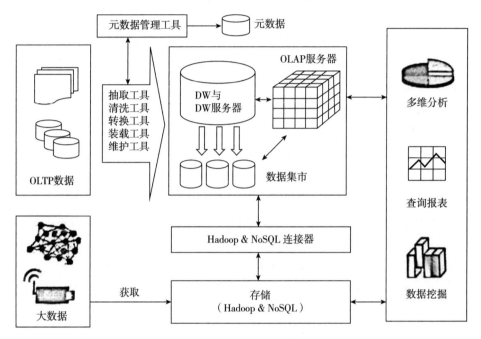

图2-36　典型大数据系统架构示意图

新数据平台将市场、投研等内部业务系统的数据统一进行抽取、清洗和转换，在数据仓库中按照规范的数据标准进行统计加工。此外，新数据平台也涵盖了来自APP和互联网等渠道的半结构化和非结构化数据，这部分数据与内部业务系统数据整合之后，通过OLAP服务器对外提供多维分析、报表查询和数据挖掘等服务。

由于大数据平台具有横向可扩展的能力，可以通过对集群进行节点扩容来满足业务增长带来的存储和算力的新增需求，同时保障数据处理的时效性，持续赋能基金行业的跨越式发展。

（2）统一的金融资讯数据模型

随着金融市场的持续壮大，市场上出现了多家优秀的金融资讯数据服务商，但是各家资讯供应商基于各自对数据业务的理解创建了不同的数据模型，维护的数据粒度和质量各有差异。在语义层面存在内容重叠或互补、模型异构、金融工具实体ID不一致、数据集拆分粒度不一的情况。如果资讯商数据库结构发生了变更，下游应用都需要进行调整。在此情况下，如果企业内部建立一套金融资讯数据模型，把需要的资讯商数据转入统一的模型中并进行数据核验后提供给内部应用系统消费，将能够解决大部分问题。

图 2-37 中假设企业有 N 个资讯数据来源、M 个应用，就会产生 N×M 条数据边。若有统一的金融资讯数据模型，将会大大改善企业信息系统在资讯数据消费管理上的成本——N、M 越大，收益越大。

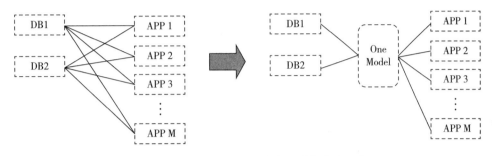

图 2-37　通过归一模型降低信息系统复杂度示意图

自 2017 年以后，以嘉实基金、南方基金、富国基金、华夏基金为代表的头部基金公司率先启动了企业内部统一的金融资讯数据模型建设工作，以满足内部投资交易、合规风控、估值及绩效与风险分析系统的建设。

另外，行业各家公司的建设工作也存在资源投入重复的问题，如何在证券期货行业层面建立一套统一的金融资讯数据模型及内容，让行业内的各类机构都共享、消费，显著降低行业资讯数据采集、流通和消费的成本，可能是行业信息化发展中值得继续关注的话题。

（3）统一的企业数据模型

对于企业内部数据而言，建立统一的企业数据模型，也将有助于降低企业内部、企业间的数据交换及消费的成本，避免数据口径的不一致性问题。

自 2017 年起，在证监会信息中心指导下，由证标委数据模型专业工作组（WG21）牵头、集合行业十家基金公司力量，中证技术公司具体承担开展了证券期货业数据模型的建设工作，制定了基金公司的逻辑数据模型体系（见图 2-38）。

与此同时，行业头部基金公司在建设统一数据平台的初期，都开始了统一企业数据模型的建设工作。在此过程中，都参考借鉴了基金公司逻辑模型，再结合企业内部信息系统的实际情况、消费场景需求，落地了统一的企业数据模型，通常包括产品、主体、账户、资产、交易、渠道、合同等主题领域。而营销主题，因为本身业务发展和变化迅速，业务模型尚不稳定，所以通常只在 TP 系统层面建立模型，尚未从企业层面面向 AP 建立统一主题模型。

有了企业层面统一的数据模型，再构建企业统一的指标库就水到渠成了，能够有效解决分析层面的很多数据问题。但随着企业市场竞争越来越激烈、数据量越来越大，维度也越来越丰富，业务分析的深度和广度要求也就越来越高，对数据的开放能力、算力和管控能力都提出了更高的要求。当前，以 Snowflake、Databricks 为代表的云数据平台公司做出了很多创造性的数据产品、提供了很多有前瞻性的建设思路，这些都是后续行业信息化发展可以借鉴的经验。

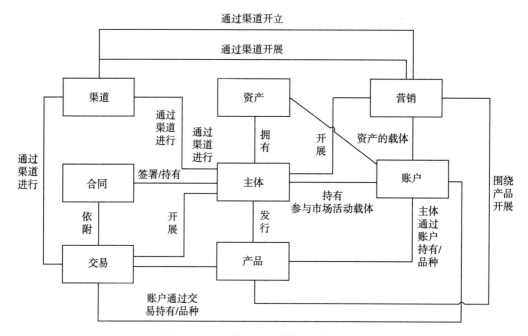

图 2-38　基金公司逻辑模型主题域示意图

第三章　科技创新助力业务更快、更高、更强

伴随着我国资本市场业务的起步和发展，证券期货行业信息化先后经历了业务电子化阶段、互联网化阶段，目前正迎来金融科技发展浪潮，信息技术逐步由支撑业务向引领业务方向发展，金融与科技深度融合已成为新趋势。

在信息技术实现业务电子化阶段，信息化的重点是交易通道的畅通和系统的稳定，因而在服务器、软件升级和网络设备上进行了大量的投入。在互联网化阶段，证券业信息化的工作重点将转向客户关系管理系统、营销服务管理系统、客户分级分类服务、适当性管理、创新业务支持系统、后台精细化管理系统和基于 IT 应用架构的系统整合等方面，该阶段在软件和技术服务方面的投入快速增长。

第一节　信息技术实现业务电子化

一、交易所的电子化

沪深交易所自成立之初，就致力于实现业务自动化，逐步实现了无纸化交易、电子化自动撮合和电话委托等，并通过单向卫星、双向卫星实现自动化报盘，从有形席位发展到无形席位。接下来将结合图 3-1，描述证券交易过程的电子化进程。

1. 电子化自动撮合

交易所建立以后，股票交易就从柜台交易转变为集中撮合。1990 年 12 月，上交所开业之日采用电子化自动撮合系统进行交易撮合，1992 年 2 月，深交所也正式推出了具有自动撮合功能的第一代电子化交易系统，从而取代了以前的人工写板的交易模式。初期，股民买卖股票需要到各家营业部，使用股票名卡现金交收，营业部工作人员手工计算股票交割单，并盖章签字；1991 年 7 月后，沪深交易所先后实现了股票电子化集中存放，即为每个投资者开设一个股东账户，通过证券账户反映投资者股票使用情况，从而实现了无纸化的交易、存管、清算和交割。

2. 无纸化交易

最早的证券以实物方式存在，证券交易需要将实物证券在交易双方之间进行转移交付和登记。为了解决股票背书空间不足和携带便利及安全的问题，沪深证券交易所开始建立股票托管体系。投资者将自己持有的全部股票都托管给证券交易所，证券交易所给投资者出具股票存折，记录其持有证券的交易过户情况。证券交易所记录和管理这些数据的信息系统便是交易所的托管系统。由于证券交易所采用托管系统记录客

户的证券持有和交易过户情况，从1991年开始，证券业务部也陆续开始使用电脑系统记录自己的客户的证券持有情况，这些电脑系统运行在个人计算机（PC）上，使用当时占统治地位的XBase数据库管理系统（主要是FoxPro）存储客户的信息和证券持有数据。

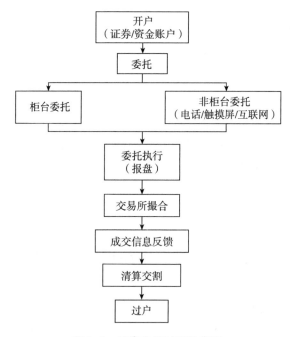

图3-1　证券交易过程示意图

3. 电话自动委托

1992年，中国证券市场进入了快速发展的新阶段，股票价格一路暴涨，投资者从观望到蜂拥入市，股民需半夜通宵排队才能在证券业务部买卖股票。一级市场的股票认购证被疯狂抢购，在深圳还因此爆发了"8·10"群体性事件。敢想敢干的特区人选择了电话自动委托方式。股民拨通电话后根据电脑语音提示进行按键操作，电脑系统通过识别按键音频（DTMF）获得客户的输入，然后进行自动处理。为了方案的实施，农行信托、新欣软件和深交所紧密配合，经过半年多时间的开发、测试和试运行，电话自动委托系统终于被"创造"出来了。

随着电话自动委托系统在证券行业全面铺开，股民足不出户就可以通过电话按键的方式买卖股票，极大地提高了参与股票买卖的便利性和效率，基本解决了证券营业部门前股民排长队等待委托买卖的问题。但实际上，排长队的现象还是存在，那是等待开户的新股民。解决开户排队的问题，还需要再等20年。

电话委托开启了不用到证券营业部就可以买卖股票的先河，但电话语音交互的信息量和效率还是非常有限的。人们开始寻求其他更好的不用到证券营业部现场就可以买卖股票的方式，更好地实现非现场交易，这也成为开发证券交易系统的软件和通信专家们钻研的课题之一。

4. 从有形席位到自动化卫星报盘

早期的交易市场，在沪深交易所都以"场内报盘"的形式出现，即各地证券营业部柜台接受股民以填写"证券委托单"的形式提交的股票买卖委托，再通过长途电话，通知各营业部在沪深交易所内的"红马甲"（即出市代表，由证券营业部派驻交易所），由这些交易员输入交易所的电脑终端，根据成交结果，再长途电话通知各自营业部柜台，再通知股民。这种纯手工的处理方式，使整个交易过程效率低下。

从1993年开始，情况发生了变化。交易所除了场内"有形席位"（即通过"红马甲"的"席位"接受公司指令买卖股票）的交易模式以外，提供了"无形席位"的交易模式。所谓"无形席位"就是指证券公司通过卫星报盘系统，用电脑自动交换业务数据，往交易所主机里发买卖股票的指令，或者接受交易所的成交确认数据。自动化卫星报盘系统的出现，解决了上述第一个环节的数据交换瓶颈；同时极大地刺激了解决第二个环节数据交换瓶颈的营业部内部交易系统的发展。

卫星报盘过程，是利用铺设在证券营业部所在大楼的楼顶的四个直径1.2米到1.5米不等的锅型卫星天线，对准东南方向的亚洲一号通信卫星，在上交所和深交所同样有很多卫星天线也对着这颗卫星。通过无线信号，把两个交易所和2000家证券营业部联系在一起。营业部的4个卫星天线分别起到如下4个作用：营业部向上交所发送股票买卖的申请，上交所往营业部的信息反馈，由于这个过程需要双向交换数据，故称为"上海双向小站"；上交所往营业部实时发送交易所股票交易行情数据，这个过程营业部只需要被动接受就可以，称为"上海单项小站"；与"上海双向小站"类似的"深圳双向小站"，负责双向传送到深交所的股票交易申请和交易所的回报；与"上海单向小站"类似的"深圳单向小站"。这4个卫星天线通过电缆联入营业部机房，分别接在4台"卫星室内单元"的铁盒子的后部。这些盒子的网口通过4根网线连在4台PC机上，PC机分别运行交易所提供的4套软件："上海双向小站"报盘程序、"上海单向小站"数据接收程序、"深圳双向小站"报盘程序、"深圳单向小站"数据接收程序。

以"上海双向报盘程序"为例：它是一个DOS程序，负责不断地读取磁盘上的两个DBF文件（Orders. dbf，Withdrw. dbf），这两个DBF文件是营业部根据客户的交易委托生成的数据，Orders. dbf文件里按条目记载了哪个客户以多少价格买入或卖出多少数量的哪只股票。报盘程序每隔几毫秒就读一次这两个DBF文件，把新内容通过网线连接的"卫星室内单元"，报到上交所。交易所成交以后，又通过这个路线原路返回，交给"上海双向报盘程序"，再由这个程序把数据写入另外两个DBF文件（Orders2. dbf，Withdrw2. dbf）。在交易时间内这个程序数百万次地读取和写入这些DBF文件，完成营业部与交易所的数据实时交换。"深圳双向报盘程序"与"上海双向报盘程序"一样，通过几个DBF文件，实时与深交所交换数据。同样，"上海单向行情接收程序"和"深圳单向行情接收程序"也不断地接收卫星行情数据，写入另外几个DBF文件，为营业部提供行情数据。

从 1993 年开始，证券营业部电脑部的一项重要任务就是保证这些卫星通信程序的正确运行。有了这套卫星报盘系统，营业部与交易所的数据交换瓶颈得到完全的解决，这时候急需一套营业部内部的基于网络的自动化的交易系统，解决营业部与股民的数据交换瓶颈问题。

二、经营机构的电子化

资本市场建立初期，经营机构的电子化主要集中在基于营业部的证券交易系统。尽管电话委托解决了股民不到营业部就可以买卖股票的问题，但股票和市场信息的获取，股民之间、股民与营业部的交流和互动还是需要到证券营业部现场，于是，证券营业部纷纷配备大型的 LED 行情显示屏，设立庞大的交易大厅和众多的大户室、中户室，为大中客户提供行情系统，并陆续开发了触摸屏、小键盘、热自助等现场交易委托终端系统。

1993 年以后，证券营业部网络交易系统在全国如雨后春笋般地涌现出来。一般而言，其有以下几个共同的特征：

①行情揭示系统。以钱龙行情系统为例，是通过数秒一个轮回扫描行情 DBF 文件，把最新的股票行情数据转换为自己的格式并保留历史数据（DBF 行情接口数据是实时更新的，没有保留历史数据），再通过客户端程序展现在股民面前，即俗称的 K 线图。

②1997 年以前，大部分的交易系统都使用 DBF 文件作为数据库，一般包含股民的资金账号数据和股东账户数据，及账号的对应关系。这些表提供了一个类似账簿功能。通过股民使用的发送委托指令的电脑里的 DOS 程序，收集客户数据的委托要素，并往交易系统的委托流水表 DBF 文件中添加委托记录，另外有一个不停扫描 DBF 文件的 DOS 程序把委托流水表里的记录转换到交易所的接口 DBF 文件中去。这个过程就好像数据处理流水线，每个 DOS 程序就是流水线上的工人，他们不停地从上手把数据拿过来处理一下再放到下手去。除了簿记功能，这种对委托数据的一步一步的处理是交易系统的另一个基本功能，甚至这个功能才具备"交易"概念。"簿记功能"和"交易功能"被合在同一套交易系统中给交易自动化带来了极大的便利，但便利性和安全性始终是跷跷板的两头。

③1997 年以前的网络环境完全是 Novell 的 NetWare 的天下，NetWare 服务器就像一个大的网络硬盘，行情数据、DBF 文件、DOS 程序、配置文件，通通放在网络目录下，所有的网络电脑都是无盘工作站，通过网卡上的一块启动芯片激发网络硬盘上存放的 DOS 系统程序来完成系统引导，再通过一系列的 NetWare 用户登录脚本来完成不同的无盘工作站运行不同的 DOS 应用程序。

1997 年，中国股市急剧增长的业务活动给 IT 系统带来严重的负荷，从各个方面都必须对交易系统进行重大革新。同时，证券营业部在 IT 方面的投入空前提高，也促进了交易系统供应商在软件系统上的升级。首先，DBF 文件的数据库模式被 RDBMS（关系型数据库管理系统）取代，主要是 MSSQL。由于 MSSQL 的采用，Windows NT 系统被引入了证券营业部的机房。这是典型的 C/S 模式，DOS 程序运行在无盘工作站上，而客户信息簿记数据全放在 SQL 服务器上。其次，电话委托系统的大规模引入极大地扩展了股民的参与空间。如果说 1993 年的技术革命把证券交易自动化引入营业部，那么 1997 年的技术革命，把交易自动化引入了无数的家庭和办公室。到 2000 年的时候，很多营业部的电话委托交易笔数占到 50% 以上。1997 年以后，从 DBF 到 SQL，证券交易软件供应商进行了极大的整合，形成了十几家大的专业的证券交易软件供应商，深圳的金证公司、杭州的恒生公司是其中的领先者。

第二节　互联网加速线上线下融合发展

证券行业的互联网化过程也是全面信息化过程，其重要特征是加速了线上线下融合发展。简言之，证券期货业务互联网化是通过互联网技术、互联网平台实现的证券的发行、定价、销售、交易、衍生活动等。从可行性上看来，包括经纪、理财产品代销、证券发行承销、衍生品、自营投资、融资交易等多个类型的传统证券业务，只要可通过互联网技术实现交易费用的下降和证券活动效率的提高，均可被视为互联网证券业务，同时也包括通过互联网技术或互联网平台实现公募基金或私募基金产品的发行、资金募集、销售、运营、投资管理的活动。国内的互联网证券活动主要表现在网络在线开户、新股申购、在线交易、理财产品在线销售等环节。而受制于监管限制和行业现状，互联网基金则更多体现在基金销售层面，与互联网证券相比行业生态相对单一。

一、互联网证券的政策指导

2000 年 3 月 30 日，中国证监会出台了一系列标志性法规，包括《网上证券委托暂行管理办法》和《证券公司网上委托业务核准程序》。正式从监管层面勾勒了国内证券交易的"互联网化"雏形，同时基金理财产品的销售也能够通过证券客户端得以实现。初期，短信炒股较为流行，随着技术的进步，WAP 方式炒股和客户端炒股开始流行，尤其是 2006—2007 年大牛市，手机炒股快速流行起来。

2013 年 3 月 15 日，中国证券业协会发布《证券公司开户客户账户规范》，放开非现场开户限制，明确证券公司不仅可以在经营场所内为客户现场开户，也可以通过见证、网上及证监会认可的其他方式为客户开立账户；中国结算 2013 年 3 月 25 日发布《证券账户非现场开户实施暂行办法》、2013 年 8 月 9 日发布《数字证书认证业务指引》。以上这些法规促使证券经纪业务实现开户环节的线上化。2014 年 4 月至 2015 年 3 月，证监会（证券业协会）先后分 5 批同意了 55 家证券公司的互联网证券业务试点资格，鼓励证券公司通过互联网拓展业务。2013 年被普遍认为是中国互联网金融元年。2015 年，东方财富证券成功收购西藏同信证券，业内首个拥有证券牌照的互联网金融公司诞生。

互联网加速证券业务发展，也与2012—2013年的证券期货经营机构创新浪潮密切相关。2012年，证监会组织召开券商创新大会，鼓励证券期货经营机构创新。2013年3月，中证协和中证登分别下发《证券公司开立客户账户规范》《证券账户非现场开户实施暂行办法》，促使证券经纪的线上化从交易环节向开户环节蔓延。

2013年6月，阿里巴巴支付宝上的一款名为"余额宝"的产品悄然问世，背后正是天弘基金旗下的货币型基金"天弘增利宝"。此后的一段时间，通过互联网平台的流量效应，一方面实现货币型基金的销售募集，另一方面满足基金投资者的现金管理和产品体验升级的需求，成为彼时基金业所热衷探讨的话题。

宏观层面，在被称为"新国九条"的《关于进一步促进资本市场健康发展的若干意见》（2014年5月9日下发）中，国务院也对证券期货互联网业务进行了明确："引导证券期货互联网业务有序发展。建立健全证券期货互联网业务监管规则。支持证券期货服务业、各类资产管理机构利用网络信息技术创新产品、业务和交易方式。支持有条件的互联网企业参与资本市场，促进互联网金融健康发展，扩大资本市场服务的覆盖面。"

在落地执行上，作为行业自律监管部门的证券业协会和基金业协会，也分别设立了互联网证券专业委员会和互联网金融专业委员会，中证协还发放了互联网证券试点业务资质，截至2015年3月共有55家券商获准试点。

总体来说，互联网证券发展过程中的重大事件如图3-2所示。

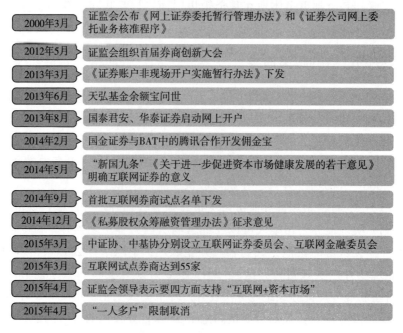

2000年3月	证监会公布《网上证券委托暂行管理办法》和《证券公司网上委托业务核准程序》
2012年5月	证监会组织首届券商创新大会
2013年3月	《证券账户非现场开户实施暂行办法》下发
2013年6月	天弘基金余额宝问世
2013年8月	国泰君安、华泰证券启动网上开户
2014年2月	国金证券与BAT中的腾讯合作开发佣金宝
2014年5月	"新国九条"《关于进一步促进资本市场健康发展的若干意见》明确互联网证券的意义
2014年9月	首批互联网券商试点名单下发
2014年12月	《私募股权众筹融资管理办法》征求意见
2015年3月	中证协、中基协分别设立互联网证券委员会、互联网金融委员会
2015年3月	互联网试点券商达到55家
2015年4月	证监会领导表示要四方面支持"互联网+资本市场"
2015年4月	"一人多户"限制取消

图3-2 互联网证券"历史沿革"

二、互联网在行业各业务领域的应用

在传统证券期货经营机构层面，互联网的应用主要表现在提供账户开立、经纪交易、融资、新股申购、基金等理财产品销售、证券信息资讯等服务（见图3-3）。

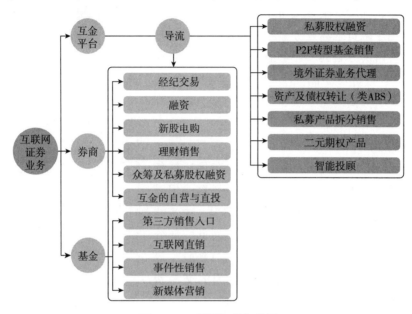

图3-3 互联网证券架构图

1. 经纪交易业务

互联网金融时代，证券交易以互联网为主，2012年，券商经纪业务中，网上交易占交易量比例为83%，营业部现场交易仅为13%。互联网证券参与主体包括传统券商以及第三方服务商，券商利用互联网改造经纪、资管等零售业务，自建网络平台，为用户提供线上综合理财服务；证券第三方服务商起初主要提供行情资讯、交流社区、投资工具等周边服务，而后逐步拓展券商核心业务。随着非现场开户等政策出台以及移动终端的普及，证券移动互联网化发展迅猛，移动端成为证券投资主要载体，推动证券行业线上化进程持续加速。

证券开户、代理证券买卖等经纪业务是被应用最为广泛的互联网证券业务形态，也被认为是对证券公司影响最大的互联网应用场景。

值得一提的是，从2013年业务试点启动到2015年"一人多户"的放开，互联网在线开户成为各家券商的争抢点，各家券商在推广在线开户时也各显神通。互联网开户的营销模式大概可分为以下四类：一是通过互联网平台进行引流，一些大型券商会选择和互联网金融企业开展合作，利用互联网金融企业的流量优势积累客户，如国金证券与腾讯合作的"佣金宝"。二是通过HTML5平台制作导流开户页面，利用微信、微博等自媒体进行转发推广，再对相应的推广进行记录奖励，实现分布式直销。三是通过微信等内容平台，利用粉丝经济实现用户积累。四是开发经纪人管理软件，利用对经纪人的大额甚至全额返佣，实现客户数量的最大化。而在整体的经纪、融资业务环节，各家券商不断通过美化 UI 界面、底层开发程序、账户连通体系等环节进一步优化产品体验。

2. 融资

融资业务包括融资融券交易业务和小额股权质押融资服务。由于融资融券业务已相对稳定，为持股客户提供流动性解决方案的"小额股票在线质押融资业务"，成为诸多券商大力推广的互联网证券业务之一。在该类产品上，券商的竞争点在于授信体验、资金到账效率等体验环节。

3. 新股申购

2016 年以后，新股发行申购流程的变化让打新股无须预缴款，新股申购的资金占用成本下降，但随之产生的信息成本却在上升（新股发行情况、中签情况却时常不被新股申购投资者所掌握）。对此，部分券商在客户端、微信平台推出了"一站式打新股"等服务，提高了用户体验，降低了申购行为的交易费用。如银河证券的新股管家服务见图 3-4。

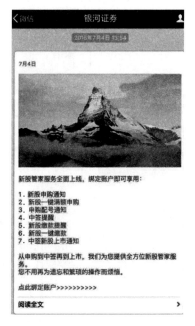

图 3-4　银河证券微信打新

4. 理财销售业务

多数证券公司均在 PC、移动互联网终端或第三方互联网平台架设了理财产品销售、代销业务，其产品种类包含银行理财、券商大集合、公募基金、私募资管产品、收益凭证等（见图 3-5）。

图 3-5　国泰君安金融商城

互联网流量优势和体验优势，能够让券商在销售或代销产品过程中节省交易费用，加快募集销售速度，大型券商的代销产品包括部分地方性中小银行的理财产品，而中小银行城商行、农商行无法跨区经营销售产品的短板也通过大券商的渠道优势得以弥补。

在新《基金法》实施前，拥有存量大集合的券商，由于其投资门槛低，投资者人数不设上限，在该类业务中具有明显的募集优势。获得互联网证券业务试点资格的55家券商中的5家券商，可以试点在原有证券账户体系之外搭建自TA或理财账户系统，可实现理财产品投资者在"无证券账户"的情况下进行产品购买；这一账户体系的突破为券商的互联网理财产品销售奠定了后台基础。

一些券商理财产品也通过其他金融机构或有产品代销资质的互联网平台进行产品销售合作。

5. 互联网证券生态营造

绝大多数大型券商并不仅限于将互联网证券视为传统证券业务的互联网化，而是通过APP、微信平台等渠道开展财富管理等综合服务，并打造互联网端口的立体化服务。

多数券商为了积极打造其互联网证券的生态，扩大用户规模，专门设立了互联网金融部、网络金融部等一级或二级部门，专门进行与互联网证券业务有关的研究。

在一些券商APP终端中，将财经资讯、投资信息、投资顾问建议、研究报告、股票行情等资讯类内容与证券交易、理财产品、融资交易、资产配置等业务进行了整合，并通过业务种类的丰富化、联动化和产品体验的升级，来营造互联网证券的生态感。券商进行此类业务尝试的目的，无疑是基于证券业务、打造具有可观独立流量的证券类产品，以实现互联网端对传统证券业务的促进，同时互联网端所积累的流量优势也能为券商开辟新业务、新产品和转型升级提供土壤。

由于企业类APP的高频程度和黏性相对较差，其容易被第三方交易软件所替代，目前一些证券公司的策略是着力打造其微信公众平台端的建设：一方面，微信平台的原创内容能够在微信朋友圈这一高频应用中实现推广，有利于导流；另一方面，微信平台本身具有更好的黏性，相比APP更简洁的功能，更加有利于体验的升级。

在互联网证券生态业务的打造中，账户体系是一个亟待解决的显示问题，若证券账户被央行系统赋予更多的功能，势必能够增强前述生态下APP、微信公众平台对客户的黏性和增加使用场景，一些券商在央行处获得的超级账户，正在朝这一方向努力。大型券商在营造互联网证券的效果上仍然占据绝对优势，无论是APP客户端的下载还是微信公众平台的关注情况，作为一类金融产品，线下的地推仍然十分重要。而从掌握的情况来看，拥有更多营业部的券商在推广其移动端的比拼中获得了更好的效果。部分互联网证券平台为了扩大使用场景，还在券商体系内部构建电商平台，通过对账户体系的改造和桥接，相关商品可以通过证券账户资金进行购买。

6. 互联网金融平台的自营与直投

一些券商也在通过下设或股权直投参与互联网金融平台的设立，如恒泰证券的恒普金融、东吴证券的东吴在线等（见图3-6）。整体来看主要有三种模式：

一是参与互联网金融企业的融资，并与其建立合作关系，让互联网金融企业的流量优势为券商导流。

图3-6　多家券商旗下互金平台

二是在自身体系内搭建平台，并将券商投行等卖方业务中获取的企业资源和该类平台进行融资对接，或在互联网金融平台上进行债权转让、资产收益权转让。

三是直接服务于未能被标准化的证券结构化融资业务，例如，有券商设立的互联网金融平台就开辟了新三板股权质押融资服务，这为现阶段券商仍然难以大规模提供新三板股权质押融资找到了新的解决思路。

7. 众筹及私募股权融资

在2020年《证券法》修订之前，证券法规下众筹所定义的公开募集渠道仍然仅限于A股IPO，因此各家券商在众筹业务上暂无突出表现，取而代之的是互联网私募股权融资业务。

一方面，主流券商控股、参股的区域股权交易市场，相当于为私募股权融资业务提供了一个合法场所，而将该类区域市场"线上化"，则可完成私募股权融资互联网平台的基本构架。

另一方面，证券业协会旗下的报价系统中，"中证众创平台"也提供了私募股权融资业务，包括券商在内的部分机构也从中扮演中介角色。

基金业方面，由于基金公司并无净资本压力，因此更多属于轻资产运营，且业务类型也较券商更加单一，因此，互联网基金业务也主要体现在互联网渠道的基金产品销售上（见图3-7）。

基金销售的互联网模式及特点主要包括以下几个方面：

①大型基金公司下设销售子公司，并接入第三方销售领域，开发理财客户端，以此实现基金产品的直销。

②通过连通账户体系和桥接销售入口，以定期投资等形式丰富定制化的基金销售体验。

③与大型互联网公司进行代销合作，通过微信、财经资讯网站等平台进行产品代销或架设货币基金产品满足投资者的现金管理需求。

④在重大新闻事件和财经热点中制作H5、含二维码的营销突破，在微信朋友圈、

微博中进行传播导流。

⑤经营微信公众平台，通过内容经营集聚粉丝效应，引导粉丝成为潜在客户，为基金销售贡献规模。

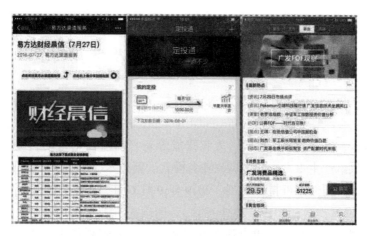

图 3-7　部分基金公司的互联网产品

一些缺乏传统证券、基金管理牌照的机构，通过获取证券投资咨询、基金第三方销售等低门槛牌照，与传统金融机构合作，参与到互联网证券、基金业务中来。最具代表性的是腾讯微信理财通（见图 3-8）。

图 3-8　微信理财通的互联网证券业务

2016 年被普遍认为是中国互联网金融监管元年，标志法规文件是 10 部委联合发布的《关于促进互联网金融健康发展的指导意见》。这个时候，急需一个新的技术名词来指引未来，于是以云计算、大数据、区块链、人工智能为代表的"金融科技"开始闪耀登场。

第三节　金融科技推动行业数字化转型

金融科技从 2015 年至今，深度渗透到支付、存、贷、产业链、融资众筹等各种金融场景中。根据金融稳定理事会（Financial Stability Board，FSB）的定义，金融科技主要是指由大数据、区块链、云计算、人工智能等新兴前沿技术带动，对金融市场以及金融服务业务供给产生重大影响的新兴业务模式、新技术应用、新产品服务等。

为促进金融科技健康可持续发展，2019 年 9 月 6 日，中国人民银行印发《金融科技（FinTech）发展规划（2019—2021 年）》，明确提出未来三年金融科技工作的指导思想、基本原则、发展目标、重点任务和保障措施。该规划指出，金融科技是技术驱动的金融创新，旨在运用现代科技成果改造或创新金融产品、经营模式、业务流程等，推动金融发展提质增效。在新一轮科技革命和产品变革的背景下，金融科技蓬勃发展，人工智能、大数据、云计算、物联网等信息技术与金融业务深度融合，为金融发展提供源源不断的创新活力。坚持创新驱动发展，加快金融科技战略部署与安全应用，已成为深化金融供给侧结构性改革、增强金融服务实体经济能力、打好防范化解金融风险攻坚战的内在需要和重要选择。明确了我国金融科技发展目标：到 2021 年，建立健全我国金融科技发展的"四梁八柱"，进一步增强金融业科技应用能力，实现金融与科技深度融合、协调发展，明显增强人民群众对数字化、网络化、智能化金融产品和服务的满意度，推动我国金融科技发展居于国际领先水平。

一、金融科技的本质和价值

人工智能（AI）、区块链（Block Chain）、云计算（Cloud Computing）和大数据（Big Data）俗称金融科技的 A、B、C、D，这四大主要技术有着各自的特点，又相互关联、相辅相成、相互促进。大数据是基础资源，但是数据作为重要的资产，数据驱动的理念也引发了思维模式的转变；云计算提供基础设施，不仅仅是技术架构问题和提升业务交付能力，更深层次的是服务理念，它提供了一种新的商业模式；人工智能依托云计算和大数据，推动各行各业迈向智能化时代，但当前弱人工智能阶段，应该更加强调人机同行，全面应用 AI 技术提升工作效能、降低专业门槛；区块链为金融业务基础架构和交易机制的变革创造了条件，在缺乏信用的环境下建立信用机制，提供新的技术架构选择，它的实现离不开数据资源和计算分析能力的支撑。

制高点在技术，落脚点在金融，这才是金融科技的本质。所以金融科技的应用与传统金融并不是取代和颠覆的关系，而是进一步促进提升金融服务质量与效率的关系。

对于金融行业本身来说，金融科技的价值体现在以下几个方面：

第一，金融科技促进了金融业务创新。比如，号称中国新的四大发明之一的移动支付，移动支付本身就是依赖新兴的科技手段，有了终端、网络、生物识别等技术才能体现移动支付的概念。还有网络贷款、互联网保险、众筹等，这些新的应用模式都是依赖科技手段与金融结合。

第二，从用户的角度，金融科技可以拓展用户，更好地为用户提供基础服务。比如，现在银行的线下网点和去银行线下网点办业务的人都越来越少，大家通过手机银行就能办很多业务，降低了金融服务的门槛，相对应的就是扩展了金融服务的用户群体，以前受地理环境等其他因素限制的偏远山区、少数居民地，也能够更便捷地得到金融服务。

第三，金融科技有效地降低了金融服务成本。在拓展用户的同时，通过线上服务渠道，降低了金融服务成本，例如，建行 2018 年在上海成立了中国第一个无人银行，这个无人银行全部都是通过人工智能和大数据完成业务办理，降低了人工成本。

第四，金融科技可以更好地提升金融服务效率。金融科技可以大幅简化获客、征信等内部管理流程，用科技手段不断提升整个运营管理效率。

金融科技引发证券公司商业模式重构。Gartner 报告中，把当前数字化转型的重点归结为"一个'转型'下的两个'模式'变革"。具体而言，一个模式是指"IT 运营模式"——IT 运营模式变革会涉及 IT 战略与治理、IT 组织架构设计、产品制造与敏捷。另一个模式是指"商业模式"。在金融科技的作用下，国内证券公司商业模式面临极大的冲击，结合商业模式画布，其转变具体体现在以下几个方面：

①促使价值主张转变，金融科技成为证券公司核心竞争力。大型综合类证券公司纷纷开始将"金融科技"作为战略性业务或核心竞争力在公司战略中进行描述，比如，国泰君安早期就树立了科技优先的发展理念，把科技工作视作打造公司战略竞争制高点的目标来定位，并高度重视对科技的战略性投入，持续推进自主创新，探索通过科技引领业务创新发展。

②线上平台改变传统渠道，人工智能提高客户服务效率和改进客户关系。各大证券公司积极开展在互联网金融领域的基础建设，主要包括网上开户、移动客户端，实现传统渠道通路的互联网化，为客户提供更高效、便捷的服务，提升客户体验。其关键词包括："智能"（智能投顾、智能客服、语音投顾等）、"社交"（增加平台的社交功能）、"差异化服务"（利用大数据实现差异化服务）。

③科技应用加快公司运营、管理创新。

④推动重要跨界合作，金融机构与 BATJ 等合作成为新常态；证券公司提供专业的投资咨询服务、多元的客户数据，科技型企业提供金融科技技术支持、新渠道，二者可以分享资源、携手服务客户，最终实现共同发展。

⑤启发新的战略路径，寻求技术提升，并开拓海外市场。

二、金融科技在行业的典型应用

证券期货行业经营机构积极进行金融科技探索，以实现科技赋能、降本增效。人工智能（A），是迈向智能化的关键，其应用发展迅速，正在成为应用的热点方向；区块链（B），是实现价值传递的中枢，目前在各行业处于扩展应用阶段，金融区块链应用探索起步；云计算（C），是 IT 架构的主流，以云计算为基础的金融云服务发展较快，应用较为成熟；大数据（D），属于基础资源，金融大数据应用数量众多，金融巨头优势明显。

当前，金融科技主要应用场景有零售业务、投行业务、合规风控、运营支撑等领域，金融科技的探索主要集中在云计算、大数据、人工智能等技术上，区块链技术涉及尚较少。证券市场是一个天然的大数据市场，存储大量历史交易数据、成交量、经济数据等容易量化的数据，大数据技术扩大了证券市场数据运用边界，从多个方位助力券商进行数字转型，大数据结合人工智能被广泛用于客户服务、产品推荐和风险管理；人工智能在证券领域主要的应用方向有智能投顾、智能客服、智能风控、智能选股和智能移动应用，总体来看，智能投顾和智能移动应用是最受重视也是目前能够落地的产品；基于区块链的联盟链也在征信、资产证券化等领域得到尝试，日本交易所、德意志交易所、芝加哥商品交易所、纳斯达克等全球主要证券交易所都积极投入区块链技术的研发，希望利用区块链技术来提升现有系统的功能和效率；云计算在 IaaS 层面已经被证券公司大量使用，PaaS 和 SaaS 也在探索中。金融科技对于证券公司发展至关重要已经成为行业共识，领先的证券公司已经持续大幅增加对金融科技研发和应用的投入，成效也日渐显露。

1. 大数据在证券行业的典型应用

近几年，数据驱动的理念、数字化转型的趋势正在改变证券行业传统的思维模式和业务模式，证券行业进入了一个全面数字化的发展新阶段。数据成为金融科技的重要资产。从宏观数据、中观数据、微观数据，到国内、国外，市场、行情、在线交易、信用、社交、上游供应商、下游客户等，证券行业对跨行业的产业链数据的应用需求旺盛，对细分领域的数据颗粒度要求越来越高，因此数据的统一标准、数据质量、数据共享、数据安全等成为这个行业需要应对的挑战，数据治理越来越重要。

证券行业数据资源丰富，为大数据应用奠定了深厚的基础，目前大数据作为基础，已经深入证券行业日常运营的各个方面，从发展特点和趋势来看，金融数据与其他跨领域数据的融合应用不断强化，数据的整合、共享和开放正在成为趋势。对于大数据的应用分析能力，正在成为行业未来发展的核心竞争要素，典型的应用包括用户画像、精准营销、信用风评、反欺诈、智能投顾、舆情分析、金融产品定价等。

大数据应用于客户关系管理：大数据的应用贯穿于整个客户生命周期，包括新客户获取、客户防流失和客户赢回等。通过分析客户的账户状态、账户价值、交易习惯、投资偏好以及投资收益等数据进行用户画像，对客户做聚类和细分，从而发现客户交易模式类型，找出最有价值和盈利潜力的客户群，以及他们最需要的服务，更好地配置资源和政策，改进服务，抓住最有价值的客户。还可根据客户历史交易行为和流失情况来建模，从而预测客户流失的概率。

大数据应用于信用风评：证券公司的业务种类繁杂且多变，其中在产业链研究等方面，受政策环境、产业环境等多种因素影响，中国企业集团谱系错综复杂，风险传导机制颇具中国特色，存在大量依靠内评方法难以识别的关联风险。通过知识图谱和图计算等技术，构建产业知识图谱，将企业、商品、个人，或者是供应链里的节点，构成知识图谱的视图。关系就是企业之间的资金往来、投项、担保、贸易关系。以知识图谱的形式把它们组装在一起。透视企业客户在产业集群中的定位，以及每个节点发生的内外部事件都能从图谱中解析出对特定对象的影响，从而迅速度量出产业链风险传导风险程度。

大数据应用于舆情分析：市场舆情指标、重大事件预警等对证券公司来说都是非常重要的信息、需要实时监控、收集来自每天实时读取的新闻媒体网站等的资讯内容。通过对这些数据的热点分析、敏感词分析、舆情指数、A股新闻热度择时指标 NQ 等进行计算，实时提供市场舆论监控。进行重大事件预警，及时准备感知市场，保持竞争力。

数据治理成为行业发展趋势。数据和金融科技都助力证券行业进入了一个全面数字化的发展新阶段。在大家对数据资产的核心价值普遍认可后，数据质量、数据共享等问题得到高度重视，数据治理快速成为行业热点议题之一。广泛认同的数据治理定义为"数据治理是围绕将数据作为企业资产（Data as an enterprise asset）而展开的一系列的具体化工作"。数据治理对于确保数据的准确、适度分享和保护是至关重要的。金融行业已意识到了数据的重要性，银行、保险公司较早开展了数据治理工作。如工行的数据治理团队超过 70 人，设立管理信息部负责数据治理管理；许多大型证券公司也已经设立了数据治理的专项组织架构。过去"沉睡"的数据价值正在觉醒，数据资产、数据驱动理念渐成共识。

协会牵头规范数据治理。2018 年，中国证券业协会牵头组织了多场涵盖银行业和大型证券公司在内的数据治理现场调研交流活动，并对行业 100 多家证券公司进行了数据治理的问卷调查。既了解到行业数据治理的整体状况，也接收到快速推动行业数据治理的强烈呼声。结合调研分析，组织编写了《证券公司数据治理操作指引》（初稿）。指引参考了国标《数据管理能力成熟度模型》和《银行业金融机构数据治理指引》，引入数据安全管控章节，在数据价值实现章节引入数据生态建设的理念，整体上遵循数据治理的相关标准和成熟案例，也兼顾了行业特征和创新性。

2. 人工智能在证券行业的典型应用

人工智能在证券行业的应用日益加强。以国泰君安为例，其应用人工智能主要分为以下六个方向：一是智能风控，将人工智能技术运用于风控领域，构建券商的智能风控大脑；二是把人工智能融入业务运营，从用户、渠道、平台、活动这几个维度出发全方位实现精准运营；三是利用人工智能重塑以用户为中心的O2O服务体系，以心有灵犀的线上线下服务将价值传递给用户；四是智能投研，基于人工智能技术建设投研工具，降低投资研究的专业门槛、提升投研工作效能；五是智能协作，以数字化、智能化手段驱动企业运作方式（包括财务、法律、合规、办公等）变得更加高效；六是智能运维，即以人工智能颠覆依赖大量人工操作的传统运维模式。

人工智能应用于智能风控：智能风控是"数据+模型+规则"的应用模式，是数据驱动的风险控制与管理决策。智能风控的"智能"主要体现在机器学习算法构建模型。由于每日盘中连续交易阶段的数据量大、并发性高，对于低延迟实时计算、机器学习和复杂事件处理是证券智能交易风控的设计要点。在异常交易行为、违规账户侦测等业务目标确定后，通过内外部数据的整合、预处理、特征统计等方法，再选择合适的算法进行分析。实现对风险的准确识别、全面评估、动态监控、及时应对。

人工智能应用于精准营运：通过对证券公司业务数据全方位的整合处理，特别是对前端用户行为数据的采集分析，各个触点事件行为数据的采集分析，使证券公司的数据维度进一步丰富，形成客户多样化标签，从而进行客户分析、行为风险分析、偏好分析、交易习惯分析等，为证券公司进行理财产品设计、营销决策和运营优化提供依据。

人工智能应用于O2O服务（智能投顾）：智能投顾业务提供线上的投资顾问服务，能够基于客户的风险偏好、交易行为等个性化数据，采用量化模型，为客户提供低门槛、低费率的个性化财富管理方案。借助知识图谱、自然语言处理、深度学习等AI技术，结合自动问答系统，采用人机交互的方式，7×24小时为消费者提供基本面、消息面、技术面的投顾问答，以及资讯、公告、周报等全方位服务。为传统经纪业务注入更多增值服务。

人工智能应用于智能投研：在证券发行的审核场景下，IPO募集、新三板、发债、重组等主要投行业务需要证券公司投入大量人力进行尽职调查，形成大量文字报告。申报文件中动辄几百页的招股说明书、募集说明书等往往需要经过几十次甚至上百次的修改、更新、复核工作，以确保各类专业术语、财务指标数据的完整性与精确性。通过采用大数据及人工智能技术，进行一致性检查、智能语义检查、趋势比对、多文档联动等，通过金融科技为人赋能，将投研人员从劳动密集型的数据分析、资料处理等事务中解脱出来，提升研究和服务的工作效能。券商投行板块，包括招股说明书、债券募集说明书等投行文案撰写、文档摘要生成、财务报表钩稽关系校验、跨文档要素审核、企业估值模型优化均由人机同行的方式实现，在国外已经出现了智能IPO的想法。

人工智能应用于智能协作：在企业办公协作方面，一体化多媒体通信、启发式流程处理（OA中的流程处置由AI引导和启发）、场景化服务唤起（如语音启动签报流程）、个性化办公界面和功能等广泛应用于大幅提升券商的企业协作能力。国泰君安大胆尝试二维码、人脸识别门禁、办公机器人、多媒体智能会议等新技术，成功打造智能楼宇、构建智能化协同办公平台，获得上海最高级别的综合类申慧奖。具体包括：推出流程助理，应用 OCR、机器学习等技术实现电子合同与实物自动校对、财务数据自动录入与检验、让系统辅助办公人员解读非结构化文案；打造智慧 OA，推出个性化的办公协作 APP，提供语音交互等功能，大幅提升办公协作效率；建造智能办公楼宇，广泛应用 AI 技术，实现多点协同的多媒体会议，实体机器人服务引导，基于人脸识别的自动闸机、智能梯控、智能家居联动等，打造高效、安全、舒适的办公环境。

人工智能应用于智能运维：结合大数据、知识图谱、机器学习等技术，通过主动扫描、链路分析、配置解析、语义解析等多种方式，实现 IT 资源及关系的动态感知、智能识别，容量可视化及管控，日志解析等，实现智能运维。智能分析实现动态资源的特征聚类，构建多维资源特征体系，结合智能画像算法，实现对资源的智能分析识别。通过 IT 资源自动发现与识别，可实现资源的动态管理；形成基于架构图库的灵活视图，比如应用和部署视图，从系统、组件到服务再到关联的基础设施，包括网络、IP 和主机等。

3. 云计算在证券行业的典型应用

作为支撑金融科技的全新基础设施形态，云计算成为企业金融科技能力建设的关键抓手。在金融行业，《国务院关于积极推进"互联网+"行动的指导意见》（国发〔2015〕40 号）中明确指出"支持银行、证券、保险企业稳妥实施系统架构转型，鼓励探索利用云服务平台开展金融核心业务"后，云计算成为金融行业实施"创新驱动发展战略"的引领性创新技术之一。

金融云主要由三层架构组成：①多种基础物理资源层，如 X86 服务器、网络设备、存储设备、IBM 小机等；②云计算基础架构平台层，如基于 OpenStack 的纯软件定义化的资源池、基于 VMWare 的计算虚拟化资源池和基于公有云服务的资源池等；③统一访问层，以服务于最终用户、运维管理人员、决策者和外部接入程序。

作为大数据和人工智能的支撑技术，云计算技术在证券行业应用较为成熟，各大券商已纷纷构建了私有云以提升业务交付效率，并采用公有云、行业云部署行情等公共服务。金融云的目标：采用虚拟化和软件定义技术，建立服务器、存储、网络设备资源池，实现基础资源共享和自动化管理，为生产、测试、研发环境提供按需服务、按需计量能力；采用容器技术，实现生产、测试、研发环境应用构件的快速部署，提高系统可用性和部署效率；结合业务具体需求，开展软件云化服务试点。按照金融云的具体使用场景，可以分为研发测试云、生产云、托管云、行业云和桌面云。金融机构使用云计算技术通常采取从外围系统开始逐步迁移的实时路径。从部署顺序上，优先部署开发测试环境，其次部署生产环境。互联网金融、辅助性业务优先使用云计算架构，强一致性核心业务最后考虑上云。

云计算应用于开发测试云：开发、测试工作对环境资源需求呈现阶段性特点，资源通常能较快释放，研发测试云是以基础设施平台 API 为基础，统一纳管各种异构资源池，实现对研发测试团队基础设施资源的统一交付，大大提高资源利用率。同时，开发测试云也提高了研发测试的效率、给创新业务的快速推进提供了有力支持，推动了研发领域的规范化管理，确保日常工作的开展满足合规要求。

云计算应用于生产云：以业务服务为基础，提供面向生产环境的 IasS/PasS 交付服务项目，拥有审批、资源管理、服务配置等能力，以计算资源池管理为主，优化网络与运维管理体系架构，提升生产整体运行和抗风险能力。生产云的落地实施，促使业务、产品上线速度更加迅速，进一步提高了系统可用性和部署效率。

云计算应用于桌面云：桌面云实现了办公桌面的灵活快速部署，实现办公环境、办公数据、用户行为的安全管控。桌面云通过"四集中"（管控集中、计算集中、存储集中、运维集中），有效应对安全风险问题。通过云桌面的集中管控，提升桌面的安全性，减少受控 PC 的数量，有效缩短系统部署周期，降低运维和管理难度，实现资源的统一管理和集中维护。同时企业数据被保存在数据中心，防止数据泄露，提高信息数据安全，桌面操作行为审计，做到有据可查。适用于外包人员、呼叫中心人员、分支营业厅人员和网管维护人员的管理。

云计算应用于托管云：以子公司及合作伙伴技术托管服务为导向，依托统一管理的基础设施资源池，实现稳定、可靠、高效的云托管服务，面向子公司及合作伙伴提供技术托管服务。

云计算应用于行业云：提供安全的、合规的、具有金融架构特征的行业云服务，具备适应业务发展的敏捷性，从而有效支撑金融创新。上证通机房和深圳通机房已正式投入运行并向各券商开放。

4. 区块链在证券行业的典型应用

证券区块链的应用中，证券发行、登记与存管、清算与交收和资产证券化的发展潜力较大。将证券市场的各环节部署于区块链上，可以从多方面有利于市场运行效率并降低市场摩擦，头部券商积极参与交易所及证券协会区块链课题研究，主动跟踪和应用开源区块链技术。由于目前技术本身性能局限性和缺乏可信的行业区块链基础设施，行业应用效果还不明显。

在传统征信模式下，由于征信数据流通方、加工方、使用方的分离，征信数据二次交易没有手段稽核及管控、无法实时校验授权真实性的原因，征信数据交易授权长期还停留在纸质协议的阶段。区块链技术的发展使这一问题得到了有效的改善。由于其交易公开透明、安全可靠、难以篡改，并且自带时间戳属性，可以在有效保护数据隐私的基础上实现有限度、可管控的信用数据共享和验证。将区块链技术用于征信数据交易授权具有可行性。

另外，如何在跨境支付过程中有效降低结算风险、节省支付成本，已成为国际贸易中的一个重要问题。区块链是分布式数据存储、点对点传输、信任共识算法、加密算法等技术的集成创新，具有泛中心化、信任共识、信息不可篡改、开放性等特征，适合应用于交易双方需要高度互信的业务情形中。构建基于区块链的跨境支付模式，能够大大降低跨境支付的风险，提高跨境支付的效率，节省跨境支付的成本。

虽然我国在金融科技方面已具备一定基础，但也要清醒地看到，金融科技的快速发展促使金融业务边界逐渐模糊，金融风险传导突破时空限制，给货币政策、金融市场、金融稳定、金融监管等方面带来新挑战。我国金融科技发展不平衡不充分的问题依然存在，顶层设计和统筹规划有所欠缺，各类市场主体在科技能力、创新能力、人才队伍、体制机制等方面相对失衡；产业基础比较薄弱，尚未形成具有国际影响力的生态体系，缺乏系统的超前研发布局；适应金融科技发展的基础设施、政策法规、标准体系等亟待健全。

第四章 行业基础设施和公共服务持续增强

资本市场发展和正常运转高度依赖各类信息化基础设施，如交易系统、数据中心、通信网络等。行业基础设施建设对于优化行业资源配置、提高市场运行效率、降低运营成本、促进信息共享、维护市场安全稳定、提高行业机构市场竞争力、支持资本市场改革创新和对外开放等具有十分重要的意义。

本章从核心机构交易系统、互联互通网络、信息服务体系、登记结算体系、共享服务等不同方面，系统介绍行业基础设施和公共服务发展与增强的过程。

第一节 核心机构交易系统

交易系统是资本市场的核心信息系统，是维护资本市场公开、公平、公正秩序的技术支撑，深度影响着业务创新与市场发展。核心机构交易系统是指证券交易所、期货交易所等核心机构采用公开的集中交易方式进行证券、期货或者衍生品交易活动的核心交易系统及其相关辅助系统。核心机构交易系统通过会员单位接收投资者的交易指令，按照"价格优先、时间优先"的规则进行交易撮合，使买方与卖方配对成交，产生成交信息与行情信息，对交易所履行职能、发挥市场价格发现功能具有重要作用。

一、证券业交易系统

证券业交易系统是指"以证券交易所为中心，以电脑网络技术为基础，构成一个以本地网络为核心，本地网络与远程通信相结合的集中式中央数据管理、分布式证券业务处理的计算机网络系统"[①]。该系统将证券交易所、登记公司和中央清算机构以及全国各地的证券营业机构，彼此有机地联系起来，使证券交易的买卖委托、买卖盘实时传送、自动撮合成交、即时行情显示和无纸化过户等证券业务组合成一体，为广大投资者提供一个公开、公平、公正、安全、高效的管理和服务平台。

中国资本市场起步较晚，但敏锐地把握住了信息化发展的趋势，站在了电子化发展的高点。上海证券交易所自 1990 年 12 月 19 日开业即采用计算机撮合系统，深圳证券交易所也在 1991 年 3 月 20 日投入运行电脑辅助交易系统，两者为我国证券市场的信息化发展奠定了良好的基础。经过 30 多年的发展，沪深交易所交易系统经历了多次升

---

① 张晓京，王治宝，王秀峰. 我国证券交易系统发展现状及展望［J］. 计算机应用，2001（3）：11-14.

级改造，经受住了市场的一次次考验，支撑了市场的发展壮大，同时带动了证券行业的电子化和信息化发展。

1. 上交所交易系统

上海证券交易所自开业即采用电子交易方式，解决了中国幅员辽阔、投资者众多对证券交易带来的特殊技术难题，不仅实现了上海证券市场向全国性证券市场的转变，更是有力地推动了中国证券市场的快速发展。本节将从竞价交易系统、沪港通系统、衍生品交易系统等方面呈现上交所交易系统的发展历程。

（1）竞价交易系统

上交所自 1990 年 12 月 19 日开业即采用计算机交易系统进行撮合交易，是亚洲第一个直接采用计算机撮合系统进行交易的新兴交易所。为了更好地服务于中国这个世界上最大的散户市场，上交所的交易系统在 30 余年间进行了数次升级换代（见图4-1）。

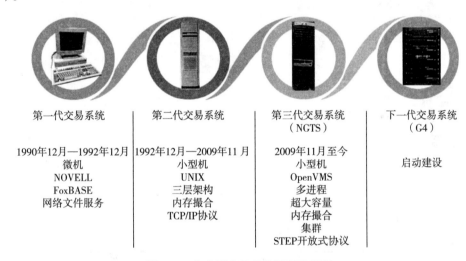

第一代交易系统	第二代交易系统	第三代交易系统 （NGTS）	下一代交易系统 （G4）
1990年12月—1992年12月 微机 NOVELL FoxBASE 网络文件服务	1992年12月—2009年11月 小型机 UNIX 三层架构 内存撮合 TCP/IP协议	2009年11月至今 小型机 OpenVMS 多进程 超大容量 内存撮合 集群 STEP开放式协议	启动建设

图4-1　上交所交易系统发展路线图

第一代交易系统（1990 年 12 月—1992 年 12 月）。第一代交易系统主要由 Novell 服务器和无盘工作站构成，采用 FoxBASE 语言（集数据库和开发于一体的解释性语言）编写，是一个基于网络文件服务功能的交易系统。信息传输采用 MODEM 与模拟专线传输行情，行情传输速率为 2.4kbps。具体的系统架构与网络分布示意图可参考图4-2。

上线之初，交易主机为一台立式 286PC 机（取名"SSE"），报盘机是 46 台无盘工作站。系统容量是每秒撮合 3 笔，每天处理能力为 3000 笔，基本上满足了当时 8 只上市股票和 22 只债券的交易需求。1991 年 10 月，交易系统主机增加到多台，可并行处理成交，终端增加至 100 多台。1991 年底到 1992 年初，为适应上市股票逐步增加的情况，扩充了交易系统功能，系统撮合能力提高到每秒 5 笔，日成交笔数最高曾达到 3 万笔，日成交额最高近 6 亿元。如图 4-3 所示，开业两年来，上交所的规模和影响力得到显著提升。

　　第一代交易系统支撑了上海证券市场初期市场规模和交易规模的较快发展，更促进了交易方式的变革。开业不到一年，上交所逐步实现了电脑自动过户和无纸化交易，在亚洲地区率先实现了证券交易方式的完全电子化，成为世界上第一个实现无纸化交易的证券交易所。

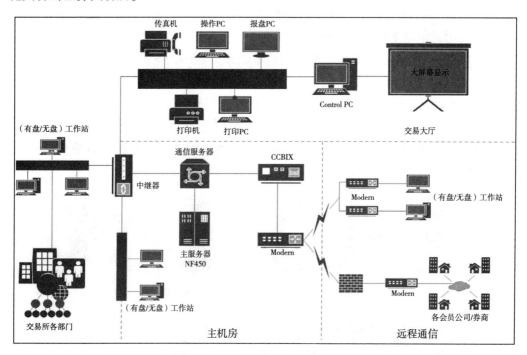

图 4-2　1991 年上交所交易系统示意与网络分布图

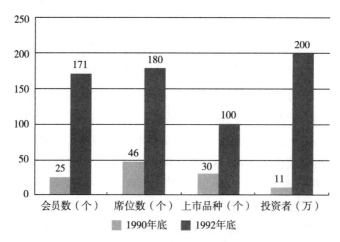

图 4-3　开业两年上交所的规模和影响力显著提升

　　第二代交易系统（1992 年 12 月 21 日—2009 年 11 月 22 日）。1992 年 12 月 21 日，上交所第二代交易系统正式上线。如图 4-4 交易系统架构图所示，第二代交易系统采用当时较为先进的小型机硬件平台、开放式 UNIX 操作系统、Client-Server 应用框架结构，基础网络协议采用当时领先的 TCP/IP，大幅提高了网络上异种机间的信息传递速度，并建立了双机备份。系统核心模块采用内存撮合替代原来的数据库处理，大幅提升了实时交易数据的处理效率。

第二代交易系统除具有竞价撮合等核心功能外，还实现了可选择性指定交易、配股缴款、送股、发放红利、国债回购、国债期货交易、实时清算等功能；随着业务的发展，交易系统功能越发完善，支持现货及衍生品的实时交易业务，以及发行申购、网络投票等几十种非交易业务。

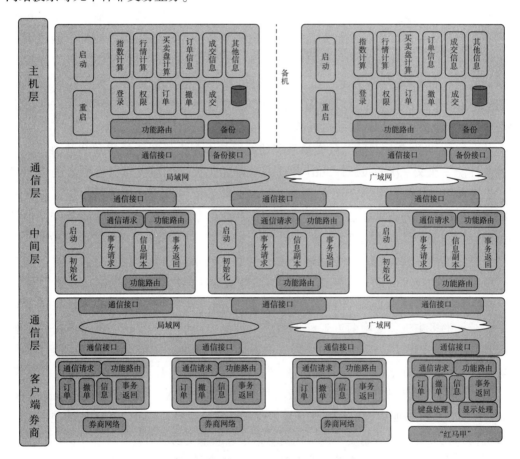

图 4-4　1993 年上交所交易系统架构示意图

通过新技术开发和硬件设备的升级、扩容，上交所不断优化系统性能，进一步扩大交易系统规模。1996 年，上交所已有 8 个交易大厅、20 多个异地交易中心，场内场外报盘席位近 5000 个；沪市日成交曾达 360 万笔，远超当时的世界纪录 120 万笔。1997 年上半年，交易系统委托处理速度达到每秒 300 笔，容量为委托 400 万笔，成交500 万笔。

1997 年 7 月 21 日，上交所第二代交易系统"悄然焕新"，上交所技术团队根据中国证券市场特点与网络环境设计了新的体系架构与算法，通过自主研发，实现了真正的广域网上的交易系统。在交易系统软件结构方面，突破了主撮合系统只能使用单进程的限制，在大计算量的功能部分合理引入并行处理机制，科学优化和调整了部分关键算法与数据结构，在硬件条件不变且系统更稳定的前提下，系统处理速度提高了10倍。

2000年以后，上交所逐步将基于32位操作系统平台上的交易系统软件移植到了64位操作系统平台，主机系统首创一主多备模式，实现了主机系统多点故障的容错能力，大幅度提升了系统性能与可靠性。据资料显示，截至2005年11月21日，交易系统订单接收达到24703笔/秒，撮合成交达到56869笔/秒（单边）。

技术的升级进步为上交所走向全国创造了先机。随着卫星通信系统和数字式数据传输网（DDN）的建设与应用，困扰上交所的通信障碍被彻底清除，成交回报、市场信息等数据传输畅通无阻；交易系统也得以突破局域网范围连接到广域网，通过增加无形报盘功能，使全国各地的投资者参与市场如置身交易大厅一般便捷，极大地提高了市场效率。自1996年9月起，上交所审时度势，调整证券交易方式，即由原来的"有形席位"交易方式改为"有形无形相结合，并以无形为主"的交易方式，促进上海证券市场完成了向全国性市场的转变。

从上线到2009年底，第二代交易系统始终保持着与市场赛跑的拼劲和毅力，实现了系统性能一次又一次的飞跃。2004年7月，随着上交所同城灾难备份中心的正式启用，上交所第二代交易系统全面建成高性能多功能系统，成功攻克了国内外证券交易系统建设中的一系列技术难题，拥有自主知识产权。系统功能丰富，性能领先，具备高稳定性、高安全性和超大容量，平稳应对了2009年日均1388亿元的成交量激增，支撑了证券市场的蓬勃发展，为中国建立发展健康、秩序良好、运行安全的证券市场提供了坚实可靠的技术保障，创造了巨大的经济效益和社会效益。

新一代交易系统（2009年11月23日至今）。新一代交易系统（NGTS）采用了基于并行结构的多主机负载均衡方式和加载广播抑制设施的全三层核心网络。交易系统分层部署，在关键应用、主机以及网络三个方面皆有冗余，支持自动切换。通过多主机集群协同工作满足容灾和可扩展需求，在发生灾备切换时可保证订单数据"零丢失"。新一代交易系统使用的STEP开放式协议，是基于FIX（Financial Information Exchange）协议标准按照中国市场需求开发定义的国家金融行业标准；该协议的使用，使境外机构和投资者更容易地接入新一代交易系统以获取交易服务。

新一代交易系统是一个支持多交易市场、跨境交易的国际化系统，有可配置的交易模型（如竞价机制、报价机制、协商交易）、多样化的订单形式（限价、市价、止损、多日有效、"一揽子"等）和完备的风险控制手段。新一代交易系统是现货与衍生品一体化的交易平台，承载了股票、基金和债券交易，支持多种方式的IPO发行（资金模式、市值模式、信用模式），还提供多种非交易业务，例如，融资融券、债转股换股、要约收购、回售、配股配债等，为投资者提供多种投资及参与渠道。目前，新一代交易系统的总体订单及成交容量为每日3亿笔，IPO订单容量为每日2亿笔，订单处理笔数平均速度为10万笔/秒，峰值可达13万~15万笔/秒。

为满足蓬勃发展的资本市场的需求，新一代交易系统通过不断地升级与优化，其系统功能更加成熟、支撑的业务类型更加丰富，为诸多创新业务和产品的落地提供了技术支持，满足了投资者对投资多元化、国际化的需求。新一代交易系统于 2009 年推出跨市场 ETF 产品；2010 年，上线融资融券业务；2011 年，上线一主多备功能技术和遏制炒新功能，对新股上市加入自动停复牌功能；2012 年，与综合业务平台实现持仓余额互通，PBU 登录允许单日内同时在线的 PBU 达到 10000 个；2013 年，推出风险警示板、退市整理板，债券产品实现盘中异常波动自动停复牌功能，IPO 发行加入市值配售功能；2014 年，与综业平台实现现货持仓余额互通；2015 年，启用 FAST 行情，接入 EzEI，交易数据采用新模式传输；2016 年，熔断功能上线及调整，IPO 发行推行信用申购，PBU 登录允许单日内同时在线的 PBU 达到 32700 个；2017 年，可转债、可交换债发行采用信用申购模式，上线特定股份减持功能；2018 年，上线资金前端控制功能，推出收盘集合竞价业务，上线沪股通看穿式监管功能；2019 年，科创板交易功能上线，科创板成功开板。图 4-5 梳理了 NGTS 上线后，上交所的技术优化及业务创新历程。

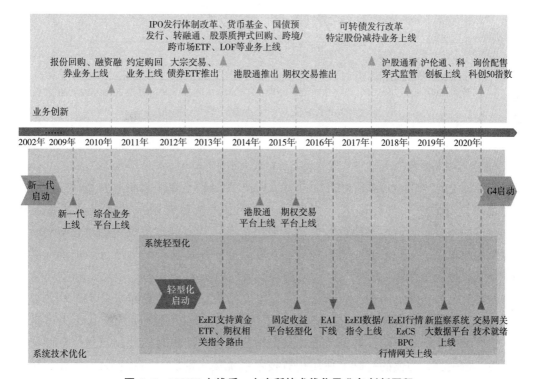

图 4-5　NGTS 上线后，上交所技术优化及业务创新历程

新一代交易系统向资本市场提供了更为高性能的交易平台，支持更多的交易种类和更灵活的交易模式。依靠完整全面的架构体系，交易系统稳定支持主体撮合业务，较好地实现了各类交易及非交易业务发展的需求，支撑了交易所业务发展。同时，上交所在保障安全运行的前提下，在可用性增强、性能提升、实时处理精简、盘后处理优化等方面不断革新，取得了较好的效果，为后续系统的技术建设提供了良好的试验与参考。

新一代交易系统成功经历了 2015 年日申报笔数最高达 9000 万笔、日成交额 1.31 万亿元的市场考验（见图 4-6），系统运行安全稳定，有力地保障了资本市场的发展。

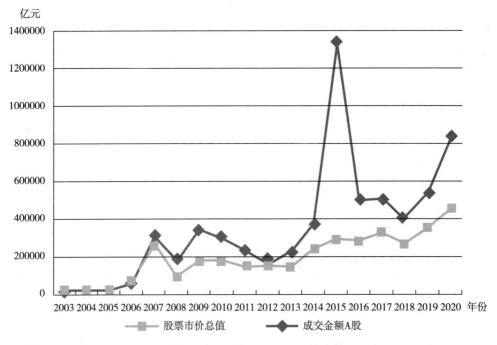

图 4-6　2003 年以来沪市 A 股发展概貌

（2）沪港通系统

沪港通全称"沪港股票互联互通交易结算技术系统"，是上海证券交易所、中国证券登记结算有限公司和香港联合交易所、香港中央结算有限公司通过技术系统连接，允许两地投资者通过当地证券公司（或经纪商）买卖规定范围内的对方交易所上市股票的技术系统，是沪港股票市场交易互联互通机制。整个沪港通分为沪港交易通和沪港结算通两个系统。

沪港交易通由港股通和沪股通两个部分组成，其总体技术架构如图 4-7 和图 4-8 所示。港股通是指内地投资者投资港股的技术连接。港股通交易系统其实为逻辑总称，包含多个系统和模块，其一方面连接内地投资者，使现有内地用户通过券商能够在尽量不改变交易习惯的基础上使用现有技术系统接入港股通系统；另一方面使用港交所技术接口连接港交所系统，可实现整个中国证券市场用户港股证券产品的订单报送和交易。港股通系统还进行了关于卖空限制、额度限制、权限限制等一系列订单实时前端控制，为证券交易及资金流入流出整体可控提供了条件。

沪股通是香港投资者投资沪市股票的技术连接。沪股通根据香港交易所和市场的习惯修改了上海市场投票等各技术安排，使上海市场更加贴近国际投资者的需求。

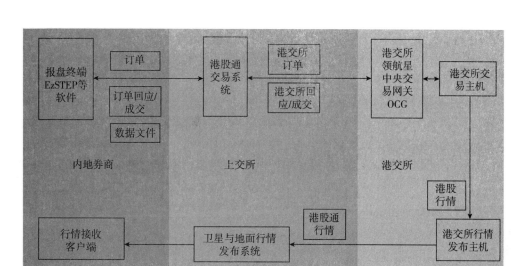

图 4-7 港股通总体技术架构示意图

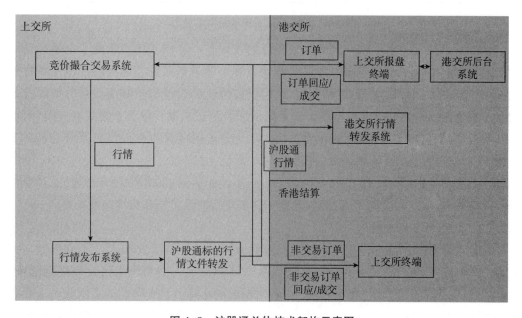

图 4-8 沪股通总体技术架构示意图

港股结算通是以港币交易人民币结算方式，实现境内投资者通过上交所通道买卖香港市场标的证券，为境内投资人和证券公司提供便捷、高效、透明的结算服务，使境内投资者无须考虑香港开户、换汇等问题，即可像买卖 A 股一样买卖港股。同时，根据香港结算的公司行为公告，为境内投资者提供港股交易结算、非交易过户、质押/冻结，以及投票、红利、选择权、送股、供股、公司收购、分拆合并等公司行为服务。沪股结算通则实现香港投资者通过联交所通道买卖上交所标的证券，通过香港结算完成红利、送股、投票、要约收购等公司行为业务。沪港结算通系统架构示意图如图 4-9 所示。

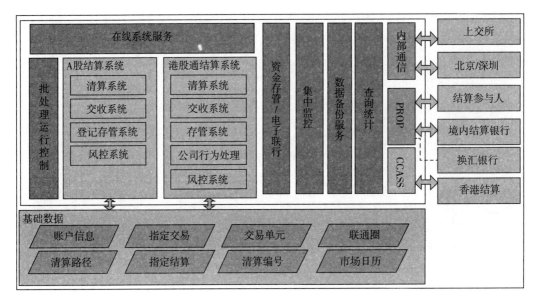

图4-9 沪港结算通技术架构示意图

沪港结算通系统是支撑沪港通业务开展的市场核心基础实施，承载了全部后台结算处理职能，实现了全自动化的结算业务处理和全业务链条的直通处理。该系统在建立跨境结算的数据接口标准的基础上，采用了模块化的设计思想和前后台分离的技术架构，并在测试阶段建立了跨市场、跨系统的联合测试机制，使该系统具有高可用性、高可靠性、高性能、高可扩展性和独立性，既充分复用现有的A股结算系统功能，又实现了与A股结算系统松耦合。

港股通自2014年11月17日开通以来，交易性能达到8000笔/秒（单机），清算性能为23000笔/秒。系统容量为2000万笔，同步支持产品扩展和跨境互联扩展。

（3）衍生品交易系统

推动股票期权产品的发展一直是上交所努力的方向。早在2000年，上交所就正式启动了期权等衍生产品发展研究，将衍生品市场建设纳入交易所未来发展规划之中；2010年，上交所对股票期权产品正式立项；2012年6月，上交所启动了部分券商参与的股票期权模拟交易；2013年12月，上交所推出了基于真实生产环境的全真模拟交易，进入对股票期权交易的技术、业务、风险控制、投资者教育等各个环节的全面测试阶段。2015年2月9日，上证50ETF期权开始挂牌交易，这也标志着上交所期权交易系统生产环境正式上线（见表4-1）。

表4-1 上交所衍生品平台建设发展历程表

年份	重要节点
2013	期权交易全真环境模拟交易系统上线
2015	2月9日，期权交易系统上线，业务开通

年份	重要节点
2019	10月28日，期权交易系统内存扩容，支持单日1亿委托 11月18日，组合策略业务和行权指令合并申报业务上线 12月23日，沪深300ETF期权合约品种上市
2020	3月9日，期权交易系统扩容，支持单日1.5亿委托
2021	2月1日，做市商双边报价业务上线 3月1日，期权交易网关市场上线 4月23日，期权交易系统扩容，支持单日1.6亿委托

衍生品交易平台是上交所股票期权市场的基础架构设施，它为市场参与者提供了期权交易的电子化撮合平台，支持了股票期权（包括ETF期权和个股期权）的交易功能及相关业务操作，为市场提供了持续、稳定、安全的衍生品交易环境。同时，其内部还包含了相应的风险控制及市场监察和业务操作等功能。通过与竞价交易系统互联，支持了期现互通，也为现货市场提供了独有的市场化风险转移功能。

截至2019年9月30日，共有85家证券公司和25家期货公司取得了上交所股票期权交易参与人资格，60家证券公司取得自营业务资格，14家证券公司参与了股票期权做市业务（10家主做市商、4家一般做市商），市场参与人基本覆盖了所有具备两融资格的证券公司和规模较大的期货公司。期货公司客户数量虽少，开户数占比仅约1.6%，但成交量占比已达18.3%。

2. 深交所交易系统

深交所自开业以来，在技术上始终坚持自主可控的发展理念，先后推出五代交易系统，目前交易系统各项主要指标达到世界先进水平，创造了19年连续安全运行世界纪录，为深交所的各项业务创新发展奠定了坚实的基础，有力地支持了深交所证券交易业务的蓬勃发展。

第一代交易系统。1991年3月20日，深交所自行开发的电脑辅助交易系统首次投入运行，支持成交处理、行情揭示和清算分配等功能，大大提高了集中交易效率。1992年2月25日，深交所正式启用第一代交易系统，完成由手工竞价作业向电脑自动撮合运作的转变。第一代交易系统基于L-link微机和NetFrame文件服务器搭建的局域网作为撮合系统技术平台，针对股票交易业务，其撮合能力达5笔/秒，日撮合能力达到8万笔，交易时延小于2分钟，相比人工处理，撮合速度得到大幅提升。

第二代交易系统。1993年7月30日，深交所第二代交易系统正式启用。第二代交易系统基于天腾K200主机，实现了微机向容错小型机的转变，为后续的深交所交易系统技术发展打下了坚实的基础。该系统是采用分盘竞价规则的硬盘撮合系统，日撮合能力提升至200万笔，交易时延降低至20秒钟以内，大大提升了交易的速度、容量并降低了时延。同时，第二代交易系统在原有股票产品的基础上，新增了质押式债券回购、国债期货等产品，并支持零股交易专场，进一步丰富完善了交易系统支持的产品及业务。

第三代交易系统。1995年9月11日，深交所第三代交易系统正式启用，交易主机升级为天腾K1000系列。第三代交易系统是基于逐笔撮合规则的内存撮合系统，上线时日撮合能力达到700万笔。第三代交易系统支持的产品及业务进一步丰富，新增投资基金、可转换债券等产品，并支持网上发行、转托管、认购配股等非交易业务，同时，该系统实现了交易前端风险监控，对证券公司席位托管股份明细账户进行监控，基本杜绝了卖空现象。

第四代交易系统。2001年11月12日，深交所第四代交易系统正式启用，交易主机升级为天腾S74000系列。第四代交易系统上线时系统处理能力达1万笔/秒，日撮合能力达2000万笔，并在后续发展中将交易主机升级为NB54000系列，系统处理能力提升至10万笔/秒，日撮合能力提升至1.4亿笔，交易时延降至110毫秒。第四代交易系统在同一技术平台上，先后实现了主板、中小企业板、创业板等多个层次市场的运作，且交易功能进一步完善，新增了ETF、权证、资产证券化、LOF基金等产品，推出了大宗交易、Level-2行情、市值配售、网络投票等业务，是一套多层次资本市场交易系统。第四代交易系统有力地支持了深交所10多年证券交易的蓬勃发展，为深交所的业务创新发展提供了坚实的保障。

第五代交易系统。2016年5月9日，深交所第五代交易系统正式上线。第五代交易系统是深交所针对中国发展多层次资本市场的战略目标，结合当今全球交易所技术最新发展趋势，由深交所完全自主设计、自主研发，掌握完全知识产权的世界级核心交易系统。该系统采用全新的设计理念和技术架构，在行业核心交易系统领域内率先引入开放平台与开源技术、高性能交易网络等系列新技术，开发了全新的交易接口、交易终端和交易应用，并攻克了一系列关键难题，包括高可靠低时延消息总线、高速无锁队列、基于多级流水线架构的高性能实时大数据量处理、高性能协议转换引擎、解决地域差异带来的公平性问题的首笔委托同时到达等关键技术，构建了完全基于开放平台、高速消息总线的高可靠、高并发、低时延、可水平扩展的分布式大规模并行处理系统。

第五代交易系统集多层次、多品种、跨市场于一体，支持国际主流的交易模式和功能，并根据我国证券市场特定需求，实现了交易前端实时风险控制、综合交易服务功能、非交易业务指令报盘处理等系统功能。该系统率先解决了我国大规模个人投资者市场的低时延交易，创新实现了低时延交易环境下的高可用系统，率先在低时延交易环境下引入了集中高效的前端风险控制。在完成大数据量前端风险控制的前提下，该系统在自主可控能力、市场规模、日处理交易容量、安全可靠性方面已达到国际领先水平。

与原有系统相比，第五代交易系统具备更安全、更高效、更公平、更便捷、更灵活、更经济等特点。自第五代交易系统上线以来，有力地支持了深港通、期权、创业板改革、公募基础设施基金等多项重大业务创新改革，系统整体运行平稳，各项性能指标表现优良。第五代交易系统可在 10 秒钟内完成自动故障切换，同城灾备切换时间控制在 3 分钟以内，比原系统缩短 80% 以上；支持近 8 亿笔账户实时账户检查、对 3 亿笔持股记录进行股份卖空检查，并且在上述海量数据实时前端监控条件下，委托处理平均时延约为 2.4 毫秒；截至 2021 年 11 月，该系统的实际委托速率峰值超过 50 万笔/秒，经受住了日委托 1.88 亿笔、日成交 5500 万笔的峰值考验，延续保持了 19 年的安全运行纪录。

此外，2019 年 11 月 26 日，深交所与巴基斯坦证券交易所成功签署技术输出协议，深交所以自主研发的新一代交易系统为基础，结合巴基斯坦资本市场发展实际，全面开展巴基斯坦交易所现有交易系统升级，为巴基斯坦交易所提供具有中国特色的解决方案，开启了我国证券技术系统走出国门之先河。

第五代交易系统的成功上线与平稳安全运行进一步夯实了国家金融科技基础设施，实践了"自主创新"国家战略，推动了行业的科技进步，大大增强了国家金融信息系统抵御灾难和重大事故的保障能力，提升了市场运行效率，社会效益和经济效益显著。同时，以第五代交易系统为基础的国际技术输出服务，实现了新兴市场间技术合作的重要突破，为推动"一带一路"金融基础设施互联互通和市场互惠融合奠定了坚实的基础。

二、期货业交易系统

我国期货市场自诞生以来，电子化交易方式不断大跨步向前发展。从早先每秒几十笔的处理性能，到如今每秒数万笔的性能跨越；从最早的大量交易员通过接听委托电话往场内报单，到今天极少量的交易员只是为了方便客户而设立电话报单；从早先的收盘后手工核对成交、手工结算，到今天自动导入成交数据、计算机结算，30 多年来，期货交易系统蓬勃发展，也极大地支撑了中国期货市场的进步。

上海期货交易所、郑州商品交易所、大连商品交易所、中国金融期货交易所等核心期货交易所的交易系统各有特点，本部分逐一进行介绍。

1. 上期所交易系统

上期所的交易系统被命名为 NGES，目前线上运行版本为 NGES2.0，NGES3.0 处于测试阶段，NGES4.0 处于研发阶段。NGES 由若干台前置服务器接收会员经 API 接口程序发送的报单，并检查报单语义合法性，语义合法报单提交至排队引擎；排队引擎对报单作风控检查（检查资金、持仓等合规性），生成报单流水并提交至撮合引擎；撮合引擎完成撮合并向外发送成交流水；前置读取成交流水向会员返回成交回报，与此同时，行情引擎读取成交流水发送至行情系统。上期所交易系统伴随着我国期货市场的发展而经历了多次演变升级，历程如下：

第一代体系。1995 年左右，全国 50 多家期货类交易所合并为 10 多家，其中包括上期所前身金属交易所、粮油交易所和商品交易所。在此之前，各交易所的交易体系主要为会员通过电话等通道与场内代表联系，场内代表在交易程序上完成交易，交易程序通常用 FoxBASE 等编写。这个阶段的系统难言效率，仅能满足人工撮合电子化记录的需求。

第二代体系。首次合并后，金属交易所等率先升级了系统，交易系统用 Cobol 编写，采用 Sybase 数据库，运行于单台容错小型机上。同时，由于合并后交易所非本地业务大大增加，远程交易需求强烈；电信运营商开始提供专线业务，交易所逐渐建立远程交易体系，异地交易场所与交易所通过专线连接，电子化程度快速提高。这一代交易系统能支持每秒数十笔的交易，且具有风控检查能力。

第三代体系。1999 年，证监会监管下的期货交易所大调整，重组为上海期货交易所、郑州商品交易所、大连商品交易所三家。金属交易所、粮油交易所和商品交易所合并为上海期货交易所，三所合并后的上期所暂时沿用金属交易所信息系统。2001 年 5 月，上期所、郑商所和大商所三家交易所通信联网系统正式开通，实现"三所联网"。随后期货行业从交易所到会员再到客户，全面实现电子化交易。2006 年，NGES 系统上线。NGES 主要由 C 语言编写，采用内存数据库技术大大提升了撮合性能，持久化阶段则使用 Oracle 数据库。系统初始运行于装载 Unix 操作系统的小型机上，后迁移至 PC 兼容服务器，使用 Linux 操作系统。NGES1.0 初始版本能支持每秒 4000 笔以上的交易，后经优化，测试容量达到每秒 20000 笔，实际瞬时峰值超过每秒 4000 笔。这个阶段，在体系稳定的基础上，系统性能有了质的飞跃。

第四代体系。2013 年，支持连续交易业务，交易时段扩展至晚间；2018 年，支持期权业务和国际品种。2015 年，NGES2.0 上线，测试处理能力达到每秒 60000 笔，后经优化又有大幅提升，实际瞬时峰值超过每秒 30000 笔。

2. 郑商所交易系统

郑商所成立于 1990 年 10 月 12 日，是经国务院批准的首家期货市场试点单位，在现货远期交易成功运行两年以后，于 1993 年 5 月 28 日正式推出期货交易。从开展期货交易开始，郑州商品交易所就跳过了公开喊价的方式，而直接采用了电子化集中竞价的方式开展期货交易。

从 1990 年至今，中国期货市场从无到有、由弱至强，上市品种和投资者数量不断增多，服务实体经济能力越来越强，市场交易体系也变得越来越高效、越来越先进。郑商所在坚持"自主可控、安全高效"的基本原则下，交易系统也经过数次升级换代而持续增强，朝着功能更丰富、指令更完善、处理更高效、架构更合理的方向逐步演化，有效地支撑了郑商所的市场发展和业务创新。每期交易系统具体如下。

第一代交易系统。郑商所于 1993 年 5 月上线了第一代交易系统，使用交易主机加终端的体系结构。每个交易终端由一家期货公司的出市代表（"红马甲"）负责操作，通过电话接受期货公司的委托并将委托输入终端，该版系统撮合速度为每秒几百笔委托。郑商所第一代交易系统就从 50 个终端起步一直扩到 80 个终端，打破了海关机构 10~20 个终端的国内纪录，在技术与网络条件都不成熟的 20 世纪 90 年代初，处于技术领先地位。在行情数据发布方式上，郑商所在数据专线、电话拨号、卫星传播三种方式中综合考虑，最终选择了卫星通信发布期货市场行情。

郑商所在国内期货业首创电子化交易方式，不仅引领了中国期货市场的发展，而且大大缩短了中国期货市场与国际期货市场在技术系统上的差距。郑商所开创的电子交易方式被国内其他期货交易所纷纷效仿，成为中国电子期货交易的先行者。

第二代交易系统。由于郑商所期货交易业务的快速发展，第一代系统很快暴露出难以满足席位增加要求、主机负担过重、时延较大等问题。1994 年 9 月，郑商所上线了基于 SYBASE 数据库的第二代交易系统，增加了网络通信功能，并基于磁盘数据库进行撮合，席位机终端方式改为网络工作站方式。该版系统撮合速度与第一代基本一致，最高为每秒几百笔订单，交易席位由 60 个扩大到 300 个，并被国家科委列为 863/CIMS 推广应用项目。在此期间，虽然期货公司尝试进行远程联网交易，由于地面通信专线资源紧张，期货公司需要使用卫星双向通信进行远程联网，成本很高，只有少量期货公司实现了远程交易。出市代表场内交易仍为当时主流的交易方式。

第三代交易系统。郑商所成交量在不断地稳步提升，1997 年，郑商所年度成交量更是占全国市场的 56%。第二代系统在运行一段时间之后，承载能力就已不能满足期货市场的发展。1997 年 11 月，郑商所推出了第三代系统。第三代系统设计架构更加合理，系统功能更加完善，一是新增了前置机系统作为交易通道，承担了通信连接、数据加解密、登录处理、交易指令转发、数据查询、行情发送等功能，还能进行横向扩展以增强处理能力；二是采用内存数据库技术，使撮合速度有了飞跃性的提升；三是具备了可靠高效的网络通信功能，实现了主机和席位机以及主机进程之间的实时可靠通信；四是初步支持了期货期权功能。

随着交易系统支撑能力的加强与互联网技术的快速发展，交易模式也发生了巨大的改变。期货公司通过地面专线实现了与交易所的远程互联，客户通过互联网在期货公司进行委托成为主要的交易方式。至此，郑商所借助信息技术成为一个现代化交易场所，中国期货市场交易所—期货公司—客户三级技术架构也已基本成型。

第四代交易系统。随着上市品种越来越多，客户参与者越来越广泛，业务的精细化程度和复杂程度也越来越高，期货市场对交易系统提出了更高的要求。2005 年 4 月，郑商所切换上线第四代交易系统，最高撮合速度为每秒 7500 笔订单。第四代系统业务支持更好、系统设计更加规范，一是可容纳多种订单类型包括限价单与市价单，支持商品期权和做市商双向报价等；二是率先推出组合订单，极大地方便了套利交易者；三是根据《期货交易数据交换协议》规范了交易所与期货公司的数据交换格式。因受 2008 年汶川地震影响，郑商所设计实现了"两地三中心"模式，大大增强了交易系统的可用性与市场服务能力。

第五代交易系统。随着期货市场国际化、期货衍生品等业务的开展，郑商所交易系统在业务支撑、处理性能、运行稳定等方面需要进一步加强。2015 年 9 月，郑商所推出了第五代交易系统。第五代系统主要做了以下几个方面的优化，一是优化新订单排序撮合算法，提高系统处理的吞吐量；二是优化关键路径上的消息通信和数据存储操作，降低订单回报和私有流下发时延；三是全面支持期权业务，保障了交易所的业务发展；四是自主研发高性能消息队列，增强了系统运行效率；五是自主研发基于多路复用I/O技术的通信组件，增强了网络通信效率并降低了系统负载。第五代系统上线时最高撮合速度为每秒2.3万笔订单，是原有系统处理能力的3倍，平均订单处理时延由10毫秒大幅降至400微秒。第五代系统上线之后也在持续进行优化，现在最高处理速度可以达到每秒5万笔订单。

所有核心结构都具备"两地三中心"模式，在主中心交易系统运行故障时可以自动切换到备中心继续运行，大大提高了风险抵抗能力。但这样的技术模式仅能解决硬件故障风险，无法有效防御软件故障风险，系统即使进行了主备切换，同样的输入指令也会触发相同的系统故障。而前置机系统作为交易通道，不同会员端系统的交易软件版本、客户交易行为、通信链路质量等差异很大，风险较高。因此，郑商所创新地提出了异构前置机的概念，同时开发维护两套前置机系统，由不同的团队采用不同的技术路线进行开发，在对外功能实现与性能表现上完全相同，当主用前置机系统出现故障时可由异构前置机接续运行，可有效防御软件故障风险。异构前置机于2018年正式上线，安全运行至今，大大降低了交易系统的运行风险，增强了交易系统的可靠性与可用性。

3. 大商所交易系统

大连商品交易所成立以来历经七代交易系统的更迭，从第一代交易系统开始到2020年新上线的DCE交易7.0系统，每一代系统的升级不仅提升了交易系统的性能，扩大了其容量，也丰富了业务系统的功能及产品结构，为大连商品交易所多年来的高速发展提供了坚实、稳定的技术基础。

1993年11月，大连商品交易所第一代期货交易系统成功上线。第一代期货交易系统采用小型机为主机系统，交易系统设计较为简单、网络结构比较单一，不支持远程交易。

1994—1996年，大连商品交易所先后对第一代期货交易系统的部分软件进行两次升级改造，提升了系统的性能，扩大了其容量，构建出第二代和第三代交易系统，系统架构总体上与第一代交易系统相比变化不大。

1996年11月，大连商品交易所开发了第四代交易系统。该系统的交易撮合能力较之前的系统有所增强，交易主要以场内为主。主机系统采用小型机，支持双机备份，可在短时间内完成双机切换。系统的远程链路主要方式是卫星线路和电话拨号。

1999年5月，大连商品交易所上线了第五代交易系统。第五代交易系统对交易系统架构进行了重新设计，引入了交易前置、交易核心和后台交易管理的交易系统架构。在远程网络方面，第五代交易系统实现了帧中继、DDN专线方式。第五代系统经过两个版本的优化后，撮合能力和容量也得到较大幅度的提升。

2007年1月29日，大连商品交易所第六代交易系统上线。伴随期货市场的繁荣发展，交易量不断攀升，市场对交易系统的实时性要求不断提高，2016 年 10 月 10 日，大连商品交易所上线了 6.4 代交易系统，对核心交易系统进行了全面优化升级，优化升级涉及系统基础架构改造、核心模块升级、发包机制优化等多个方面，同时操作系统由 Unix 迁移到 Linux；引入子公司飞创公司自主研发的高性能内存数据库、内存池技术、进程和 CPU 绑定机制等。订单峰值吞吐速率由原有的每秒 6000 笔的峰值提升到每秒 3.8 万笔，平均处理延时降至毫秒以下，系统容量达到 3400 万笔委托。

为解决制约大连商品交易所快速发展的系统性能及容量瓶颈问题，大连商品交易所历经 3 年自主研发了 DCE 交易 7.0 系统，于 2020 年 10 月 9 日顺利上线。该系统是大连商品交易所第一套完全自主研发的核心交易系统，采用了一套全新的、完全自主研发的技术平台，实现了系统性能、高可用和开发效率等方面的全面提升。系统核心模块支持三机热备，与上一代的双机热备相比大大提升了系统的可靠性。利用可靠组播的方式代替传统的 TCP 传输方式，提高了交易系统总体通信效率，并且广泛使用多线程技术代替原六代系统单线程模型以提升系统吞吐速率。系统处理性能大幅提升，订单峰值吞吐率可达到 9.5 万笔/秒；容量可达 2.5 亿笔成交，2 万笔/秒持续订单压力平均 RTT 为百微秒级。

第六代系统在原系统基础上增加对止损（盈）指令、限价止损（盈）指令、市价指令、套利交易指令及深度行情业务的支持，并在后期项目中增加了对期权、期权做市商、期货做市商、交易限额、期权套保、组合保证金等重要业务的支持。系统于 2017 年 3 月 31 日支持了国内首个商品期权的上市推出，于 2018 年 5 月 4 日支持了铁矿石期货引入境外投资者业务。DCE 交易 7.0 系统在技术升级的同时，在架构设计、业务设计等方面充分考虑了未来的业务发展，从系统角度实现了对熔断、新流控、MBO、UDS、分品种交易时段管理等新业务的支持，用户配置更加灵活，市场产品更加丰富。

4. 中金所交易系统

中金所于 2013 年成立新一代规划专项工作组，2014 年正式启动新一代业务系统建设，当年完成了交易核心架构、结算核心、交易所管理系统、结算管理系统四大核心系统的主体开发。秉承"安全可靠、平稳过渡"的原则，新一代系统采用"先仿真、后生产，先业务、后交易，单系统上线"的逐步上线方式。新一代交易所管理系统和新一代结算系统于 2016 年完成投产，新一代交易所系统于 2019 年 2 月生产上线，新一代监察系统历经 3 年迭代上线，于 2019 年 11 月全面投产，达到了"安全稳定、产品丰富、功能完备、性能领先、服务全面"的建设目标。

中金所新一代交易所系统覆盖世界交易所联合会定义的 14 大类主流场内衍生品，业务模型设计与国际标准全面接轨，关键业务模型覆盖国际主要清算所主流业务，包括多账户多币种、灵活保证金及费用模型、全时段连续交易清算、分品种清算、分品种撮合、一日多次结算、直通式和水平清算、多资产抵押、产品互挂、清算链接等创新业务。新一代交易系统单撮合核心吞吐量 7.1 万笔/秒，多撮合核心吞吐量 20 万笔/秒，订单延迟低至 100 微秒以下，全天可稳定承载业务容量（委托和成交总笔数）

达到 4 亿笔，具备低延迟、高吞吐、高容量的特点。新一代结算系统成交日处理容量可达 5000 万笔，处理 1000 万笔成交仅需不足 5 分钟，结算系统日资金处理规模可达数十万亿，清算性能和容量达到世界先进水平；新一代监察系统实现监察业务电子化，具备高性能报警计算能力，单节点处理性能达到 5 万笔/秒，数据库写库达到 2 万笔委托/秒。

回顾我国资本市场的发展历程，交易系统的应用与发展功不可没。30 多年来，交易系统不仅帮助我国资本市场走完了从手工作业到交易自动撮合，从证券无纸化、交易席位无形化的发展历程，而且在发展过程中形成了以"无纸化、席位制、实名制、集中交易和中央交收"为基本要素的技术系统支持体系，具有一定的中国特色。

第二节　互联互通网络

互联互通网络是资本市场的重要基础设施；是数据传输、消息互换、业务流转的基础通道，对实现不同市场主体网络互联互通、提高资本市场业务连续性保障能力、促进相关技术和业务创新具有重要意义。30 多年来，证券期货业网络基础设施的设备规模、网络技术及网络架构上都有了显著的变化。本节仅以证券业互联网络、期货业三所环网、证联网为例，以此管窥证券期货业互联互通网络发展历程。

一、证券业互联网络

证券业互联网络是沪深交易所连接证券市场的专网，广泛连接证券、基金、银行、信托、期货等金融机构，传输交易、行情、结算、报送、第三方存管等数据，为行业信息系统的数据交换提供快捷高效的通道，促进行业互联互通。证券业互联网络经历了卫星通信阶段、天地互备阶段、增值网络阶段三个阶段，在性能、可用性、连接性等方面进入国际前列。

1. 卫星为主，地面为辅阶段

1993 年 4 月 13 日，深交所第一代单向卫星广播通信网络开通，开创了我国利用卫星通信技术传送证券行情的先河。深交所单向卫星网络采用南京熊猫和 ANDREW 卫星广播技术，广播深圳证券市场的行情数据，广播速度为 9.6kbps。同年 4 月 26 日，上交所卫星通信网单向卫星数据广播系统开通，覆盖面积达全国和海外部分城市。第一个卫星小站在浙江证券深圳营业部建立。9 月 18 日，上交所卫星数据广播系统正式通过"亚洲一号"卫星向全国卫星通信用户发送市场信息。

1993 年 12 月 22 日，上交所双向卫星单路单载波（SCPC）通信系统正式开通，实现了异地场外直接申报。1994 年 8 月 29 日，深交所第一代双向卫星通信网络开通，采用 NEC Nextar_IV AA/TDMA VSAT 系统，单个上行通道 64kbps，单个下行通道 128kbps，可以集群部署实现较大的通信速率。1997 年 6 月 8 日，上交所卫星网双向 VSAT 系统开通，各地证券经营部通过双向卫星小站与上交所电脑交易主机实现了直接联网交易，第一个双向小站是北京国投知春里营业部。双向卫星通信网络实现了异地报盘的功能，彻底解决了长期困扰证券市场的异地通信难的问题，有力地促进了"公开、公平、公正"原则的实现，大大加快了证券市场从区域性市场向全国性市场迈进的步伐，为证券市场实现从有形化市场向无形化市场的转变奠定了网络基础。

单向卫星通信网络、双向卫星通信网络构成证券市场的通信基石，证券营业部积极申请安装单向卫星小站和双向卫星小站。通过几年施工，沪深证券交易所单向卫星小站和双向卫星小站均超过2000家，基本实现了营业部全部覆盖，促进了证券交易电子化快速发展。同时，单向卫星通信网络也进行升级，1994年，上交所开发了128K卫星高速通信技术。同年9月，深交所采用Gilat卫星广播技术，广播速度升级为64kbps；1997年10月，采用Wavephore高速卫星广播技术，广播速度升级为1Mbps。

同期，地面传输链路也在不断发展。1993年6月26日，上海市内数据传输系统的改造工程——数字式数据传输网（DDN）建成并投入使用和推广。上交所建立了DDN线路与上海券商营业部联网交易。DDN将数万、数十万条以光缆为主体的数字电路，通过数字电路管理设备，构成一个传输速率高、质量好，网络延时小、全透明、高流量的数据传输基础网络；提供半固定连接的专用电路，是面向所有专线用户或专网用户的基础电信网，可为专线用户提供高速、点到点的数字传输。同年，上交所与异地交易中心DDN、SAT链路全面开通。1994年5月，上交所建成由双向卫星和数字式数据传输网（DDN）构筑的远程通信双路由（通信双线路）保障系统，消除了远程信息传输意外中断对大联网工程发展带来的制约。

2. 天地互备，地面为主阶段

2001年，深证通地面网络开通。地面网络分为核心层、分布层、接入层，并在深圳、上海、北京设有用户接入点，支持三大运营商64K-2M速率专线接入。启用了PIM、OSPF、BGP、MPLS等协议，实现了普通路由和MPLS VPN路由，支持多种业务数据传输逻辑隔离。2002年底，超过90%的证券营业部接入到地面网络。地面网络和卫星通信网络形成了"天地互备"模式，进入了高可用性时代。因地面网络具有带宽高、时延低、可用性高、安全性强、支持协议多、网管功能全面等优势，逐渐取代了卫星通信网络，成为主用网络，卫星网络成为备份网络。2003年6月，上交所完成证券公司及营业部与交易所通信链路的天地备份，全面建成由卫星通信网和地面数据专线、拨号上网等组成的天地备份的通信网络，173家会员、2895家营业部达标。

在地面网络建设的同时，沪深交易所也对卫星通信网络进行了持续升级。

2001年12月19日，上海证券通信有限责任公司外高桥卫星通信地球主站正式启用，标志着上海证券市场通信基础设施和水平跃上新台阶，成为当时国内规模最大、技术最先进、功能最齐全、覆盖面最广的卫星通信网之一。2002年，上交所推出了高速单向卫星广播系统，用于升级替换原来使用的128K卫星广播系统。2003年7月，上交所建成宽带广播系统。2005年2月26日，沪深证券交易所启用远程数据备份中心。到2005年，上海证券通信公司运营的VSAT卫星通信网已拥有单向卫星小站用户3100多家、双向卫星小站2100多家。从技术种类上看，上交所通信系统拥有卫星宽带广播系统、SCPC、VSAT、KU宽带接入系统四套卫星系统和DDN、SDH、PSTN等地面接入系统，并已完成天地互为备份，网络覆盖整个中国大陆。2008年，上交所为配合新一代交易系统（NGTS）上线，高速单向卫星广播系统升级了HN主站，数据带宽增加到19.6M。单向卫星应用系统（SSP/WX）使用了12M带宽，用于同时发送新老交易系统的数据。2012年底，上交所通信公司自主研发的业务分发平台（ITS）上线。业务分发平台是面向"多市场、多应用、多用户"的综合性金融信息实时发布平台，它以平台整合的方式，将多个市场的信息统一处理，按照可定制策略通过多种链路分发至各类市场参与者。市场用户可以使用客户端（UT），接收到包括沪市行情、参考数据、公告、清算文件、沪港通行情、中证指数行情、深交所行情、中金所行情、行情厂商Level-2行情等各类数据。2014年，为配合FAST协议行情上线，上交所卫星主站升级为DVB-S2模式，信息速率提升到39.6Mbps。

2001年9月，深交所双向卫星通信网络升级到第二代，采用NEC Nextar V双向卫星通信技术，单个上行通道256kbps，单个下行通道768kbps，可以集群部署。2004年1月，单向卫星通信网络升级到第四代，采用HNS DMN多媒体单向卫星广播系统，广播速率为2.5Mbps，最大可扩展到40Mbps，支持基于DVB的多媒体广播；2006年8月，双向卫星通信网络升级到第三代，采用ViaSat Linkstar双向卫星通信技术，使用DVB-S2 TDM/MF-TDMA标准，支持基于IP的多业务、高吞吐的数据链接，上行通道集群部署，配置速率为13.8Mbps，下行通道配置速率为17.5Mbps。2010年1月，单向卫星通信网络升级到第五代，采用Hughes HN单向卫星广播技术，配置主备双载波，每载波速率为7.5Mbps。单向卫星通信网络是广播深圳证券市场行情数据的主要方式，双向卫星网络是地面网络的主要备份。

3. 增值网络阶段

2014年，上交所新建了高速地面行情网，为广域和托管会员提供FAST组播高速行情。行情业务通过地面广域专线和单向卫星链路同时进行转发，由于单向卫星链路具有一对多、大带宽、用户接收时延相对公平等特点，单向卫星仍是外部会员接收行情的主要方式。

随着运营商全国地面专线网络的升级换代，外部会员已全部采用地面广域专线来进行交易报单，不再把双向卫星作为交易备份通道，为此上交所双向卫星线路于2019年启动下线。上交所交易业务的地面专线逐渐采用MSTP线路，DDN专线于2011年完成下线，SDH专线也已停止受理新的申请。

2019年，上交所金桥数据中心完成了托管会员的高速行情网与交易行情网的整合。增值网包括原VSEP和核心机构接入网，主要为托管机房和广域网会员用户提供增值业务。核心机构外联原来主要是连接中登、指数公司、深交所、中金所、证监会等核心机构，随着业务的拓展，外联增加了中证信息、港交所、黄金交易所、中债登和各大股份制商业银行。

2016年6月16日，深交所新一代交易地面网络开通。网络使用国际主流架构，多层次、全冗余，交易业务采用 BGP 路由协议灵活选路，采用 BFD 特性使网络收敛时间在 1 秒钟以内。行情业务采用 SSM 组播技术，灵活可控。路由通信采用 MD5 认证，且用户接入采用 12 位强密码认证。为方便境外用户接收 L1 行情，开展 B-COM、B 转 H 等业务，新一代地面网络在香港部署了主备节点。新一代交易地面网络骨干带宽高达 10G，覆盖全部市场参与人，广域网接入带宽以 10M 为主，局域网接入带宽统一为 1G。新一代交易地面网络支持深市交易、行情、结算等数据传输。

2016 年 8 月，深交所新一代增值网络开通。深证通在南方中心建成深证云网络节点，并与原地面网络联通，形成新一代增值网络，广域网接入带宽支持 2M-1G 多种速率，局域网接入带宽以 1G 为主。新一代增值网络支持新三板交易和行情、FDEP 三方存管、B 转 H 交易和行情、开放式基金等数据传输。

2018 年 5 月，深圳证券市场新卫星系统建设完成。新卫星系统采用 Hughes 公司的 HX System 系统，实现了单向、双向卫星系统的合并。新卫星系统出站带宽达到 16.7M，用于发送各类行情和成交回报；入站带宽达到 20.4M，供双向报盘小站时分多址复用，单个双向小站可使用的最大承诺带宽由 256K 提升到 1.36M。

深交所新一代交易地面网络、新一代增值网络、新卫星系统构成了深圳市场综合网络——深证网络，支持深市交易行情结算系统、全国股转交易行情结算系统、区域股权系统、金融数据交换平台、深证云、监管报送系统等。通过多年的发展，深证网络用户接入数量达到 4000 条，成为行业连接性最好的网络，并与证联网、上证网络等实现了互联互通，为市场参与人提供便捷灵活的通信。

二、期货业三所环网

为了有效降低期货公司的通信接入和技术维护成本，上海期货交易所、郑州商品交易所和大连商品交易所于 2001 年在证监会的组织协调下建立了三家交易所环形互连的主干网络（以下简称"三所环网"），实现期货公司接入任一家期货交易所，均可访问其他两家期货交易所（见图 4-10）。它的运行开通改变了中国期货交易运行的模式，为国内期货市场的发展作出了巨大贡献。

随着期货市场业务的不断发展，三所环网承载的业务也越来越多，主要包括以下类型：交易所业务、期货保证金监控中心业务及会员内部数据传输业务。从建立至今，三所环网运行了 20 余年，已经成为会员远程交易的重要通道，极大地简化了会员的网络接入成本和维护成本，在中国期货行业的发展中发挥了重要作用。三所环网的发展经历了以下几个发展阶段：

初期（2001—2005 年）。最初的三所环网是以地面 2M 专线为主，卫星通信为备份。会员通过三所环网实现"一点接入，多点访问"，极大地便利了会员的网络接入和期货交易。

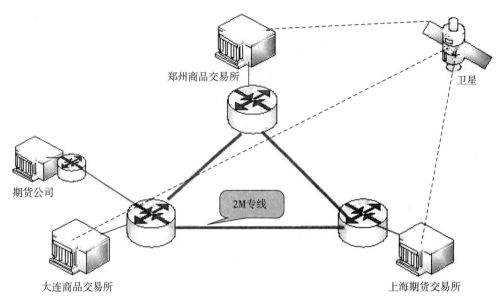

图4-10 期货业"三所环网"初期结构示意图

调整期（2005—2007年）。在此期间的交易环网以2条2M SDH捆绑的方式把主线路扩为4M，并另外增加了4M的地面备份线路，实现了主备环网冗余（见图4-11）。卫星通信在期货交易中的功能逐步弱化。

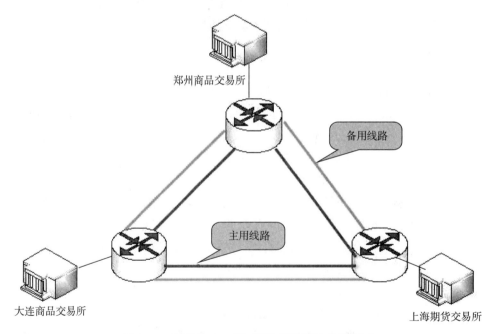

图4-11 期货业"三所环网"调整期结构示意图

扩容期（2007年以来）。随着2007年以来期货品种逐渐活跃，期货市场规模不断扩大，交易量快速增长，"三所环网"进入了不断扩容和提速时期（见表4-2、图

4-12）。"三所环网"上线以来，三家交易所通力合作，保障了"三所环网"的运行稳定，为期货行业的快速发展作出了贡献。

表4-2　2008—2020年期货业"三所环网"提速情况表

年份	上期所—大商所	郑商所—上期所	大商所—郑商所
2008	ATM 30M	ATM 20M	ATM 8M
2009	ATM 50M	ATM 30M	ATM 20M
2012	ATM 70M	ATM 30M	ATM 20M
2013	SDH 155M	ATM 50M	ATM 20M
2014	SDH 155M	主SDH 155M 备MSTP 150M	ATM 30M
2015	500M MSTP	主SDH 155M 备MSTP 150M	50M MSTP
2018	500M MSTP	200M MSTP	100M MSTP
2020	500M MSTP	500M MSTP	100M MSTP

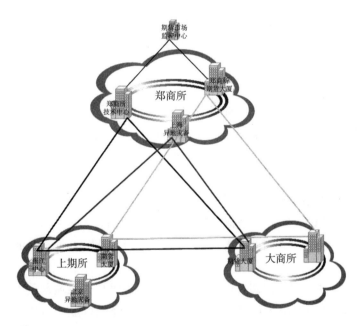

图4-12　期货业"三所环网"扩容期结构示意图

三、证联网

证联网是证券期货行业独立于现有通信交易网络、覆盖全行业的通信专网，实现了监管部门、资本市场各参与主体、银行等相关业务机构的统一接入，提供了覆盖全面、安全高效的网络互联服务。

从2013年2月证监会批准建设证联网到2020年升级骨干网，在这7年间，证联网从无到有、从小到大，成为促进监管转型和行业创新的重要基础设施，提高了市场效率、降低了行业成本、提升了行业信息安全保障水平。其发展过程如下：

2013年4月，证信办组织启动证联网的建设工作，各交易所、中国期监、中证信息、深证通等9家单位负责建设实施工作。

2014年6月，中证信息会同各承建单位完成北京、上海、深圳、大连、郑州等核心骨干节点建设及全行业400多家机构接入工作。同年11月，证联网完成全网验收测试工作。12月31日，证联网正式上线运行，首批上线中金所一线通等7项业务。

2015年，中证信息组织24家存管银行和90多家行业经营机构，完成了证联网银证业务联通性测试和功能测试，充分验证了证联网承载银证业务的可行性。同时，中证信息牵头完成证联网核心骨干测试网建设，为建设行业全天候测试环境做好准备；组织建成证联网带外网管系统，全面实现证联网各节点的集中监控、流量分析、故障告警和拓扑展现，提升了全网综合管控水平。

2016年5月，中证信息协同证联网各承建单位，启动证联网银证业务上线工作。2018年7月，24家存管银行和249家证券期货经营机构，完成了全部银证业务的切换上线工作，累计进行了19次业务验证、96次业务切换，完成了1203个业务对上线，为行业节约通信专线2000多条，大幅降低行业通信成本。

2017年，中证信息牵头完成全行业测试网接入和测试业务上线工作，建成一个能够覆盖全市场、全业务系统、全天候可用的专用测试环境，在加大软件和系统测试力度的同时努力减轻全市场的测试压力。

2018年，中证信息建成证联网业务管理平台，实现证联网全部业务一站式网络办理，同时实现证联网变更等运维管理流程的电子化，优化证联网业务服务体系，规范服务流程，提升服务质量和运维管理水平。同年，中证信息向证联网各接入机构转发了《证联网异地灾备链路应急切换方案》。根据机构需求，在中证信息的组织下，126家机构完成了灾备线路的接入，23家证券期货经营机构与工商银行完成了灾备切换演练，提升了银证等关键业务的网络保障能力，提高了全网业务连续性。2018年，中证信息组织完成等级保护三级测评和整改工作，综合得分92.16分，全面提升了证联网信息安全保障水平。

2019年，中证信息积极协调人民银行，实现证联网与金融城域网对接，有185家资产管理机构通过证联网向人行报送资管产品数据，降低行业经营机构报送成本，提高监管效能。中证信息还积极支持机构监管综合信息系统上线，建立机构接入链路带宽保障机制，提高监管数据报送效率，提升行业科技监管水平。此外，中证信息还协同各承建单位，完成证联网升级选型测试和联合谈判工作，为全网升级工作奠定基础。

2020年，中证信息完成证联网升级设备采购，开展骨干网升级工作。

截至2021年6月底，证联网生产网已上线业务105项。其中监管监察数据报送业务32项，核心机构市场服务业务26项，机构间数据传输业务46项，仿真测试业务1项。证联网测试网已上线业务56项，主要包括上交所全天候测试环境、深交所独立测试系统、上期所会员测试系统等各交易所及机构的测试环境。证联网生产网接入机构共518家，其中包括2家监管机构、38家派出机构、26家核心机构、134家证券公司、

150 家期货公司、132 家基金公司、28 家银行和 8 家其他机构。接入机构通过运营商专线、托管机房线路和行业云平台线路接入证联网生产网，其中运营商专线 883 条、托管机房线路 211 条、行业云平台线路 66 条。证联网测试网接入机构共 355 家，包括 1 家监管机构、16 家核心机构、119 家证券公司、150 家期货公司、47 家基金公司、17 家银行和 5 家其他机构。接入机构通过运营商专线、托管机房线路和行业云平台线路接入证联网测试网，其中运营商专线 262 条、托管机房线路 97 条、行业云平台线路 6 条。

四、国际互联网络

1. 易境通通信平台

易境通通信平台是深证通研发的一套高效率、易扩展、便捷部署、灵活配置的跨境交易、行情、结算数据通信平台。作为境内外资本市场互联互通的又一通道，易境通通信平台充分发挥在业务上"放得开、看得清、管得住"、在技术上"高效率、易扩展"的优势，通过连接中国结算、银行、符合条件的境内券商与境外券商，提供证券交易、市场行情等业务数据传送功能，实现境内外证券市场的互联互通。

2019 年 12 月，易境通通信平台正式上线。通信网关支持 STEP、FAST 等多种流接口协议，并兼容 DBF、TXT 等定制化文本接口，新协议加入仅需少量模块化开发即可支持。通信组件单分组最大报单容量为 5000 万笔/日，可随分组数量扩展而线性提升；端到端（含应用）单集群整体吞吐量可达 100000 笔/秒，并可随集群数量扩展而线性提升；单个交易网关报单速率可达 5000 笔/秒；10000 笔/秒压力测试环境下，端到端时延平均保持在 10 毫秒。业务上，平台承载了 H 股"全流通"业务。截至 2021 年 6 月已有联想控股、中航科工等 16 家公司开展业务，其相关股份已在香港联交所流通交易。H 股"全流通"对促进境内外资本市场互联互通、提升 H 股公司在各项全球指数中的权重、改善 H 股公司中的内资股的流通性与价值估值等方面都有着重大意义。

2021 年，为了完善易境通通信平台的服务能力，进一步开发了一个高性能、低时延、易扩展的易境通行情服务系统，除了可以为 H 股"全流通"业务提供行情服务外，还能兼容和替代 B 转 H 行情通信系统，并具备为将来其他业务快速提供行情服务的能力。

2. B 转 H 通信系统

B 转 H 通信系统服务于原深市境内上市外资股（B 股）转换上市地，以介绍方式在香港联合交易所主板上市及挂牌交易业务，为解决 B 股缺乏流动性、资源配置功能下降的历史遗留问题提供了一个有效的探索与尝试。

B 转 H 通信系统于 2012 年正式上线服务，向境内 H 股持有者提供交易结算服务，系统功能涵盖了委托指令路由、成交数据回传、H 股行情揭示、结算数据清算交收等，实现了对交易结算全部业务过程的完整、高效、可靠的技术支持。市场主要参与方涉及中国证券登记结算有限责任公司、香港联合交易所、深圳证券通信有限公司、境内券商、境外券商、香港经济通等。2018年，B转H业务处理模式优化，由最初的"中集模式"转变为"中国结算托管模式"。

第三节 信息服务体系

证券期货业信息服务体系主要用于信息披露、发布行情等，对于满足市场信息需求，引导投资者理性投资，提高证券期货市场透明度，培育行业信息服务链，提高市场服务水平具有积极意义。各大核心机构均建立了专门的行情发布系统，并通过网站进行信息披露，初步形成了具有中国资本市场特色的信息服务体系。

一、信息披露

信息披露主要是指公众公司以招股说明书、上市公告书以及定期报告和临时报告等形式，把公司及与公司相关的信息，向投资者和社会公众公开披露的行为。信息披露是公众公司向投资者和社会公众全面沟通信息的桥梁，对于投资者及时获取各个市场、各种类型的信息披露公告，满足各类投资者日益增长的信息披露需求具有重要意义。

目前，中国证监会指定的信息披露渠道包括《中国证券报》《上海证券报》《证券时报》《证券日报》等报刊；投资者也可登录深圳证券交易所、上海证券交易所、巨潮资讯网官方网站查询上市公司披露信息。

交易所作为信息披露的主要平台之一，在信息披露中起着重要作用，尤其是2019年中国证监会主席易会满在科创板开板仪式上提出，要"真正落实以信息披露为核心的证券发行注册制"，对信息披露平台提出了更高的要求。本节以上交所互联网信息服务平台和巨潮资讯网为例，来反映证券期货业信息披露平台的发展历程。

1. 上交所互联网信息服务平台

上交所互联网信息服务平台（以下简称"信息平台"）作为上交所对外服务窗口和前沿阵地，既是上交所对外发布信息的权威平台，也是上交所服务资本市场各类参与者的法定通道。信息平台作为上交所面向公众的重要界面和同外界交流的重要窗口，承载着实现上交所相关业务互联网化的重要职责，肩负着上交所通过互联网技术手段服务中国资本市场的重大使命。经过多年建设，信息平台已从上线初期单一的网站发展成由"网站+移动互联+信息服务平台"的互联网多维度服务体系，为证券市场各类参与者提供了全方位、多层次、多渠道的互联网信息服务。

该信息平台于2002年正式启动立项、技术评估、开发实施建设，2002年12月19日上线运行。经过近20年的发展，信息平台已经建设成为包括主网站、科创板网站、注册制网站、上证债券信息网、投资者教育网、英文网站等"1+N"网站群，实现了信息披露、监管公开、信息发布、统计展示、业务介绍、新闻宣传等服务。同时积极跟踪互联网新技术应用，将新技术与本所业务相结合，拓展互联网技术应用范围，构建起上证 e 互动、上证路演中心、互联网投票及统计系统、分级考试系统、企业培训相关系统等在内的互联网应用平台，承担起互动交流、调查投票、学习考试、投资者教育等交互功能。

在持续打造网站系统的同时，上交所紧跟移动互联发展趋势，围绕行业定位，提早布局，打造移动互联服务集群。目前已初步形成面向不同参与主体的上交所 APP、上证 e 互动 APP、期权学院 APP、董秘助手 APP 等移动应用，业务范围涵盖了发行上市、信息披露、投资者教育、投资者服务、办公服务、债券、期权等众多领域。

2. 巨潮资讯网

1999 年 12 月，巨潮资讯网被中国证监会指定为深市上市公司信息披露平台，开始正式为市场提供深市上市公司信息网上披露服务。巨潮资讯网推出 20 多年来，始终为投资者提供及时、准确、完整的信息披露服务，在保护投资者知情权上发挥了重要的作用。巨潮网信息披露系统主要包括公告预处理系统、公告采编系统和信息披露网站三个子系统，随着证券市场的快速发展和信息技术的不断进步，信息披露业务也逐渐向自动化和智能化的方向发展。

信息披露系统（第一代）。第一代信息披露系统是国内最早的专业证券信息披露系统，包括公告采编系统和信息披露网站。公告采编系统主要用于深市上市公司信息公告和摘要的人工采编；指定信息披露网站巨潮资讯网的推出，实现从纸质媒体的披露方式，逐步转变为电子化信息披露为主的披露方式，使投资者通过互联网获取到深市上市公司信息公告，有效提升信息披露的时效性。

信息披露系统（第二代）。第二代信息披露系统推出了公告预处理子系统，实现信息公告获取和转换的自动化，同时公告采编系统也实现了业务处理的流程化管理，有效提升了业务处理效率；此外，信息披露网站服务范围从提供单一的信息公告服务，升级为全方位上市公司信息资讯服务，为广大投资者提供上市公司信息一站式服务。

信息披露系统（第三代）。信息披露系统于 2014 年进行全面改版，公告预处理系统采用深交所与深证信息专用传输渠道，提高了信息公告处理安全性和效率；公告采编系统采用机器学习、自然语言处理等新技术，实现了信息公告智能处理、任务智能分派等功能；信息披露网站全面优化了信息公告检索功能，并基于用户体系推出信息公告定制化服务。新一代系统依托信息技术进步推动业务高质量发展，为资本市场持续健康发展奠定了坚实基础。

二、行情服务

行情服务是证券期货业信息化的重要组成部分，主要实现相关行情信息的实时揭示。行情服务的推出，对于提高市场透明度、引导投资者理性投资有着重要意义。

1. 上交所行情发布系统

上交所的行情服务发展历程，大致分为两个阶段。

第一阶段为 1990 年成立至 2006 年，包括上交所在内的国内资本市场的各个交易所都只有一种行情，没有独立行情运营服务体系，行情更多的是作为交易业务的一个附属。2003 年，上交所开始为市场提供 show2003 五档行情，当时市场尚无行情服务的概念，只有少数软件商提供行情展示系统，系统内容和形式单一。

第二阶段为 2006 年至今，上交所发布 Level-2 行情并大力倡导"交易所—信息商—用户"的信息服务产业链，对行情数据市场经营进行管理和引导。2006 年，Level-2 行情第一代发布系统上线，推出 Level-2 展示行情。2008 年，Level-2 行情第二代发布系统上线，推出 Level-2 营业部版终端，同时 Level-2 非展示数据应用支持全量数据。2010 年，Level-2 支持移动终端应用。2013 年，推出 Level-2 PC 普及版终端应用，并发布固定收益行情。2014 年，推出港股通行情并代理港交所 Level-2 技术转发。2015 年，发布股票期权行情，支持终端展示和非展示应用。2016 年，推出 Level-2 移动普及版终端应用以及 Level-2 非展示数据机房内转发模式。2017 年，Level-2 低延时行情发布系统（以下简称"LDDS 系统"）上线。LDDS 系统支持多种信源，具有低延时、大流量、易扩展、高可用等特点。LDDS 系统容量为 40 亿笔消息/天，吞吐量大于 20Mb/秒，延时最大不高于 5 毫秒，平均小于 1 毫秒；采用成熟的体系结构，具备良好的冗余能力；使用 SSL 进行数据通信，同时支持用户密码和证书两种认证方式，保证数据的安全性；行情接收端具备良好的兼容性，同时支持 Windows 和 Linux 操作系统的部署。2018 年，推出 Level-2 非展示数据接口转发模式，发布基于行情历史数据的智能数据服务。2019 年，Level-2 行情全面支持科创板行情、支持综合行情。2021 年，Level-2 逐笔委托行情上线。

经过 10 多年的发展，上交所行情发布系统除支持上交所 Level-1 行情、Level-2 行情、股票期权行情、固定收益行情、综合业务行情外，还支持港深交所 Level-1 行情、新三板行情、大商所行情、郑商所行情、中金所行情、上期所行情、上金所行情、中证指数公司行情、恒生指数行情、德交所行情、泛欧交易所行情、莫交所行情、巴交所行情、伦交所行情、南非交易所行情和新加坡交易所行情等外部行情。截至 2021 年 7 月，上交所共服务 158 家 Level-1 客户及 146 家 Level-2 客户，Level-2 终端用户数近 300 万。

2. 深交所互联网行情转发系统

深交所互联网行情转发系统旨在为信息商提供深市 L1 行情、沪市 L1 行情、国证指数行情的互联网传输服务，为成本敏感型的信息商尤其是中小信息商提供深沪交易所行情的互联网传输服务，为信息商节省了铺设行情接入专线的成本，该系统具有低成本、高可用、高可靠、高性能的技术特征。

第一代互联网行情转发系统提供深市 L1 行情流接入服务，同时提供 API 接入、转换 DBF 行情文件、深交所静态文件下发的配套服务，以方便信息商的应用系统接入。系统采用消息总线和 TCP 树形结构相结合的技术架构，在内部核心层采用可靠 UDP 组播的消息总线实现数据极速流转，在外部转发层采用 TCP 通信的树状串行结构实现无限扩展转发，从而在低时延分发、横向扩展性、容灾容错性方面达到极高的技术水准，经测试，单个应用网关接驳 330 个下游系统，在 1000 笔/秒的消息包流量下平均消息时延为 47 毫秒；在接驳 150 个下游系统且 2000 笔/秒的消息包流量条件下，平均消息时延仅 9 毫秒。

第二代互联网行情转发系统提供沪市 L1 行情 API、行情文件接入服务，以及国证指数行情接入、上交所静态文件下发的配套服务，系统具备向信息商提供稳定的经济的深沪市场基础行情服务的能力。

3. 上期所行情体系

上期所行情系统从交易系统的行情引擎接收成交流水，生成行情数据，通过行情网络向行情接收者发送。行情接收者包括会员、行情商等，单个行情接收者可以建立多个行情通道。

第一代体系。上期所行情初期通过卫星信号单向发送，后逐渐转向通过专网和卫星网同时发布，行情切片为 0.5 秒，行情深度为 1 档，即 1 秒钟发布 2 次行情记录，包含成交量、成交均价、最优买价、最优卖价等。

第二代体系。上期所 NGES 上线后，在行情系统设计时作了公平性考虑，行情发送时采用轮换排队设计，某一笔行情中被排在首位的接收者，下一笔行情中将被排至队尾。

第三代体系。2019 年，上期所第二代行情发布系统上线。这一代行情系统启用了组播技术，可以向多个接收者同时发送行情，从根本上解决了行情发送顺序问题。同时，行情深度改为 5 档并支持行情主题订阅。

4. 郑商所全球路由平台

自 2015 年起，依托易盛上海和香港双数据中心，郑商所开始建设并逐步完善郑商所全球路由平台，旨在将郑商所行情推向国际、引入境外交易所行情，并为国内外客户提供一站式行情接入和交易服务。其建设历程如下：

2015 年 7 月，香港数据中心完成与芝商所香港将军澳站点的直连，收取芝商所组播行情和提供交易接入服务。

2016 年 5 月，上海和香港数据中心分别与 IDC 上海和香港站点直连，收取洲际交易所行情。

2017 年 2 月，香港数据中心完成港交所 SDNet/2 业务接入，为托管客户提供港交所行情服务。

2019 年 2 月，芝商所奥罗拉机房托管网络建设完成，通过跨境专线将高质量行情传输到上海数据中心。同年 6 月，新交所机房托管网络建设完成，通过跨境专线将高质量行情传输到上海和香港数据中心，形成三角形网络结构。同年 11 月，香港数据中心完成与芝商所香港荃湾站点的直连，为行情和交易提供冗余接入。

2020 年 4 月，上海数据中心通过 IDC 接入 LME，收取伦交所行情。同年 6 月，港交所托管机房网络建设完成，将港交所组播行情传输到香港数据中心。同年 7 月，香港数据中心完成与欧交所香港站点直连，收取欧交所行情。

2021 年 3 月，上海数据中心完成与大商所、上期所和中金所的行情直连，为客户提供高质量的行情和稳定的行情。同年 4 月，港交所托管机房完成港交所个股期权接入业务，进一步完善港交所行情品种接入。同年 5 月，上海和香港数据中心完成与 IDC 新架构的直连，进一步改善洲际交易所行情质量。同年 6 月，港交所托管机房完成与 LME 香港接入点直连，进一步改善伦交所行情质量。

郑商所全球路由平台建设至今，已完成了对国内三大期货交易所、两家证券交易所的直连，同时覆盖了包括芝商所、港交所、新交所、欧交所、伦交所、洲际交易所等境外主要期货交易所的行情和交易服务。为客户提供一站式的交易接入和行情服务，涵盖了云托管、实体托管、交易所机房托管等服务形式，推动了中国期货市场的国际化进程，提升了中国期货市场的影响力。

第四节　登记结算体系

交易系统和登记结算系统是资本市场的枢纽系统。交易系统接收交易指令，对交易进行前端监控并完成集中撮合。登记结算系统位于资本市场的后台，从交易系统接收交易成交数据，从市场各方接收非交易数据，完成结算处理后，在日间或日终将处理结果反馈到市场各方，市场各方根据收到的结算数据进行后续处理。

在中国资本市场 30 多年的发展历程中，登记结算系统在资本市场改革创新的号角声中，架构不断完善、功能不断增强、效率不断提高，在服务于高速发展的资本市场的同时，实现了自身的突破和蜕变。目前，狭义证券的登记、清算交收和集中资金划付均由中国证券登记结算有限责任公司（以下简称"中国结算"）统一承担；期货业结算工作则由各期货交易所自行承担。

作为中国资本市场重要的金融基础设施，中国结算秉承安全、高效的基本原则，根据多层次市场加快发展的需要，健全完善集中统一的登记结算体系，为登记结算系统各类参与者参与场内场外、公募私募以及跨境证券现货和衍生品投融资提供规范、灵活、多样的登记结算基础设施服务。本节以中国结算登记结算体系为例，介绍登记结算体系信息化发展历程。

中国结算信息化建设经历了电子化、信息化、网络化和数字化四个阶段：

1. 电子化阶段（20 世纪 90 年代初期至 90 年代中期）

20 世纪 90 年代初，中国证券市场作为新兴市场，充分发挥后发优势，信息科技起点高、发展快，在经过较短的实物股票阶段后，迅速进入证券无纸化、电子化阶段。

1991 年 1 月，深圳证券登记有限公司成立；1992 年，沪深市场正式实现证券集中托管及无纸化交易；1993 年 3 月，上海证券中央登记结算公司成立。在这一阶段，证券市场技术系统以满足区域市场业务需求为目标，具备登记结算的基本雏形，包括业务处理系统和数据通信系统，为市场运行提供最基本的技术保障。业务处理系统主要采用"微机+Novell 网",业务功能包括账户管理、股票登记、过户和分红、交易资金清算和簿记,实现了证券市场登记结算业务的电子化;通信系统以拨号作为接入方式,实现证券公司和本地登记结算机构的通信。

2. 信息化阶段（20 世纪 90 年代中期至 2009 年）

随着资本市场不断发展,传统的微机和通过拨号网络进行数据交换的技术架构已无法满足日益激增的业务处理需求和对系统稳定性的要求。伴随着信息化的浪潮,1997 年、1998 年深圳和上海证券登记结算系统分别开始向小型机过渡,登记结算系统初步完成信息化。

2001 年 3 月,中国证券登记结算有限责任公司成立,标志着全国集中统一的证券登记结算体系的正式形成。2002 年 8 月 4 日,开放式基金登记结算系统投入运行,为境内开放式基金交易、登记、结算提供自动化和标准化服务。2003 年 4 月 14 日,QFII 登记结算系统投入运行。2004 年,公司网络投票系统建成上线。2005 年,上海地区推出非担保交收系统,实现了权证行权等业务的逐笔非担保 DVP 结算。2006 年,公司网站推出投资者用户认证和证券查询服务。2007 年,上海地区推出了 PROP 综合业务终端,完成了清算系统的改造,推出了实时清算和预清算功能。2008 年,公司三地分别完成技术系统运能提升工程,技术系统运行能力提升 3 倍。2009 年,深圳地区主板、三板账户合并上线,实现了深市主板和三板间账户的通用。

随着证券市场的持续发展,证券登记结算系统功能日益完善,处理能力快速增长。系统的处理模式也从初期主要以日终处理为主,即集中在闭市后进行清算、证券过户、资金交收、权益登记与分派分红等的处理,到日间实时开户、实时逐笔全额结算（Real Time Gross Settlement,RTGS）等业务的持续推出,登记结算系统正式迈入信息化阶段。

3. 网络化阶段（2010—2018 年）

伴随着互联网的兴起,传统业务逐步向互联网转移,网络化、在线化已成为这一时期的显著特征。中国结算紧紧抓住时代的脉搏,着力加强技术统筹规划,逐步尝试将证券登记结算的非交易类业务办理从线下向线上转型。

2010 年,沪深市场 BPM 系统上线运行,实现了沪市、深市证券登记结算日终处理和业务操作流程由人工控制向系统自动控制的跨越。2011 年,中国结算企业级数据仓库（Enterprise Data Warehouse,EDW）建成上线,成为境内证券市场最为全面和权威的行业级数据仓库。2012 年,公司三地网络完成升级切换,网络数据传输能力得到大幅提升。2013 年,公司推出新版中英文网站,拓宽了公司和市场参与人沟通交流的渠道。2014 年 5 月 19 日,中国结算新三板登记结算系统上线;同年 10 月,统一账户平台上线、11 月沪港通系统上线。2015 年 2 月,沪市期权登记结算系统投入运行。2016 年 12 月,深港通系统建设并顺利上线。2017 年,新一代在线业务平台、深市证券登记结算系统优化二期项目完成建设并顺利上线。2018 年,完成沪市第三代批处理系统、在线预填单系统、公司柜台业务网上预约取号系统等项目的建设。

在这个阶段，中国结算通过在证券登记结算系统引入分布式技术架构，应用架构前后台分离，将传统的后台登记结算业务保留在小型机上处理，而将非交易类的前台在线业务转移到X86平台处理，同时加大自身业务的在线化力度，构造移动端、网站端、自助终端和柜台等多种服务渠道的结算"e网通"体系，推出了统一账户平台，支持了全国中小企业股份转让市场业务的开展，加强了境内外资本市场的互联互通，登记结算系统迈入网络化阶段。

4. 数字化阶段（2019年至今）

近年来，随着信息技术的进一步发展，数字化转型已成为金融企业的共同趋势和目标，证券登记结算系统也在不断地创新和变化，以适应已经到来的数字时代。

2019年6月13日，中国结算完成对上海证券交易所科创板业务支持。2020年，完成支持创业板改革系统改造、深市实时服务平台和期权前台的X86迁移；同年启动结算系统DVP改革。2021年，完成沪市、深市REITs项目上线、深市主板中小板合并项目上线并正式启用、公司异地灾备系统上线，同时着手正式规划建设新一代登记结算系统。

伴随着信息技术的不断发展，越来越多的分布式、开源、开放技术应用于登记结算系统中，部分核心业务系统如RTGS逐步从小型机平台剥离，同时借助大数据、云计算、区块链、人工智能等金融科技技术，登记结算系统的服务深度和广度不断扩宽，数据驱动能力不断增强，越来越多的业务实现了在线化、移动化、智能化，证券登记结算系统的发展也全面迈入数字化、智能化时代。

中国登记结算公司充分认识到区块链技术具有为交易后处理领域带来变革的潜力，进行了一系列探索和试点。2017年，为推进区块链技术在登记结算业务中的研究应用，中国登记结算公司选择了业务标准化程度高、风险相对可控的新三板市场证券质押业务作为应用场景，开始建设证券质押登记业务在线化项目，该系统利用区块链技术特点，通过建立一套综合的区块链证券质押登记业务平台，实现证券质押登记业务直接在线办理、业务渠道整合优化、质押供需意向信息发布、信息订阅检索等增值服务功能。2019年8月中旬，中国登记结算公司证券质押登记在线业务平台正式投入试运行，并正式启动了在线质押项目的试点工作。

经过长期的系统建设，目前中国结算已形成京、沪、深三地分布，涵盖交互渠道、业务处理、服务支持、运营管理和运行维护等方面功能的技术系统体系。从技术架构来看，采用了"主机平台+分布式开放平台"的双模驱动的架构。对于后台批处理业务，基于安全、效率考虑，主要采用主机平台，对于登记结算前台业务，考虑开放平台灵活性、敏捷性、扩展性等特点，开展了大量的主机下移工作，基于X86平台建设了统一账户平台、新一代在线业务平台、登记结算实时服务平台等，广泛使用开源、开放技术，并持续推进资源的云化以及服务的云化。从系统设计来看，采用模块化设计理念，各个模块通过数据接口、服务接口进行关联，一方面降低了耦合度，另一方面增强了可扩展性。系统采用多机并行处理技术，各模块与子系统可并行运行、互不影响，同时建立了实时结算处理机制，通过与证券交易所之间的实时数据传输通道，在每个交易日开市后实时获取交易成交数据，并通过证券登记结算系统对成交数据进行实时处理。

依托计算机、网络通信等信息技术，通过发行、登记、存管、交易、清算、交收、资金划拨、监察等业务处理的电子化和自动化，中国结算实现了全业务链条的直通处理，为上海证券交易所、深圳证券交易所、全国中小企业股份转让系统和基金市场等交易场所提供登记结算服务，支持产品范围包括 A 股、B 股、创业板、新三板、科创板、基金、债券、理财产品、期权、权证等，服务对象涵盖证券交易所、证券公司、基金公司、投资者、发行人、核心机构、香港结算、银行、监管机构等。登记结算系统设计指标每日处理交易笔数 4 亿笔、证券账户 20 亿户、证券品种数量 20 万只。截至2021 年 6 月底，公司管理"一码通"证券账户个人及机构投资者数达 1.88 亿人，登记存管的沪、深证券交易所市场上市证券 27872 只，其中上市股票 4476 只；登记存管的新三板挂牌股票 7689 只。2019 年全年证券结算总额为 1236.42 万亿元，结算净额为49.58 万亿元。

除证券交易场所外，中国结算的技术系统还广泛连接了境内其他市场及机构，提供高效、快捷的证券登记结算相关服务，包括为证金公司转融通业务提供登记结算服务、为中金所上市国债期货提供实物交割服务等。在与境外市场互通上，如沪深港通、沪伦通、H 股"全流通"等，中国结算发挥着重要作用。

第五节　共享服务

证券期货业是一个数据密集型行业，沉淀了大量数据，如各类交易数据、市场行情等，为支撑各项业务创新奠定了基础。同时，证券期货业也是一个技术密集型行业，大数据、云计算、区块链等信息技术发展正不断重塑着行业生态，"无科技不金融"已成为证券期货业共识。数据和技术的融合创新，创造了新的业务模式、应用、流程和产品，基于数据和技术驱动的创新发展成为证券期货业的发展潮流，极大地增强了行业竞争力。

一、数据中心与托管机房

经营机构信息系统包括机房、硬件、软件三部分。在传统模式下，机房一般为自建或者租用通信运营商提供的 IDC 机房，计算机服务器、网络设备等硬件设施为自行购置，应用软件通常通过签署产品销售合同的形式向信息技术服务商单独购买。传统信息系统建设物权清晰，但存在初期信息技术建设投入高、建设周期长、后期综合运维（人力以及设备更替）成本高及扩展性不足等问题。自 2003 年以来，沪深证券交易所下属技术公司开始为行业机构提供类似 IDC 机房的"托管机房服务"，该服务由行业核心机构负责运维机房物理环境，有效节约 IDC 机房到核心机构的通信线路租用成本。

根据工信部主编、住建部批准的最新《数据中心设计规范》（GB 50174—2017），数据中心是指"为集中放置的电子信息设备提供运行环境的建筑场所，可以是一栋或几栋建筑物，也可以是一栋建筑物的一部分，包括主机房、辅助区、支持区和行政管理区"。数据中心通过冗余电源、冷却设施、网络资源等基础设施与运维管理，能够为行业客户提供可满足服务器安全、可靠、稳定运行要求的环境。数据中心作为重要的行业基础设施，对维护证券期货业信息系统安全稳定运行、赋能行业创新、促进资本市场高质量发展具有重要作用。

2013年1月，在工业和信息化部、国家发展和改革委员会、国土资源部等五部委（局）联合发布的《关于数据中心建设布局的指导意见》中，根据标准机架数对数据中心规模进行了划分。其中，超大型数据中心是指规模大于等于10000个标准机架的数据中心；大型数据中心是指规模大于等于3000个标准机架小于10000个标准机架的数据中心；中小型数据中心是指规模小于3000个标准机架的数据中心。

根据证券期货业数据中心发展历程，以下按早期机房阶段、中小型数据中心阶段、超大型数据中心阶段分别进行介绍。

1. 早期机房阶段

证券期货业在发展初期由于IT设备规模尚小，数据中心建设也没有统一的标准，各机构完全在摸索中进行机房建设，针对机房选址、环境要求、空气调节、电气、电磁屏蔽等缺乏科学、系统的规划。这一时期的机房基本只有降温措施，没有精密的温湿度控制，也没有严格的除尘措施。如上交所开业之初的机房就布置在交易大厅（浦江饭店孔雀厅）旁20多平方米的玻璃房内，主机设备与操作运维未进行分离（见图4-13）。

图4-13　上交所在浦江饭店的机房

1997年，上交所迁入位于浦东陆家嘴的上海证券大厦，电脑机房也仅为2间独立机房，由非透明墙隔离。其中一间为主机房，用于放置交易主机和前置机；另一间为操作机房，用于放置终端、PC机、工作站及卫星监视器等，以便技术人员进行监控、日常操作与提供对外服务。

2. 中小型数据中心阶段

随着交易规模日益扩大，主机、存储等设备也不断增加，上交所陆家嘴证券大厦机房逐渐暴露出空间结构不足、功能布局不合理、配套供电空调等设施滞后问题。为保障交易系统的安全稳定运行，2005年5月，上交所开始动工改造陆家嘴机房，并按照数据中心标准建设。2006年10月，焕然一新的陆家嘴证券大厦数据中心交付使用。数据中心面积约3200平方米（含辅助区域），可支持约500个标准机柜，设计供电总容量为2000kVA+1600kVA，并配备四台1100kVA应急柴油发电机，可保持24小时不关机。总体上看，陆家嘴证券大厦数据中心各项设备更加标准化，具有更合理的可用性设计，更高的实用性、可扩展性、可管理性和可维护性。

随着证券市场的不断发展，证券交易的模式也不断变化，越来越多的证券公司建立了大集中的交易模式，随之而来的灾难备份等一系列问题变得日益重要，上交所审时度势，提出建立灾备中心的设想，以期在确保交易安全的同时降低行业的运行成本。2003年6月，上交所外高桥地球站数据中心在行业内率先开展了IDC托管业务，多家证券公司迁入上交所外高桥集中托管机房。为满足业务发展的需求，外高桥数据中心进一步扩大规模，集证券业机房托管中心、证券业灾备中心、证券业接入中心和证券业研发中心于一体的证券技术大厦于2006年建成投产，上交所IDC（互联网数据中心）托管业务初具雏形。2014年12月，证券技术大厦电力扩容，新增11间托管机房，一经推出就吸引了数十家金融机构争相租用。

从2010年到2019年，上交所证券大厦数据中心机柜数量增长80%，设备数量增长90%。外高桥数据中心先后8次扩容，拥有5处数据中心机房，提供各类服务等级约2800个机柜规模的托管机房，交易所会员托管覆盖率约60%。

深证通的第一个数据中心机房是华强北上步203栋机房，并于2001年搬到新投入使用的滨海一期数据中心机房。2004年，深证通在位于深圳市福田区竹子林片区的滨海一期四楼建设数据中心机房并正式对外推出托管业务，首次推出20个机柜。随后次年在滨海一期五楼数据中心机房进一步推出200个机柜。2007年，深证通滨海二期数据中心机房正式启用，占地2000平方米，总建筑面积1万平方米，累计向市场推出约1200个机柜。2008年，深证通在北京启动金阳机房建设并投产使用，向市场推出约150个机柜。形成了滨海、福田（深交所数据中心）和北京"两地三中心"布局。

2019年4月，大连商品交易所同城数据中心正式奠基。数据中心园区内设有数据中心及办公区域总面积15000平方米机架共计1200个。数据中心内配有完善电力、制冷、监控、安防系统，于2021年底竣工投产。

3. 超大型数据中心阶段

近年来，随着证券市场业务及市场规模的高速发展，证券期货业IT基础设施总体规模偏小、机柜可扩充数量有限、设备管道老化、空间电力资源不足等问题日益凸显，已难以满足证券、期货、基金等金融机构业务创新发展需要。行业急需高标准的信息系统托管设施，以提高基础设施保障水平和安全性，降低行业机构运营成本。

2014 年，证券期货业信息化工作领导小组办公室颁布《资本市场信息化建设总体规划（2014—2020 年）》，提出"在交易所所在地或行业机构集中的城市，根据行业需求建设和运营多个高标准的行业信息系统托管设施，提高基础设施保障水平和安全性，降低行业机构运行成本，通过专业化运作降低行业机构运营成本"。7 年来，以上交所金桥数据中心、深交所南方数据中心为代表的行业信息系统托管设施纷纷投产，证券期货业数据基础设施建设取得跨越式发展，部分交易所数据中心建设直接进入超大型数据中心发展阶段。

为满足上交所及行业的迫切需求，保障资本市场长期稳定运行，在证监会的指导支持下，上交所于 2014 年开始筹建金桥数据中心，2016 年 3 月正式开工建设。经过 3 年多的不懈努力，金桥数据中心于 2019 年 6 月通过整体竣工验收，同年 12 月正式交付投运。

金桥数据中心占地面积 9.6 万平方米，总建筑面积 22.1 万平方米，共有 8 栋数据机房楼，可部署约 1.86 万个标准机柜，承载了上交所主运行中心、核心机构托管中心、市场机构托管中心、行业增值服务中心等重要功能。项目以"可靠、安全、实用、节能"为建设原则，严格按照国际标准 Uptime T4 和数据中心国标 A 级标准设计建造，是全国首家绿色建筑三星级数据中心。所有机房均符合 GB 50174—2017 A 类机房标准，园区是上海市第一个采用 3 路独立的 110kV 的市政电源作为常用电源的数据中心；同时，还采用 52 台 10kV 柴油发电机组作为备用电源，采用 260 台 500kVA 高频静态 UPS 作为 IT 系统不间断电源。目前，数据中心已进入稳态运行阶段，并已通过国际权威的 Uptime M&O 运维认证，为用户提供安全可靠的运维服务。

2015 年，深交所下属深圳证券通信有限责任公司（以下简称"深证通"）在东莞市自建了南方数据中心，统一为行业机构提供托管机房服务。2016 年，南方中心正式启用，园区总占地 13.5 万平方米，总建筑面积约 29 万平方米，总规划建设 2 万个机柜，将具备深交所核心数据中心、行业核心机构南方备份中心、行业经营机构南方托管中心、行业云计算与大数据中心、行业研发测试中心、行业金融科技创新实验室六大核心功能，规划打造集生产、研发、测试、培训、生活等多功能于一体的超大型数字产业园区。项目分两期建设，一期项目于 2016 年投产并向市场推出 5000 个机柜，已承载金融行业托管客户超过 150 家，初步形成了行业信息服务生态链。二期项目现处于建设阶段，预计 2022 年底投产并推出 1.5 万个机柜。

南方中心以"世界一流的行业信息技术中心"为建设标准，机房整体按照国家 A 级、国际 Uptime T4/T3+ 等级机房设计，能提供完善的供电保障、空调保障、网络保障、消防保障和安全保障，并具备规范的业务流程。南方中心交易托管用户均以千兆进行局域接入，核心通过长途光缆+DWDM 设备与深交所福田中心实现两个独立平台的万兆互联，平面内实现环路保护，提供高速、低时延、高可用性的通信。随着 2016 年

12 月深交所郑州灾备中心上线，目前深圳证券市场通过滨海数据中心、南方中心、郑州灾备中心已实现"两地三中心"备份。未来，随着南方中心二期项目建设投产及滨海数据中心完成升级改造，深证通的基础设施服务能力将得到进一步加强，并通过配合深交所推动港交所行情落地等国际化业务发展以及行业六大功能作用的发挥，着力打造成具有聚集效应和地区影响力的交易所技术生态圈，促进中国资本市场信息技术系统安全、高效运行和健康发展。

上期所主数据中心位于上海浦东新区上海期货交易所衍生品开发与数据处理中心（即张江数据中心），上海浦东新区期货大厦保留部分机房，另有多处租用机房。目前总容量约 4 万个机柜。张江数据中心扩容工程正在推进中。

二、云服务

云服务对提高交易效率、优化资源使用、降低运营成本、促进相关机构轻资产化运行具有重要作用。2016 年，深证通试点行业机构开始提供"硬件租用"及数据存管服务，该服务与"托管机房服务"合并为"经营机构信息技术基础资源外包服务"，初步形成了云基础设施的雏形。

1. 上证云

为适应经济发展新常态，服务于"互联网+"的战略，上交所下属子公司上证所信息网络有限公司于 2013 年提出构建上证云，结合自身在行情数据技术方面的经验和优势，秉持"高品质、高保障、高可用性、低成本"的原则，建设相对集中的互联网行情发布服务系统，为证券公司通过互联网向投资者发送行情提供托管服务，解决行业重复建设问题，有效降低行业整体成本。

上证云在建设之初就明确"行业专属"的理念，定义为基于数据信息的 SAAS 服务，因此系统开发建设中重点关注分布式系统架构、容灾架构、标准协议、数据模型、应用架构等重要技术攻关。整体上，按六个要素推行实施：一是建设全国多点部署的基础设施，实现行业资源的集聚与共享。二是发挥交易所行情数据源的优势，提高行情数据品质。三是构建一体化的安全运营监控体系。四是提供综合性的互联网安全防护体系。五是开发高性能的行情服务端以及支持多种设备的客户端 API。六是通过客户定制等方式兼容当前和未来证券公司的个性化需求。

上证云于 2013 年开始立项评估，2014 年正式试运行，2015 年获评上海市重大示范项目，2016 年推出移动互联服务，2017 年提出开放平台概念，2018 年推出智能数据服务，2019 年推出 PC SDK 服务。随着创新业务不断扩充，上证平台不断更新迭代，不断增加新的业务种类与功能。截至 2021 年上半年，上证云服务 108 家客户，拥有 16 个云端站点，可用互联网带宽为 90G，在线服务器 1800 余台，日活跃用户数为 800 万。可提供 IaaS、SaaS 层服务及 PC、APP、Web 类全终端行情解决方案，同时加强合作伙伴的引入，解决行业共性需求问题。

2. 证通云

证通云是上交所面向证券、基金、期货、保险等金融机构推出的云服务平台。依托上交所T3+等级数据中心，证通云拥有成熟稳定的云技术平台、完善的用户服务体系及丰富的安全运营管理经验，严格遵循国家相关部门监管政策，持续为金融机构提供技术领先、稳定可靠、安全合规的云计算服务。

2018年，上交所开始建设行业云基础设施，同年10月证通云上线并正式对外提供服务。2019年，证通云完成了上海金桥数据中心站点和北京异地数据中心站点的建设。2020年和2021年，根据市场需求，证通云进行了持续扩容，目前已形成了"两地三中心"高可用架构，支持金融机构同城双活及灾备建设要求。

在产品方面，2018年证通云推出了计算、存储、网络及安全等IAAS产品，2019年和2020年推出了云数据库、大数据组件、人工智能组件等PAAS产品和仿真接口测试、智能客服、行业云盘、资管数据报送等SAAS产品，形成了多维度、多应用、全方位的云产品体系。同时，以云市场的方式，联合10余家行业应用软件厂商，共同在行业云上孵化及提供云应用服务，初步构建了云上应用生态圈（见图4-14）。

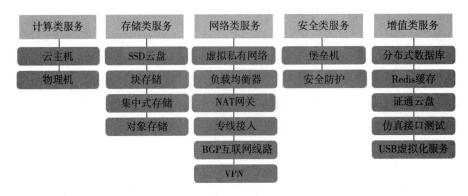

图4-14 证通云对外服务产品目录

在应用场景方面，证通云持续拓展行业性云应用场景，形成了新筹公募基金、券商/基金灾备、互联网金融业务系统等多种云化解决方案。

在用户方面，2019年1月，首家使用上交所行业云基础设施的淳厚基金管理有限责任公司通过证监会现场验收，正式营业。截至2021年底，证通云为证监会、上交所、证券业协会、上海基金同业公会等行业核心机构及超过100家券商、基金、期货、银行等机构用户提供云服务，有效降低了监管自律组织及行业经营机构IT系统建设成本和运维难度，推进了行业数字化转型工作。

3. 深证云

深证金融云是以服务行业需求导向，解决行业业务场景痛点为出发点，携手行业技术服务商，为境内外资本市场参与机构提供一站式的金融云服务。具体而言，就是以行业核心系统、互联网和数据三大服务平台为基础，采用行业云、私有云、混合云的部署模式为行业提供全面综合的业务技术解决方案，向市场机构提供全方位的云服务，提升行业核心竞争力。

深证金融云针对行业金融云服务的特定合规要求，从技术手段、资源投入、组织架构、制度流程、安全体系等方面建立健全风险管控体系，通过服务管控、业务备案、完善备份、封闭运维、资源隔离、独立部署、权限管控、操作留痕等多重措施，保障各项服务的业务合规、系统安全和数据安全。

以 IaaS 为主的服务阶段（2014 年推出）。2014 年，深证通发现市场机构对 IT 基础设施的快速交付支持、各类计算、存储和网络资源的灵活调配和弹性扩展有着强烈的需求，开始基于开源软件自建金融云平台。深证金融云 IT 资源基础设施布局规划完善、资源丰富，依托中国证券期货业南方技术中心、深圳同城中心、北京中经云数据中心三大主数据中心节点，形成了"两地三中心"的架构。为了提供便捷的互联网就近接入，深证云在东莞、廊坊、苏州、重庆等地建设了多个互联网服务节点，完成了"2+1+N"的建设布局，实现了核心系统"两地三中心"，多个互联网服务节点就近接入的服务布局。在通信方面，深证云直连沪深证券交易所等核心机构，云计算节点间骨干网络互连、逐步形成云网一体化金融专网，充分保障客户数据便捷、高效、安全的通信传输。

深证云根据行业 IT 治理规范要求，形成了丰富多样的场景化应用交付方案。面向行业核心业务系统生产、灾备和测试等需求场景，推出 IT 基础资源外包、灾备云、专有云、开发测试云、证券业务桌面和安全云服务；面向互联网应用场景，推出行情云、AI 算力服务、网上交易及网站托管解决方案；面向数据备份和报送场景，推出数据存管和行业监管数据报送服务。服务对象包括行业协会、证券交易所、区域股权交易中心等市场核心机构，证券机构、基金机构、期货机构、销售机构、银行机构、保险机构等金融机构，以及上市和拟上市企业等近 300 家行业机构。

深证云为行业客户提供高效的运维保障服务及安全防护服务，2015 年通过了 ISO/IEC 2000 及 27001 认证，2018 年成功通过网络安全等级保护云计算第三级认证。依靠规范化的运维管理体系、自动化运维平台，规划并建立深证云的安全防护平台，确保深证云服务的安全性、稳定性和连续性。

全栈云阶段（新一代金融云阶段，2018 年推出）。自 2018 年起，深证云在开源自建云平台的基础上，引入公有云技术，与腾讯签订了战略合作。双方合作建设新一代金融云服务平台，自建云平台和合作云平台相互补充，深证金融云的技术平台和市场服务日益完善，构建了开放、合作、共赢，聚集最大的金融机构社群，形成包括基础设施即服务（IaaS）、平台即服务（PaaS）、软件即服务（SaaS）等在内的多层次云服务体系，面向深交所集团、监管机构、市场机构提供全栈行业云服务，成为行业社群最大、最具活力的金融云平台。

深证云与腾讯合作提供先进、成熟的 AI 原子能力，包括人脸核验、语音处理、OCR 等，与算力资源池一起构建完善的行业人工智能平台设施和环境，提升人工智能技术在行业的应用能力与效率。

深证云积极服务科技监管，2020年3月，易会满在推进证监会系统科技监管工作动员部署会上提出要强化"四大工程"，其中的"一片云"工程就是要建设证券行业监管云平台，为科技监管提供安全、可靠、高效的信息化基础设施，提升行业智能化监管水平。深交所作为中国资本市场核心机构，主动融入全系统科技监管建设工作，基于共建共享原则，充分利用通信公司"深证云"建设运营能力等多方面的实践经验，全力支持"一片云"项目建设，共享科技监管建设成果，促进行业监管数据交换和共享，提升行业监管效能。

后期将进一步增强云平台的能力，逐步开放互联网应用框架、研发支撑平台、微服务架构、容器化平台、Devops工具链、面向科技监管的人工智能、大数据分析模型算法等平台和能力。

4. 登记结算云

中国登记结算公司密切关注云计算技术的发展，汇集三地技术力量，持续跟踪研究，并试点建设了开发测试云和SCAP云平台等项目。

开发测试云主要解决开发测试环境资源不足、人工管理效率较低、不支持分布式系统快速灵活部署需求等现实问题。建设完成后，开发测试云采用分布式架构和统一云管平台，完成了私有云平台新建工作，并编制了云平台管理细则，对资源进行高效利用和安全运维，实现了测试资源的动态调配和测试环境的快速部署。

SCAP云平台主要为登记结算系统提供分布式和弹性扩展等PaaS云服务。基于该平台，中国登记结算公司建设了在线业务受理系统（ZAP）和实时业务处理系统（BESTPOS）、资金存管系统（CASHDEP）、第三代批处理系统（BASP）等，推出账户业务、证券质押、权益派发等14项在线受理类业务和结算资金存管、结算资金支付、结算信息服务等4项实时处理类业务。

三、数据服务

数据作为"未来的新石油"，能够提高人力、物理资源的分配和协调能力，减少浪费，增加透明度，并促进新想法和新见解的产生，因而具有极大的战略价值。证券期货业是数据密集型行业，各核心机构为了更好地挖掘数据资源、促进应用创新、推动数字化转型，大力开展各类数据服务，数据仓库、大数据平台、数据交互服务等数据应用基础设施建设迅猛发展。

1. 证通大数据服务

证通股份有限公司成立于2015年1月，是由国内多家证券、基金、期货等机构以市场化方式共同发起成立的信息技术综合服务企业。公司聚焦"数据洞察、智能运营、信创升级"三大核心服务领域，扎根证券业，辐射泛金融行业，提供信息技术综合服务解决方案，是中国证监会批准的唯一一家监管科技外部数据管理单位，其中，证通的全资子公司——上海水滴征信服务有限公司于2015年获得人民银行企业征信业务经营备案资质。

证通公司通过打造行业外部数据中心，为企业提供商业数据一站式服务。通过收集和整理政府及权威机构提供的公开数据，包括工商数据、诚信信息、司法涉诉、舆情、经营信息、知识产权、全球企业数据等，采用数据融合、数据建模、智能算法等方式对数据进行深度加工和聚合，以 API 与数据库的方式向行业客户提供企业大数据服务，支持信息查询、信息核验、数据拉通、定制和推送等服务，助力监管机构、行业经营机构、地方金融监管和其他行业等在数仓建设、企业开户、反洗钱、风控合规及商业尽调等场景高效工作。

同时，公司还提供企鉴服务，针对投行尽调场景，提供聚合查询、股权穿透、企业关系排查及银行流水分析等服务。在企业尽调、上会送审及发行上市的全流程中，协助尽调人员对发行人企业的基本情况、高管人员、财务与会计、业务经营情况、关联方和关联交易、风险因素、海外投资等重要事项进行全面调查，提升尽调人员在信息获取和查验方面的工作效率，全面及时发现拟上市企业在经营中的潜在风险。

提供征信对接，提供证券行业机构与人行二代征信系统对接、报送与查询一站式服务。证通征信对接服务平台连接证券行业机构与人民银行征信系统，协助证券行业机构统一接入人行征信系统，提供业务咨询、系统接入、人行验收、运营支持等一站式服务，实现人行二代征信数据报送与查询，助力证券行业机构强化股票质押、约定赎回、融资融券等类信贷业务的信用风险管控。

2. 上交所数据仓库

上交所数据仓库将历年来的交易、年报、报送等业务原始数据做处理后，从中分析整理出有价值、可公开信息，对外提供信息产品服务，发挥了支持市场监管、支持业务创新、支持信息经营的重要作用，包括上市公司欺诈行为监测、会员与上市公司风险管理、指数评估模型建设、ETF 产品分析、会员计费管理、异动股票发布、交易信息公开披露等。上交所数据仓库一期建设于 2003 年 10 月完成，实现了数据仓库从无到有，数据从离线到在线。数据仓库二期建设于 2005 年 12 月完成，开发信息服务平台及应用服务体系，实现了数据仓库从生到熟、从存储到应用。2008 年，完成容灾建设，后续系统又经多次升级扩容。截至 2019 年，数据仓库主备共有 72TB 容量，实现亚太首个同城灾备数据仓库体系架构。2019 年 1 月，数据仓库对外服务均迁移至新建成的上交所大数据平台，数据仓库逐步下线。

中国登记结算公司数据仓库系统主要面向全市场投资者、上级机关、证监会和公司内部提供查询类服务，截至 2021 年底，已完成"一致行动人股价操纵""大 A 账户分析""资本市场热线监控""股指期货对现货市场影响研究""结算参与人风险分析"等多个专题的大数据挖掘分析研究，同时中国登记结算公司数据仓库系统还承担了证监会科技监管 3.0 "关联账户分析"等大数据挖掘探索任务。

中国登记结算公司企业级数据仓库系统（EDW）分为数据仓库层和物理集市层，数据仓库主库采用 MPP 架构，为主生产系统，主要承担关键高时效查询统计应用和批处理应用等；物理集市层采用 NoSQL 数据库，用于减轻生产查询及存储压力，对查询用途明确、访问频次较高的查询，提前完成表间关联，按实际查询格式进行存储，通过减少查询过程中的关联条件，提高查询效率，减轻系统压力。

3. 上交所大数据平台

作为行业重要数据公共服务基础设施，上交所大数据平台一方面汇聚各机构数据助力上交所业务发展，同时根据相关数据互换协议向行业内各机构分享上交所生产加工的证券发行交易、市场资金流动等各类数据。已与中国证监会、深圳证券交易所、全国股转公司、中国证券登记结算公司、中国证券投资基金业协会、中证指数公司、中国证券金融公司、上海黄金交易所等诸多机构形成了初具规模的数据共享体系。

上交所大数据平台于2019年1月上线运行，平台基于国产分布式大数据软件和国产PC服务器构建，支持结构化、非结构化和流式数据加工，提供文件接口、RESTFUL服务、即席查询、应用报表等多种服务方式。平台采用分布式、微服务、前后端分离、多层次存储、主备双活等主流创新设计，自主研发准实时调度管理系统、主备站点即时比对工具、快速备份恢复系统、全方位监控系统、接口管理工具等关键技术。平台承接上交所原数据仓库所有数据及服务功能的同时，扩容成本显著下降，计算、批处理、备份恢复性能大幅提升。上交所大数据平台支撑了投资者画像、公司画像、新监察历史监管分析、期权做市商评价计算、大股东减持控制计算等多项创新业务，为科创板监管、新监察系统、科技监管中心等重大创新项目提供重要数据支撑。截至2021年7月，平台已对接上交所内外近50个系统的2000多个接口，单站点容量约800TB，每交易日处理3300多个作业，提供360多个应用服务，服务所内和证监会500多位用户。

为满足推进基金账户统一及基金业监管数据有效集中等相关需要，解决基金中央数据交换平台面临的基金行业大数据处理的瓶颈问题，中国登记结算公司利用Hadoop分布式计算架构体系建设了基金中央数据交换平台大数据处理系统。该系统采用Hadoop平台作为基础技术架构，解决了系统中因保存和加载大量异构文本数据所产生的处理效率低和系统耦合性强的问题，通过解析文本数据统一数据结构，向公司数据仓库系统提供准确、一致的数据，同时为后续的查询统计、市场分析、客户服务提供基础数据服务。

4. 金融数据交换平台

金融数据交换平台（Financial Data Exchange Platform，FDEP），是深证通自主研发的金融机构间数据交换平台技术系统，是中国证券行业数据交换市场基础设施，为参与证券市场的各类金融机构提供安全、高效、便捷的数据交换服务，对提升全行业业务运作的数字化、标准化与自动化水平，提高业务运作效率，降低业务运作风险，提高市场监管效率有重要的作用。

FDEP在中国证券市场乃至整个大金融行业得到了广泛的应用，覆盖了总计1200余家的总部级金融机构，包括证券、基金、期货、银行、保险、第三方金融销售、金融信息服务等；所支持的业务包括证券保证金第三方存管、基金销售、电子对账、投资交易订单路由、实时申赎、基金互认、B转H等20余类；日均交换消息包超过5000

万个，数据文件超过 250 万份，已经成为国内金融行业、资本市场重要的基础设施之一。同时，在支持中国资本开放进程中，通过香港节点的建设及跨境业务的拓展，其正在逐步发挥联通国内与国际市场的重要作用。

FDEP 技术上采用星形结构，包括消息传输系统和文件传输系统两部分，分别用于消息和文件的传输。其中消息传输系统中枢交换性能可达 20 万包/秒，系统处理时延低至百微秒级；文件传输系统中枢交换文件性能可达 2000 万个/天，两套系统均可支持水平扩展。FDEP 遵循高标准的安全规范体系，安全标准达到"网络安全等级保护第三级"要求。同时，FDEP 完成了国际化、产品化的改造，输出到孟加拉国达卡交易所、巴基斯坦交易所等国外机构，正式开启了国际化新征程。

（1）FDEP 消息传输系统

FDEP 消息传输系统 v1.0 于 2006 年 12 月上线，采用多节点、单城市中心部署结构，主要是服务于各证券公司和银行，业务范围主要是证券交易保证金的第三方存管业务。

FDEP 消息传输系统 v2.0 于 2008 年上线，技术系统安全性、可靠性升级的同时，服务范围也逐步扩大，证券、银行、基金、保险、信托、期货等各类市场机构和深交所、中国登记结算公司等核心机构持续增加，第三方存管、电子对账、基金盘后等业务场景不断丰富，业务规模持续增长（FDEP 消息传输系统 v3.0 不存在）。

FDEP 消息传输系统 v4.0 于 2012 年上线，技术系统升级为多节点、多城市中心的分布式架构，系统的安全性、可用性、可靠性、交换能力进一步提高，服务资本市场的机构数量显著增加，业务场景不断丰富，如融资融券、转融通、实时申赎等，以及 B 转 H、基金互认、QDII、QFII 等香港和国际市场业务场景的应用。

FDEP 消息传输系统 v5.0 于 2019 年上线，技术系统的功能不断丰富，提供了国际化应用、消息发布订阅、实时文件接口、TCP 代理、国密应用、信创应用等功能，使平台延伸至更多应用场景，包括孟加拉国达卡交易所、巴基斯坦交易所等机构的本地化交换等，同时平台合规性、安全性不断提升。

（2）FDEP 文件传输系统

FDEP 文件传输系统 v1.0 于 2003 年上线，系统为 C/S 架构单机版架构，提供了基础的文件交换功能，主要应用于基金销售、三方存管等业务的文件传输场景（FDEP 文件传输系统不存在实际大版本 v2.0）。

FDEP 文件传输系统 v3.0 于 2009 年上线，技术系统升级为多机架构版本，系统可靠性、性能、安全性、易用性进一步提升，并且应用于文件传输、监管报送、债券行情发布等场景。服务用户除了银行、证券、基金、保险、期货等机构外，扩展到了中国登记结算公司、中债登等核心机构。

FDEP 文件传输系统 v4.0 于 2014 年上线，技术系统中枢端采用多活架构，支持水平扩展，支持分布式部署，无存储部署模式，客户端采用分层模块设计，系统架构进一步优化，部署灵活性、系统容量、系统响应速度、安全性不断提升，并且应用于静态行情发布、跨境数据传输、融资融券、担保品管理、跨市场 ETF 等场景，服务于深交所、香港联交所、证金、股转公司、中证报价等核心机构。

FDEP 文件传输系统 v5.0 于 2019 年上线，技术系统的功能不断丰富，提供了国际化应用、互联网应用、国密应用、信创应用等功能，同时平台合规性、安全性不断提升。使平台延伸至更多应用场景，包括孟加拉国达卡交易所、巴基斯坦交易所、互联网接入等应用场景。

随着 FDEP 在国内金融行业持续的精耕细作和深化应用，平台业务生态快速发展，技术和服务水平不断提升，FDEP 正在逐步成为金融行业数字化转型的重要基础设施。同时，FDEP 也是支持跨境业务互联互通的重要基础设施，未来随着金融业对外开放的不断深化，FDEP 必将成为联通全球的数字化服务平台。另外，FDEP 的国际化、产品化技术输出已经迈出了坚实的第一步，后续将为更多"一带一路"沿线国家及其他国家的金融信息化建设及数字化转型提供有力技术支撑和宝贵经验。

四、测试服务

随着我国证券期货信息化的推进，2015 年 4 月，证监会在大连商品交易所挂牌成立了行业首家测试中心——证券期货业信息技术测试中心（大连）（以下简称"大连商品交易所行业测试中心"），主要利用其在测试技术、测试标准、测试人才的优势资源，向行业共享测试基础设施。标志着行业基础设施支持信息化建设高质量发展发挥又一重大作用。

创办行业测试技术期刊。2015 年 12 月，大连商品交易所行业测试中心出版《证券期货业测试技术与质量管理》季刊，迄今累计发刊 23 期，70 余家行业机构投稿，开创了行业测试技术交流的根据地，促进了行业测试技术交流和测试生态圈建设，不断推动行业测试技术研究深入发展。

创新行业统一测试服务。自 2016 年起，为解决行业测试资源重复投入、缺乏有效整合、测试质量和效率不高等问题，大连商品交易所行业测试中心创新性提出了公共产品统一测试解决方案，采用"众筹"方式将行业共性测试集中实施，大大降低了行业核心业务系统运行风险。78 家经营机构参与其中，覆盖 5 家开发商的 7 个行业核心业务系统，标志着行业基础设施建设进一步夯实。

制定行业测试技术标准。2019 年 9 月，由中国证券标准化技术委员会指导、大连商品交易所行业测试中心牵头制定的《证券期货业软件测试规范》正式发布，填补了金融行业软件测试标准的空白；2020 年 7 月，《证券期货业软件测试指南 软件安全测试》也正式发布，对细分的软件安全测试领域正式设立了测试标准。《证券公司核心交易系统技术指标》《私募基金电子合同系统测试规范》《证券期货业移动互联网应用程序安全检测规范》《证券期货业移动互联网应用程序适老化检测规范》等各类标准正在陆续制定中，行业信息技术的创新与发展不断走向规范化。

形成行业测试解决方案。通过不断总结行业业务特点和测试服务经验，大连商品交易所行业测试中心形成多项核心技术和产品，取得了多项国家专利，填补了软件工程领域空白。这些技术和产品已全面提供给行业机构使用，使证券期货行业拥有符合自身特点、自主可控的行业测试解决方案。

成立专业测试技术公司。2020年4月，为充分发挥大连商品交易所行业测试中心专业优势，保障信息软件质量，防范信息安全风险，中国证监会批准成立大连商品交易所飞泰测试技术有限公司，为行业测试基础设施壮大提供更广阔平台，使其发挥更大作用。同年12月，证监会批准大连商品交易所行业测试中心成立了行业信创测评实验室和行业金融客户端测评实验室，开展行业信息技术应用创新和金融客户端信息安全测评工作，服务行业科技监管，助力关键信息基础设施国产化和安全可控。

2015年11月13日，证券期货业信息技术测试中心落户中金所。测试实验室管理体系通过了CNAS评审，具备功能性、性能效率、兼容性、易用性、可靠性、信息安全性、维护性和可移植性八大测试服务能力。行业测试中心建设有云测试平台、交易系统线上冒烟测试、手动一体化测试等富有行业特色的测试系统，支持中金所、上期所、大商所、郑商所等国内交易所仿真业务测试，解决了业务系统行业测试环境单一、时间窗口较短的问题，为业务开展提供了全面、稳定、高效的测试环境。

中国资本市场起步较晚，但敏锐地把握住了信息化发展的趋势，站在了电子化发展的高点。早在建立初期，证券期货业就采用了电子化交易、卫星通信等信息化手段保障资本市场发展。30多年来，随着信息科技的发展和信息化投入的不断加大，证券期货行业持续推进全行业关键信息系统和重点设施升级换代，逐步实现了电子化、无纸化、网络化等，为资本市场安全高效运行和整体稳定夯实了基础。同时，各类信息化基础设施的完善，为各项公共服务的开展提供了强有力的支撑和不竭动力，各类公共服务迅猛发展。

2013年，中共十八届三中全会通过《中共中央关于全面深化改革若干重大问题的决定》，提出"加强金融基础设施建设，保障金融市场安全高效运行和整体稳定"。随着新一代信息技术的快速发展和普遍应用，行业各机构信息交换和共享需求更为强烈，为行业信息化和信息安全公共基础设施建设提出了更多新要求。我们相信，信息化在资本市场的重要性将不断提升，基础设施建设和公共服务将不断增强，对证券期货业各项业务的支撑能力将不断提高。

第五章　监管体系确保业务和信息化健康发展

自 20 世纪 80 年代末期以来，我国证券监管体制经历了由分散、多头监管到集中监管的过程，大体可分为三个阶段：

第一阶段（1992 年 5 月以前）是我国证券监管体制的萌芽时期。对证券市场的监管是在国务院的部署下，主要由上海、深圳两市地方政府进行管理，有关证券法规也是由两地政府和两地的人民银行制定并执行。

第二阶段（1992 年 5 月—1997 年底）是对证券市场的监管由中央与地方、中央各部门共同参与管理向集中统一管理的过渡阶段。

第三阶段（1997 年底至今）是建立全国集中统一的证券监管体系阶段。1997 年 11 月，中央工作会议决定撤销国务院证券委，其监管职能移交中国证监会。1998 年 4 月，中国人民银行行使的对证券市场监管职能（主要是对证券公司的监管）也移交中国证监会。同时，对地方证券监管体制进行改革，将以前由中国证监会授权、在行政上隶属各省市政府的地方证券监管机构收归中国证监会领导，同时扩大了中国证监会向地方证券监管机构的授权。此外，证券交易所也由地方政府管理转变为中国证监会管理。

目前，我国对证券行业的监管体制分为两个层次：中国证监会作为国务院证券监督管理机构，为国务院直属事业单位，是全国证券期货市场的主管部门，依法对全国证券期货市场实行集中统一的监督管理；中国证券业协会和证券交易所等行业自律组织对会员实施自律管理。

近年来，行业监管体系从法律法规、信息安全保障能力、标准化建设、一线监管水平和监管科技等维度不断提升和完善，推动证券期货业务和信息化的健康发展。

第一节　法律法规不断完善

为了规范信息系统的建设和运行维护，保障信息系统安全、可靠、高效运行，国务院、证监会、中国证券业协会、中国期货业协会等相关管理机构强化立法建设，根据市场和技术的发展趋势，通过不断完善相关立法，构建起行之有效的法律保障体系，维护证券市场稳定有序发展。截至 2021 年底，我国已构建起包括计算机信息系统安全、互联网安全、证券期货业信息安全、数据安全、市场突发事件应急等在内的较为完整的法律法规监管体系。

一、信息化法律法规建设的发展历程

纵观过去 30 多年整个证券信息化相关法律法规与市场和信息科技的发展过程，其主要经历以下四个发展阶段。

1. 行业法规发展初期阶段

在中共十一届三中全会之后，我国拉开改革开放的序幕，证券市场从雏形渐成的第一天起，就站在中国经济改革和发展的前沿，推动了中国经济体制和社会资源配置方案的变革。随着市场经济体制的逐步建立，对资本市场资源配置的需求也日益增加，证券市场在国民经济中发挥作用的范围和程度也日益提高。

我国从 20 世纪 80 年代中期开始发行股票，1990 年 12 月证券交易所成立并交易，从此中国的股票交易逐渐走上了正规化和法制化的轨道。但这个时期的证券交易还未有电子化，处于全手工时代。股票交易完全是通过柜台手工进行的：在纸质印刷的股票上背书完成过户，交易资金以现金收付，柜台人员手工记录交易台账，算盘成为当时必不可少的计算工具。无论是股票的发行（承销业务）还是交易（经纪业务），都是由银行和信托公司来完成的，且交易过程时间较长。各种股票的卖价和买价被交易员写在黑板（白板）上，买卖双方看着对方报价的方式出价交易。

股票交易信息互不相通造成同一股票的交易价格出现差异，随着交易越来越多，每张股票后面可以背书的空间越来越少，各地搬来运去的股票和现金越来越多，等候交易的客户队伍也越来越长，导致市场的公平和效率等问题越来越多，因此集中交易的呼声和需求日益增加，为下一阶段成立集中交易市场奠定基础，但此时信息化相关法律法规还处于相对空白期。

2. 法规制度的建立与高速发展期

上海证券交易所和深圳证券交易所的陆续成立，标志着我国资本市场的正式建立，但这一时期的证券交易所缺乏有效的规范和监管。在此之后，监管机构和交易所针对证券市场信息技术的快速发展情况，陆续出台一系列信息化相关的法规和规章制度，这个阶段标志着我国证券市场统一监管体系初步确立，证券交易的 IT 基础设施建设、运行和维护等方面得到较快发展。证券业信息化的历史，是朝着无纸化和无形化不断迈进的历史。经历了从手工作业到交易自动撮合、证券无纸化、电子化，乃至交易席位无形化的历程，从规模型增长转化为追求网络化的层次型增长。

随着西方国家信息技术的快速发展，20 世纪 90 年代计算机在国内逐步兴起，1991年发布上证综合指数，1992 年全面放开股价试行自由竞价交易，1993 年开始使用卫星数据广播系统，交易所和个人逐步开始使用计算机作为证券交易的工具。随着计算机的逐步普及，国务院于 1994 年 2 月发布《中华人民共和国计算机信息系统安全保护条例》，是为保护计算机信息系统的安全，促进计算机的应用和发展，保障社会主义现代化建设顺利进行而制定的行政法规，标志着我国计算机应用进入一个有法可依，依法维系其安全运行的新阶段。

在这个时期，我国信息化建设和信息安全保障仍存在一些亟待解决的问题，宽带信息基础设施发展水平与发达国家的差距有所拉大，核心技术受制于人；信息安全工作的战略统筹和综合协调不够，重要信息系统和基础信息网络防护能力不强。在此背景下，2003年9月，中共中央办公厅发布《国家信息化领导小组关于加强信息安全保障工作的意见》，要求加快推进信息化建设，建立健全信息安全保障体系，有力地促进经济社会发展；2009年4月，全国人大出台《中华人民共和国刑法修正案》，从立法的角度明确加强对公民个人信息的保护，要求个人信息保护通过数据库安全的技术手段实现，核心数据加密存储，通过数据库防火墙实现批量数据防泄露等手段。

证券行业是高度信息化行业，证券信息技术这30年间的迅猛发展和各类业务场景的应用，是我国证券业务发展不可或缺的驱动力，因此国家各层级监管机构密集出台与证券期货及相关行业有关的法律法规，逐步完善和保障争取市场稳定发展。

3. 法规制度保驾资本市场健康发展

当今全球化趋势日益明显，信息技术也在快速迭代，信息化已成为各国经济开展的一大显著特征和趋势，证券信息技术的进步和应用新技术不断创新，促进全球资源的优化配置和发展模式创新，互联网对政治、经济、社会和文化的影响更加深刻，围绕信息获取、利用和控制的国际竞争日趋激烈，保障信息安全成为重要工作。

在互联网浪潮下，各券商和交易所开展网上证券，发挥互联网低成本和快速传播的优势。证券交易进入全新的时代，除原有的PC端交易软件外，随着智能手机的推出和4G网络的普及，移动端APP证券交易渠道蓬勃发展。在此背景下，监管机构密集推出多项重磅行政法规和规章制度，保护市场在新技术的发展下有序运行。

证监会于2011年12月发布《证券期货业信息系统安全等级保护基本要求》，对五个等级的信息系统应具备的基本安全保护能力提出不同要求，如第一级安全保护能力：应能够防护系统免受来自个人的、拥有很少资源的威胁源发起的恶意攻击、一般的自然灾难，以及其他相当危害程度的威胁所造成的关键资源损害，在系统遭到损害后，能够恢复部分功能。同时提出，证券期货业信息系统安全等级保护的核心是保证不同安全保护等级的信息系统具有相适应的安全保护能力。依据标准分层面采取各种安全措施时，还应考虑以下总体性要求，保证信息系统的整体安全保护能力：构建纵深的防御体系、采取互补的安全措施、保证一致的安全强度、建立统一的支撑平台、进行集中的安全管理。2012年9月，发布《证券期货业信息安全保障管理办法》，系统地规范了证券期货业信息安全管理等监管制度，确立了行业信息安全监管的体制，明确了市场主体的信息安全保障责任，提出了信息安全工作的要求，标志着资本市场信息安全保障工作迈上一个新的台阶。

之后，监管机构及相关部门还陆续发布《全国人大常委会关于加强网络信息保护的决定》《证券期货业信息安全事件报告与调查处理办法》《证券期货业信息系统审计规范》等多部与证券业务相关的法律和法规，加大对市场活动的监管力度。

4. 法规制度强化网络安全和数据安全

现今资本市场的运行已高度依赖通信、计算机技术和互联网，在提高交易效率的同时也蕴含着很大的风险，例如，交易客户端和各类网站成为境内外不法分子的攻击对象，各类不可预测的自然灾害和突发事件考验信息系统的高可用灾备环境等。同时现在人工智能、区块链、云计算、大数据等新概念和新技术涌现，推动了科技的进一步发展，但也带来了一系列新的挑战。

全国人大于 2017 年 6 月发布《中华人民共和国网络安全法》，进一步建立健全证券期货业信息技术法律法规体系，其中第三十二条规定："按照国务院规定的职责分工，负责关键信息基础设施安全保护工作的部门分别编制并组织实施本行业、本领域的关键信息基础设施安全规划，指导和监督关键信息基础设施运行安全保护工作。"第三十三条规定："建设关键信息基础设施应当确保其具有支持业务稳定、持续运行的性能，并保证安全技术措施同步规划、同步建设、同步使用。"第三十五条规定："关键信息基础设施的运营者采购网络产品和服务，可能影响国家安全的，应当通过国家网信部门会同国务院有关部门组织的国家安全审查。"这有利于证券期货业依法加强对向行业提供"云计算""数据中心"等服务的信息基础设施的监管，督促关键信息基础设施从物理设施、应用程序、数据保护等层面，全方位确保证券期货业信息系统安全稳定运行和数据安全。

证监会于 2019 年 6 月发布《证券基金经营机构信息技术管理办法》，该规章对证券基金经营机构的信息技术的管理提出更全面和明确的要求，一是全面覆盖各类主体。明确信息技术监管安排，推动行业加大信息技术投入，提升竞争力。二是明确治理、安全、合规三条主线。在传统信息安全监管基础上，针对信息技术治理、数据治理、业务合规提出监管要求，明确经营机构应设立信息技术治理委员会及首席信息官，促进信息技术与业务、风控及合规管理深度融合。三是强化信息技术管理的主体责任。按照"谁运行、谁负责，谁使用、谁负责"的理念，督促经营机构与服务机构守住信息安全底线，回归本位，共同维护证券市场稳定运行。四是支持经营机构应用信息技术提升服务效能。允许经营机构设立信息技术专业子公司，允许经营机构母子公司共享信息技术基础设施，针对信息技术应用领域新情况、新问题，明确监管要求。五是为督促各类市场主体切实履行自身信息技术管理职责，该管理办法明确了相应处罚措施。此外，管理办法中的多项细化要求在各经营机构的信息技术管理工作中得到进一步落实，如委托外部专业机构开展信息技术全面审计（频率不低于每三年一次）、首席信息官的任职、系统建设（含开发、测试）和运维岗位实施必要分离等。

2020 年 11 月 1 日，由中国人民银行发布的《中国人民银行金融消费者权益保护实施办法》正式施行，其主要目的是加快建立完善有利于保护互金时代消费者权益的机制，保护金融消费者的长远利益和根本利益，确保各方经营行为依法合规。在其第二十八条第二款明确规定："收集个人金融信息时，应当遵循合法、合理、必要原则，按照法律法规要求和业务需要收集个人金融信息，金融机构应当保证所收集的个人信息是提供产品和服务所必要的信息，不得收集与业务无关的信息或者采取不正当方式收集信息。"

与此同时，2020年12月证监会发布《证券期货业网络安全事件报告与调查处理办法（征求意见稿）》，将网络安全责任主体进一步明确为：承担证券期货市场公共职能的机构、承担证券期货行业信息技术公共基础设施运营的机构等证券期货市场核心机构及其承担上述公共职能的下属机构，证券公司、期货公司、基金管理公司及其提供证券期货相关服务的下属机构、证券期货服务机构等证券期货经营机构。修订后的办法规定将证券期货服务机构明确为证券期货业网络安全保障责任主体，网络安全事件相关证券期货服务机构存在人为责任的，中国证监会及其派出机构可以要求其提交说明材料，并依照有关法律、行政法规和规章，采取监督管理措施。此外，修订后的办法提出了统一的网络安全事件分级方法，完善了网络安全事件报告流程，对网络安全事件处罚更加具有针对性和灵活性等。

二、信息技术规章制度体系的主要特点

我国证券期货业的信息化发展在过去30多年的历程中，国家各级机构与监管根据市场和技术发展情况与特点，持续发布各类法律法规，已逐步形成了一套较为完善的信息技术规章制度体系。先后出台《证券期货业信息安全保障管理办法》部门规章，《证券期货业信息安全事件报告与调查处理办法》等42个规范性文件，《证券期货经营机构备份能力标准》《证券期货业信息系统运维管理规范》《证券期货业信息系统安全等级保护基本要求（试行）》等25个技术标准，以及12个技术指引、65个技术规则等自律规则。内容涵盖了系统建设、系统运维、系统备份、系统安全、应急处置等各个方面。其发展过程具有以下几个显著特点：

一是坚持信息安全第一。信息安全是信息化建设的第一道防线，为促进证券市场的平稳运行，相关监管机构自1994年开始先后发布了一系列信息安全法规，涉及信息安全等级保护、网络与信息系统安全、信息内容安全、保密及密码管理、计算机病毒与危害性程序防治、证券特定领域的信息安全、信息安全犯罪制裁等多个领域。公安部于2007年发布的《信息安全等级保护管理办法》第七条规定：我国信息系统的安全等级根据破坏影响程度分为5个级别，第一次明确等级的分层和进行针对性保护管理的要求。一方面，通过在安全技术和安全管理上选用与安全等级相适应的安全控制来实现；另一方面，分布在信息系统中的安全技术和安全管理上不同的安全控制，通过连接、交互、依赖、协调、协同等相互关联关系，共同作用于信息系统的安全功能。

二是坚持立法与时俱进。随着互联网的普及以及网上交易系统功能的不断丰富和完善，网上交易逐渐成为证券投资者交易的主流模式。虽然交易系统与互联网的连接大幅方便了投资者，但由于互联网的开放性，来自互联网上的病毒、木马、黑客攻击以及计算机威胁事件，都时刻威胁着行业的信息系统安全，成为制约行业平稳、安全发展的瓶颈。因此，确保网络和数据安全成为行业信息安全保障工作的重要组成部分。

截至 2021 年底，我国已颁布包括《全国人民代表大会常务委员会关于维护互联网安全的决定》、《全国人大常委会关于加强网络信息保护的决定》等在内的法律法规，逐渐形成层次分明的信息安全法规体系。

三是坚持规范和指引相结合。在法规的执行方面，坚持规范和指引相结合，重视监督检查和责任落实。例如，为了加强期货公司信息系统安全建设，进一步提高期货公司信息技术管理和运行维护水平，证监会发布了《关于进一步加强期货公司信息技术管理工作的指导意见》，中国期货业协会发布了《期货公司信息技术管理指引》并制定了《〈期货公司信息技术管理指引〉检查细则》。对期货公司信息技术人员、检查人员和监管人员进行了培训。组织检查组和审核组，对期货公司进行了现场检查、审核。未通过检查的公司均被要求整改，并暂停对其新业务的资格审批。通过检查，有效提高期货公司对信息技术的重视程度，明显提升期货公司信息技术水平。

当今世界已从工业经济时代快速进入知识经济时代，各行各业已把信息作为一种重要资源，而证券行业是信息技术应用多、交易复杂、品种最多的金融子行业之一，整个行业的信息化发展是一个逐步完善的过程，配套的资本市场与法律法规将与之同步推进，保障经济稳定运行。

第二节　信息安全保障能力持续提升

金融信息系统的安全直接关系到资本市场的稳定，与国家金融安全和经济发展息息相关。2003 年，国家信息化工作主管部门将证券期货技术系统纳入国家八大重要基础信息系统，明确了行业信息安全工作的战略地位和重要性，保障证券期货业信息系统安全成为国家信息安全保障工作的主要任务之一。

伴随着新技术的不断发展，行业在数据治理、网络安全方面面临着新挑战，新型病毒、APT 攻击、物联网设备的普及、开源软件的广泛应用等对行业传统安全防护体系带来新威胁。中国证监会、行业协会和市场各方共同努力，积极推进行业信息安全保障工作，采取了一系列措施改善信息安全状况、提高信息安全水平，包括推进行业信息安全基础设施建设，全面提升网络安全防护水平，强化信息系统灾难备份和应急处理能力，持续开展信息系统安全等级保护工作，增强自主可控能力，提升信息系统国产化水平等。

一、行业信息安全基础设施建设

随着行业迅速发展和科技进步，重复投入和建设问题日渐突出，主要表现为运营效率低、成本高等。为实现高效、安全、经济的目标，达成行业机构共享资源、集约化发展，行业对信息安全基础设施建设进行了探索。

强化基础设施建设，提高行业数据和通信安全。2010 年，证券期货业数据中心正式获批筹建，并形成了《证券期货业数据集中保存管理办法（征求意见稿）》，用于保障资本市场数据的长久安全。证券期货业数据中心是唯一覆盖并长久保存全行业数据的数据存管中心，为行业提供数据级灾难备份，并在有关法律法规许可的范围内向监管部门和市场提供数据服务，有效降低行业整体信息技术系统性风险。根据行业信息技术发展及需要，数据中心将稳步推进信息安全及软件产品评测、机房托管、新技术研究与试用、技术培训与交流等全方位、多职能的信息技术支持服务，提升行业整体信息技术安全水平。推进证联网建设，连接资本市场所有行业机构和行业外业务关联机构，建设证券期货行业独立于现有通信交易网络、覆盖全行业的通信专网，通过实现"一点接入，多方通信"，彻底改变原有高成本、低效率的"多对多、点对点"连接方式，有效支持全局性业务的开展，降低行业通信复杂度和成本，提高行业通信整体安全性。

开展行业信息技术发展研究，实现信息系统安全可控。2010年，证券信息技术发展研究中心（上海）获批筹建，对软硬件产品的性能、安全性、可靠性与合规性进行评测，并向会员提供全天候的交易测试环境，并对行业信息技术热点难点问题进行研究，提高行业信息系统的安全性、可靠性和自主可控性。2013年，中证信息技术服务有限责任公司正式成立，作为资本市场电子化信息的专职工作平台，承担行业数据中心、行业信息安全联合实验室、行业编码和标准服务中心等多项职能。2014年，启动中国证券期货业南方信息技术中心建设，用于推进行业信息化公共基础设施建设，构建开放、合作、自由竞争、多方共赢的金融云生态社区，服务行业创新发展，提高行业信息安全保障水平、优化行业资源配置、破解行业信息技术基础设施资源瓶颈。2015年，成立证券期货业信息安全联合实验室，为行业提供信息安全监管专项工作支持、安全渗透测试、漏洞扫描、态势感知、信息安全热点难点问题研究、交流培训、安全审计等信息安全公共性、基础性服务。

二、网络安全防护

随着移动互联网、云计算等创新技术的发展，网上交易发展迅猛，证券期货业务环境越加复杂，内部系统与外部空间的边界也越加模糊。交易系统与互联网的连接，一方面为投资者提供了便利；另一方面，来自互联网的病毒、木马、黑客攻击等，时刻威胁着行业的信息系统安全，成为制约行业平稳、安全发展的瓶颈。随着技术的发展，网络攻击数量越来越多，手段越来越丰富，面对0-Day、APT等新型攻击手段，传统以防御为核心的网络安全策略逐渐失效，行业网络安全状况面临更加严峻的挑战。

行业高度重视网络安全问题，加强组织管理，明确职责和任务，制订方案和措施，相关投入稳步增加，在漏洞扫描、攻击检测、访问授权、应用控制、加密认证、客户端软件防护、系统监控等方面积极采取措施，通过合理划分网段并进行有效隔离、修补漏洞、用先进的网络安全产品和技术加强网络防护与监控等手段，进一步提高网络安全防护水平，保障网络与信息系统的安全。

　　提前做好攻击应对防范措施：通过每年组织开展的全行业应急演练，及时新增网络攻击相关新场景，采取随机抽取参演机构和演练场景的方式，切实做到"真演实练"。每年组织网络安全现场检查，依法开展信息安全事件的调查处理工作，发现应急管理不到位的，依法追究相关机构及人员的管理责任。做好应急物资储备，加强与相关单位的沟通协调，建立应急工作衔接机制，确保及时取得数据流量清洗服务、网络攻击溯源等专业支持。2017年，针对DDos攻击勒索事件，证信办立即协调相关部门开展应对防范工作，发出威胁预警，同时向中央网信办通报情况，并积极协调工信部对应急处置给予支持，先后两次会同机构部，与工信部网络安全局及中国电信、中国移动、中国联通召开协调工作会议，与工信部和运营商建立了紧急处置联系机制，并向各交易所、各下属单位、各协会下发《关于加强网络安全防护工作的通知，要求各核心机构继续做好防范工作》。面对错综复杂的网络环境，行业亟须丰富自身应对网络攻击的经验与技能。自2020年起，行业各机构配合网信办、公安部等部门开展网络安全攻防演习等专项工作，提高网络安全防范意识，强化网络安全基础设施建设。

　　开展全面系统渗透性测试：证信办委托中证信息技术服务公司与国家信息安全专控队伍对行业网上信息系统进行攻击性测试，对全部行业机构网上系统进行全面渗透测试，并推进新技术手段测试验证工作，如自动化渗透平台的测试等，改善安全测试的孤立性、滞后性、随机性、覆盖性、变更一致性等问题，实现低成本高效测试。通过开展全面系统渗透性测试可以真实检验行业网络安全防护能力并督促行业机构，查找薄弱环节，切实增强抵御高强度网络攻击的能力。

　　持续开展漏洞扫描：通过编发安全通报提示共性突出问题，督促各机构进一步加大网络安全专项投入，加强网上信息系统安全防护，提升整体防攻击能力。实时跟踪热点安全事件，及时评估漏洞对交易所系统可能的影响，及时通报并处置了Struts2、HeartBleed、Bash等影响广泛的高危漏洞，有效预防了交易所技术系统因高危漏洞带来的安全风险，并形成相应的应急处置的规范流程，达到长效机制。中证信息持续开展漏洞扫描服务，对行业机构进行漏洞扫描，发现风险漏洞并及时督促整改，大幅降低了安全风险。

　　采取严格的网络隔离措施：网上交易是证券投资者的主要交易方式，各证券公司不断加强网上信息系统安全防护，在互联网与核心交易业务网、非核心交易业务网、营业网点、门户网站等网络之间采取了严格的隔离措施，交易所等市场核心机构均在交易业务网、办公网、涉密网和互联网之间采取了严格有效的网络隔离措施。各机构均定期对网上信息系统进行漏洞扫描、病毒扫描和木马检测，增强安全防护能力，上交所、上证信息、上证通、深交所、深证信息、上期所、大商所、中证登和证券投资者保护基金等机构部署了防分布式拒绝服务攻击设备，或在互联网线路上采用了流量清洗功能，能够抵御高强度的网络攻击。

　　强化网上交易安全保护：上海证券交易所完成数字证书认证中心（CnSCA，以下简称"CA"），为证券行业用户发放数字证书，支持了相关业务的安全运行，完成建设 CA 在线业务系统，实现了业务受理及各审核环节的电子化与在线支付。推广证券网上交易强身份认证，提升网上交易安全性。

积极推进国产商用密码应用：随着信息技术的发展，密码技术在商业领域的应用不断扩展，已广泛应用于金融、科技、文化和社会生活的各个领域。为贯彻落实国务院办公厅关于加强金融领域国产密码应用推进的部署，证监会结合证券期货市场的应用实际，于 2014 年 3 月印发了《关于加强证券期货领域国产密码应用推进工作的通知》（证监办发〔2014〕18 号），2015 年发布《证券期货业密码应用工作规划（2015—2020 年）》（证监发〔2015〕92 号），要求在证券期货业实现 SM 系列商用密码（SM2、SM3 和 SM4）的全面应用，充分发挥 SM 系列商用密码在保障行业信息安全中的重要作用，促进资本市场业务安全稳定发展。2018 年，中办、国办印发《金融和重要领域密码应用与创新发展工作规划（2018—2022 年）》，作为国家密码算法推进的指导性文件，明确要求在金融和重要领域推进密码全面应用，着力在构建自主可控信息技术体系中推进密码优先发展，构建以密码技术为核心、多种技术相互融合的新网络安全体系。行业在证监会统一组织、协调管理下，陆续推进国密试点改造工作，整体按照先边缘再核心、先试点再扩大的方式，逐步实现国产密码在行业的全面应用。

三、灾难备份和应急处理

随着市场规模迅速增长和交易量不断创新高，使资本市场的关注度与日俱增，信息系统需不断扩容以应对资本市场的需求，业务流程的全面电子化大幅提升了效率和便捷性，同时也给行业的信息系统带来了巨大压力，为维持信息系统正常运行，行业面临着诸多挑战。信息系统的超负荷运转，为提高系统的负荷能力，进行升级改造，增加新硬件设备，新技术的应用，火灾、水灾、地震、飓风等自然灾害对系统的破坏，都会增加信息系统发生故障的可能性，同时还面临着设备老化、软件错误和漏洞、人为失误、电力和通信设施故障甚至人为破坏等因素引起的 IT 系统灾难。

故障和灾难一旦发生，重中之重都是如何快速恢复系统和业务的正常运行，将损失和影响降到最低。行业吸取过往经验教训并借鉴国外成功经验，积极推进灾备系统建设和应急演练，在中国证监会的统一领导和行业协会的推动下，加大投入，做到主动防范，完善灾备系统建设，提高信息系统灾难备份能力和故障恢复能力，加强应急处理能力，保证业务正常运转。

1. 灾难备份

为了有效应对技术故障、灾难灾害等突发事件，确保重要数据安全和重要信息系统连续稳定运行，2011 年 4 月，证监会正式出台《证券期货经营机构信息系统备份能力标准》（以下简称《标准》），明确了证券期货经营机构信息系统备份能力的建设标准，印发了《关于加强证券期货交易所等市场核心机构信息系统备份能力建设的通知》，分别对经营机构和核心机构提出了信息系统数据备份能力、故障应对能力、灾难备份能力和重大灾难备份能力的指标要求。经营机构应当具有较强的故障应对能力，确保在发生故障后，有较快的系统恢复能力，并尽量减少丢失数据。为适应不同行业的发展水平和不同信息系统的特点，《标准》将实时信息系统故障应对能力分为 3 个等级，恢复时间分别小于 1 小时、30 分钟、5 分钟，非实时信息系统的恢复时间小于 1 小时。《标准》要求发生火灾等灾难事件后，在 12 小时内恢复正常运行。

各证券期货交易所等市场核心机构以及证券、期货、基金公司均积极开展信息系统备份能力建设。

2010 年，上期所建成了张江同城灾备中心，启用了北京异地灾备中心，在证券期货交易所中率先实现了"两地三中心"的运行模式，有效地提高了抗风险能力。交易所等市场核心机构均建设有同城灾备中心，部分交易所已建成异地灾备中心，其他交易所也正在积极研究建立异地灾备中心，所有机构均实现了重要业务数据同城和异地存放，在极端情况下，保证数据安全。在发生系统软硬件技术故障后，各证券、期货交易所系统基本能在 10 分钟内恢复正常运行；发生火灾等灾难事件后，基本能在 3 小时内恢复正常运行。

全部证券公司和基金管理公司的交易结算系统均具有热备和冷备系统，并对重要业务数据等每日进行备份，以保证数据安全。2019 年开始实施《证券基金经营机构信息技术管理办法》（以下简称《办法》），证券公司严格遵守，在信息系统发生故障、灾难或重大灾难时，有效保障业务的连续性。《办法》要求，证券公司应当确保备份系统与生产系统具备同等的处理能力，保持备份数据与原始数据的一致性。《办法》在数据备份能力、故障应对能力、灾难和重大灾难应对能力等方面提出要求，其中在故障应对能力方面，非实时信息系统应当达到第二级，实时信息系统应当达到第四级。所有证券公司与证券交易所之间的连接均采用了"地地""地天"方式，实现了线路互备；所有期货公司与期货交易所之间的连接均采用了"多条线加三所环网"的方式实现了线路互备。各证券期货经营机构与银行间通信备份能力有了较大提升，与营业网点的通信基本消除了单线路的风险隐患。

2. 应急演练

通过开展应急演练，可以不断增强行业各机构安全风险防范意识；检验行业机构网络安全应急预案，网络安全应急处置能力，完善网络安全事件报告和应急处置流程；督促各机构增加应急处理投入、完善措施，全面加强网络安全保障能力建设，补齐行业网络安全应急工作短板，全面提升行业网络安全应急处置能力和保障能力。

2008 年，证监会发布了《奥运期间证券期货业网络与信息安全突发事件应急预案》（以下简称《应急预案》），并于 2009 年 3 月予以修订完善，使行业应急处置工作有章可循、有法可依。《应急预案》强调了事前的预防准备、监测预警、应急演练，事后的分析总结和事件调查以及突发事件发生时的应急处理流程，为行业的应急处理提供了专业的技术指导。2017 年，将《证券期货业信息安全事件应急预案》更名为《证券期货业网络安全事件应急预案》，并遵循可操作性原则、一致性原则和指导性原则，对应急准备状态分级、网络安全事件应急处理措施、网络安全事件分组等进行修订。

在《应急预案》的指导下，行业各单位纷纷制定和完善应急预案与详细的应急演练计划，定期开展证券期货业信息安全联合应急演练，提高应急预案的有效性。按照演练安排，证信办、办公厅、市场部、机构部、基金部、期货一部、期货二部组成演练总指挥部，上交所、深交所、上期所、郑商所、大商所、中金所、中证登等市场核心机构成立分指挥部。

演练涉及重要核心交易系统故障演练、灾备系统切换演练、网络通信故障演练、网络安全入侵攻击、网络篡改演练、电力故障演练、消防故障演练和空调故障演练等，不仅局限于预定场景，还会增设临时场景，以保障业务连续性为重点，演练可能导致全市场停市或暂停交易的重大技术故障场景，真实切换同城或异地备份系统，以检验各单位应急预案、备份系统的切换能力和可用性，通过邀请国家信息安全专业队伍模拟网络黑客，对部分核心机构的网上信息系统进行测试攻击，检验跨行业、跨机构、多部门联合应急响应机制的有效性和信息系统的入侵检查报警能力和安全防护能力。应急演练具有针对性强、实战性强、随机性强等特点，进一步增强了全市场信息安全应急处置能力。

2021年6月，中国证券监督管理委员会更新颁布《证券期货业网络安全事件报告与调查处理办法（2021）》，对证券期货业网络安全事件应急和调查处理提出了要求，明确了网络安全事件发生后，按照直接对国家金融安全、社会秩序、投资者合法权益造成的损害程度，网络和信息系统由高到低分为五类系统。经营机构根据证监会要求，纷纷修订了公司级的网络安全事件应急预案，主要是完善公司网络安全事件报告、应急响应和应急处置机制，明确应急管理组织职责和应急联系人员，网络安全事件内部通报和监管上报路径，进一步切实提升公司网络安全事件应急处置能力。

四、信息安全等级保护

作为国家八大重要信息系统之一，证券期货业开展信息安全等级保护工作具有重要意义。为落实信息安全等级保护制度，中国证监会按照自主定级、专家评审、确定等级、安全保障建设、检查整改、达标评估等步骤在全行业有序推进信息系统安全等级保护工作。2006年，中国证监会印发了《关于做好信息安全等级保护和风险评估工作的意见》（证监信息字〔2006〕4号），并组织开展了信息系统安全等级保护和风险评估试点工作。2007年，中国证监会下发了《关于开展证券期货行业重要信息系统安全等级保护定级工作的通知》（证监信息字〔2007〕7号），在行业内开展了部分单位的定级评审工作。2008年6月，中国证监会发布《关于开展证券期货业重要信息系统安全等级保护定级工作的补充通知》（证监办发〔2008〕77号），为证券期货行业信息系统提出了信息系统安全等级保护定级建议。2011年，在公安部的指导和支持下，证监会正式发布了《证券期货业信息系统安全等级保护基本要求（试行）》（JR/T

0060—2010）《证券期货业信息系统安全等级保护测评要求（试行）》（JR/T 0067—2011）两个行业标准，以及《关于开展证券期货业信息安全等级保护安全建设整改工作的通知》，进一步明确了行业开展信息安全等级保护工作的标准和要求。

证信办、证券业、期货业协会举办证券期货业信息安全等级保护培训会议，对各证监局、各证券期货经营机构的相关工作负责人进行轮训，督促行业落实行业信息安全等级保护安全建设整改和等级测评工作。中国证券业协会、期货业协会分别召开证券期货行业重要信息系统定级评审会，并邀请行业内外专家对具有代表性的交易结算系统等重要信息系统进行了评审定级，同时积极配合当地公安机关对辖区证券期货经营机构进行检查。行业机构每年聘请合格的第三方测评机构，完成对核心交易系统等重要信息系统的等保测评工作，从物理安全、系统安全、应用安全、数据安全和安全管理制度等方面对标等级保护，找出薄弱环节、发现问题和差距，并落实整改，同时做好安全测评和安全审计工作。

随着信息安全等级保护制度在行业内实施，各单位逐步把信息安全等级保护制度落实到信息安全规划、建设、评估、运行维护等环节，并根据等级划分对信息系统进行有针对性的改造、完善和保护，行业信息安全保障状况得到了进一步的改善，对行业信息化建设和信息安全具有非常重要的现实意义。

五、软件正版化、全面自主掌控

证券期货业信息化应用程度较高，推进软件正版化和全面自主掌控工作，对知识产权保护和信息技术安全具有重要意义，行业应从全局和战略上高度重视。

1. 软件正版化

行业机构纷纷加强推进软件正版化工作，2012 年证监会成立了"证券期货行业推进使用正版软件工作联席会议"，研究部署行业推进使用正版软件工作。上海、深圳证券交易所加强指导上市公司做好涉及盗版软件诉讼事项的信息披露。证券业、期货业协会邀请国家版权局有关专家，对行业机构进行版权知识培训，并开展摸底调查。行业机构持续推进软件正版化工作，完善工作机制，加强软件资产管理。

2. 全面自主掌控

强化自主研发能力。行业市场核心机构、各证券公司和基金公司普遍重视核心系统的自主研发，拥有关键核心系统可执行程序和源代码的所有权与自主研发能力，增强了自主开发关键核心系统的能力与规范性，通过建设自有软件测试实验室，进一步加强了测试和源代码审查工作，并对可执行程序、源代码和相关文档采取了严密的保管措施。行业机构重视新技术研究，为业务创新提供了有力的技术支撑，增强了交易系统处理能力。多家机构积极优化软件开发与项目管理流程，建立和完善了 CMMI 质量管理体系，例如，2021 年国泰君安证券就通过了 CMMI4 等级认证。

推进信息技术应用创新。全行业制订完善信创建设计划，稳步推进信息系统信创改造工作。以各交易所为代表的行业测试中心与信创联盟通过汇聚行业力量，为行业用户提供信创相关服务，推进信创技术研发、验证测试、推广应用与生态建设。行业机构纷纷加大服务器、存储、交换机、路由器等基础设施信息技术创新应用力度，不断积累自主掌控设备运维经验，在符合本机构技术系统可用性指标的基础下，逐步推广到核心交易设备及网络设施中。通过梳理和检查各类软件，在全面实现技术系统生产环境、办公环境已使用正版软件的基础上，一方面，推广开源操作系统及软件占有率，增加 Linux、MySQL、Tomcat、Apache、JBoss 等操作系统、数据库及应用软件的安装和运用，更好地满足全面自主掌控的需要；另一方面，全力开展自主掌控操作系统、数据库、办公软件以及工具软件的测试工作，配合可信计算工作目标的要求，进一步提升软件自主掌控比例。

第三节　标准化建设与时俱进

一、行业信息标准化体系逐步形成

金融业信息技术使用密集度很高。金融标准化是标准化工作的重要组成部分，是保证和提高金融服务质量的一项重要措施，对现代经济也起到了直接的推动作用，搞好金融标准化可以提高金融机构管理水平，加速金融信息化的进程，促进我国市场经济的发展，从而提高社会效益和经济效益。

我国资本市场历来重视标准化的发展，在政策和法律、监管等多方面支持和推动制定国际、国家标准。我国金融市场相对国际上虽然起步较晚，但在金融标准和规范制定方面有着比较丰富的实践经验，1991 年 7 月，第一届全国金融标准化技术委员会（SAC/TC 180）（以下简称"金标委"）在国家标准化管理委员会（以下简称"国标委"）授权下成立，金标委是在金融领域内从事全国性标准化工作的技术组织，负责金融业标准化技术和国际标准化组织中银行与相关金融业务标准化技术委员会（ISO/TC68、TC222）的归口管理工作，发布和制定金融行业标准与金融国家标准，开展标准实施检查评估，推动金融行业走向标准化、国际化。

1998 年之前，证券期货行业尚未有正式的金融标准或规范作为依据进行行业监管，一般由证监会信息中心制定管理手册或者操作规范等进行统一管理。1998 年 3 月，中国证监会信息中心组织发布《证券经营机构营业部信息技术管理规范》，印制《证券经营机构营业部信息技术管理手册》，在证券行业首次应用标准化工作方法加强行业监管工作，切实、有效地提高了证券公司、证券营业部技术、安全管理的水平，增强了行业控制技术风险、保护投资者的合法权益的能力；1998 年 6 月至 2001 年 1 月，在证监会信息中心的指导下，在解决计算机 2000 年问题的工作中引入标准化的理念和方法，统筹规划、全面部署、措施到位、步骤明确，实现了我国证券期货行业 2000 年平稳过渡，成功克服了计算机 2000 年问题所带来的风险；2002 年 3 月，中国证监会信息中心组织证券行业承担了国家金融"十五"科技攻关标准化课题证券业信息化标准体系研究专题，着手起草《证券公司信息技术管理规范》《证券登记结算业务数据交换协议》《银证业务数据交换消息体结构和设计规则》《期货交易数据交换协议》《上市公司分类标准》《开放式基金业务数据交换协议》《上市公司信息披露电子化规范》《证券交易数据交换协议》8 个行业标准；为了更有针对性地制定证券期货业的行业标准，全国金融标准化技术委员会证券分技术委员会（以下简称"证标委"）于2003 年 12 月成立，开始着手组织证券期货行业的技术骨干对中国证券期货业信息技术应用和标准化工作进行全面的探讨和交流。2004 年 2 月 26 日，包括证券业信息化标准体系研究专题在内的国家金融"十五"科技攻关标准化课题通过国家科学技术部验收。证标委成立后，证券期货业的行业标准制定均由证标委牵头，组织各标准小组制定完成。

在证标委的组织下，证券期货业的金融行业标准如雨后春笋般被制定出来，为证券期货行业的健康发展奠定了坚实的理论基础。证标委的主要成员来自监管机构、会管单位、证券期货经营机构、银行、保险及标准化研究机构，成员多样化有利于标准的落实和实施。每一届证标委根据证券期货行业细分领域的不同，以及不同时期的行业发展特点和需求，与时俱进，成立不同的专业工作组，各领域的专业工作组，分析本专业领域的标准化需求，提出本专业领域年度工作计划，及标准制修订立项建议；指导、督促本专业领域标准的立项和制修订工作，对标准立项的必要性、可行性进行论证，给出论证意见；对标准征求意见稿、送审稿和报批稿进行研究审核，给出审查意见，促进标准的最终发布和落实。以 2015 年组建的第三届证标委为例，第三届证标委共成立了基础编码、数据模型、机构间接口、机构内部接口、信息披露、技术管理、系统安全、数据安全、证券业务、期货业务和基金业务 11 个领域的专业工作小组，工作小组的业务范围主要集中在交易类标准、数据安全、证券期货业务等专业领域。2021 年 5 月，证标委完成第四届工作委员会组建，结合金融科技的快速发展以及践行资本市场以人民为中心发展的思想，本届证标委增加了金融科技、检测认证、投资者保护等工作小组，分别在通用基础、数据标准、数据模型、统计业务、证券业务、基金业务、期货业务、信息披露、投资者保护、信息安全、技术管理、信息交换、金融科技、检测认证 14 个专业领域开展标准化工作，指导、督促本领域标准的立项和制修订，促进标准落地实施等。证标委及时对现行的国家标准和行业标准进行重新审核，已确认先行标准继续有效或者予以修订和废止，或者根据科学技术的发展和经济建设的要求，开展信息技术研究，密切跟踪信息技术发展方向及金融业应用情况，持续对移动金融、互联网金融、大数据、云计算、智能硬件、人工智能、虚拟现实、增强现实、物联网、IT 架构、IT 治理、信息安全等领域及金融业信息技术基础理论开展前瞻性专题研究，并制定相应的技术标准。不断完善标准化体系，扩展标准化的广度和深度，与时俱进，与大金融行业和国际标准接轨。

随着我国证券期货行业的信息化建设的发展，金融标准化战略的深入实施，在证标委和行业专家们不懈的努力下，信息化标准内容日渐丰富，逐渐形成了国家标准、行业标准等多项技术标准体系。截至 2021 年 5 月 31 日，证标委在中国证监会的领导下，共组织制定证券期货领域的国家标准和行业标准 63 项，在数据标准、数据模型、数据安全、数据治理、信息披露、信息安全、技术管理、信息交换等多个方面制定了较为完善的标准体系，并随着业务的发展，覆盖领域持续扩大，标准内容由信息技术规范向业务和管理领域拓展，不断扩充。行业信息标准化体系在国家的支持和指导下逐步形成，引领行业信息化快速飞跃发展，这些标准的制定，有效降低了行业信息系统运行风险，提高了行业运行效率，提升了行业标准化水平。

在积极加强扩展标准化的同时，我们坚持开放融合、互利共赢，积极参与国际标准制定。2020 年 9 月，首个由我国专家召集制定的 ISO 金融服务标准《银行产品服务描述规范》正式发布，增强了我国专家为参与国际标准化制定作出更大贡献的信心，下一步我们将协调各方做好移动支付、区块链、金融科技等多项国家标准牵头编制工作，提升国际标准参与水平。

二、行业信息标准化促进行业健康快速发展

中国的证券市场是一个技术含量高、信息化程度大的新兴转轨市场，标准作为市场规范发展和信息化工作的基础，地位尤为重要。中国证监会对证券期货业标准化工作高度重视，多次在会议上强调要充分认识在证券期货业开展标准化工作的重要性。在证监会的领导下，在国标委、金标委的具体指导下，证标委大力推进本领域标准化建设，近期正式发布了《证券期货业网络安全等级保护基本要求》《证券期货业网络安全等级保护测评要求》《证券及相关金融工具 金融工具短名（FISN）》《基金行业数据集中备份接口规范》4 项行业标准，并函审《面向老年人的证券期货业移动互联网应用程序设计规范》等 2 项金融行业标准。金融行业标准的范围覆盖面从初期的交易技术标准逐步扩展到网络技术安全、人工智能、测试、大数据等金融科技领域或面向投资者保护等方面。

截至 2021 年 5 月，证标委共发布了 13 项金融国家标准和 58 项金融行业标准，这些技术标准将为证券期货行业健康和快速发展提供强有力的支持，是证券期货信息技术发展的重要依据。

2021 年 8 月 30 日，证标委组织制定的《证券期货业网络安全等级保护基本要求》（JR/T 0060—2021）、《证券期货业网络安全等级保护测评要求》（JR/T 0067—2021）2 项金融行业标准经中国证券监督管理委员会批准发布。这两项金融行业标准是证标委依据 2019 年 5 月发布的《网络安全等级保护基本要求》（GB/T 22239—2019）、《网络安全等级保护测评要求》（GB/T 28448—2019）2 项国家标准，根据相关行业标准进行了修订而形成，旨在有效指导和规范证券期货业网络安全等级保护工作。其中《证券期货业网络安全等级保护基本要求》（JR/T 0060—2021）规定了证券期货业网络安全等级保护的总体要求，以及第一级到第四级等级保护对象的安全通用要求和安全扩展要求，适用于证券期货业分等级的非涉密对象的安全建设和监督管理。《证券期货业网

络安全等级保护测评要求》（JR/T 0067—2021）规定了证券期货业网络安全等级保护的等级测评方法、第一级到第四级的网络安全等级保护对象的测评要求、整体测评以及测评结论，适用于证券期货业安全测评服务机构、等级保护对象的运营使用单位及行业主管部门对证券期货业等级保护对象的安全状况进行安全测评，是行业机构开展信息技术等级保护工作的重要依据。两项标准的发布实施，对于证券期货业进一步落实好网络安全等级保护工作相关要求，具有非常重要的意义。

以证标委组织制定的《证券交易数据交换协议》（JR/T 0022—2020）（以下简称"STEP"）金融行业标准为例，该标准经证监会批准发布并于 2020 年 12 月 23 日正式实施。STEP 行业标准自 2005 年发布以来，2014 年进行了第 1 次修订，本次为第 2 次修订。与 2014 年版相比，本标准结合国内证券市场业务发展模式，修订了会话层机制和扩展规则，新增了应用消息和相关业务域等内容，适用于证券交易所与市场参与者及相关金融机构间的业务数据交换。STEP 行业标准的实施对于提高全市场证券交易数据交换规范性水平发挥了重要作用，为国内证券交易标准化接口和国际市场接入提供了统一的规范，具有适应业务变化的灵活性，便于快速落实业务和技术创新，减少技术改造成本和技术风险，从而降低整个行业的运行风险。

通过推进标准化可以减少系统重复投入成本，提高机构之间的数据交换效率。这主要表现在三个方面：一是系统间的通信接口简化，通过统一的规范，可以使证券公司与银行、与交易所和结算公司之间，基金管理公司与交易所和结算公司之间，期货经纪公司与各期货交易所之间的数据交换协议，由原来的多对多变成标准化后的一对多，交易主体只需要遵循同一份数据交换协议，即可实现数据交换，这样就有效地降低了数据转换成本，减少各参与公司系统建设上的资金投入。二是由于标准化带来的程序化、规范化管理水平提高，简化了操作的复杂度，使前台服务安全，后台处理准确，误差减少，进而大幅度减少操作风险，使公司风险损失减小，也节省了系统打补丁的投入。三是系统简化、数据校验准确必然使等量时间的处理能力提高，并带来系统速度加快，从而提高了市场的运行效率和投入产出比，促进提升行业服务质量，有效推动证券期货行业的可持续性健康发展。

以标准支撑引领信息技术金融应用、普惠金融、绿色金融创新发展。以金融安全、金融治理、金融消费者为重点，加强行业标准建设，规范金融团体标准有序发展。

金融标准的实施，离不开以市场为基础，否则就成为一纸空谈。因此需要充分发挥标准实施市场作用，更好地发挥政府引导和服务作用，确保金融标准的落地实施。通过完善金融科技标准化服务业市场机制，扩大标准研制、检测认证市场主体，扩展服务便捷，营造正常环境，推动金融科技标准化服务业市场化、专业化、规范化、国际化发展。

三、行业信息标准化体系工作展望

新时代行业标准化工作具有重要意义，资本市场作为经济社会发展的重要组成部分，要实现高质量的发展，需要高质量的标准。"十三五"时期，金标委及证标委砥砺奋进，不断推动金融标准化工作高质量发展。"十四五"时期，行业信息标准化将在以下几个方面继续推进：

①以证券期货业科技发展"十四五"规划为基础，以推动行业数字化转型为目标，完善行业标准体系建设，持续完善标准化协调和推进机制。

②推进数据标准研究，加强标准对科技创新、科技监管和业务监管的引领与支持作用。充分凝聚行业力量，建立国标、行标、团标、企标协调发展的新型标准体系。

③贡献行业力量，深度参与国际标准化活动。推动国际标准"引进来"和优秀行业标准"走出去"，鼓励行业机构参与国际标准制定。全面推进金融机构标准化工作，建立金融标准认证机制，开展标准实施检查评估，夯实金融标准化工作基础。积极参与金融国际标准化工作，积极参与多个 ISO/TC68 国际标准工作组组织工作。稳步推进全球法人机构识别编码（LEI）体系建设。

信息技术标准化对证券期货业信息化建设产生深远而又深刻的影响，未来业务深度融合的证券期货全面协同发展，需要标准化先行，用标准引领行业发展。

附录一：信息技术相关的法律和规章制度清单

序号	名称	时间	类别	属性
1	中华人民共和国计算机信息系统安全保护条例（国务院令第 147 号）	1994 年 2 月	综合类	法规
2	国家信息化领导小组关于加强信息安全保障工作的意见（中办发〔2003〕27 号）	2003 年 9 月	综合类	规章
3	国务院关于大力推进信息化发展和切实保障信息安全的若干意见（国发〔2012〕23 号）	2012 年 6 月	综合类	法规
4	2006—2020 年国家信息化发展战略（中共中央办公厅、国务院办公厅印发）	2006 年 9 月	综合类	规章
5	全国人大常委会关于加强网络信息保护的决定（2012 年 12 月 28 日第十一届全国人民代表大会常务委员会第三十次会议通过）	2012 年 12 月	综合类	法律
6	中华人民共和国刑法修正案	2009 年 4 月	综合类	法律
7	全国人民代表大会常务委员会关于维护互联网安全的决定	2000 年 12 月	综合类	法律
8	中华人民共和国电子签名法	2004 年 8 月	综合类	法律
9	证券公司监督管理条例（国务院令第 522 号）	2008 年 4 月	专业类	法规
10	期货交易管理条例	2012 年 1 月	专业类	法规
11	中华人民共和国证券投资基金法	2012 年 12 月	专业类	法律

续表

序号	名称	时间	类别	属性
12	中华人民共和国证券法（中华人民共和国主席令第 43 号）	2005 年 1 月	专业类	法律
13	计算机病毒防治管理办法（公安部令第 51 号）	2000 年 4 月	公安部—网络安全	规章
14	计算机信息网络国际联网安全保护管理办法	1997 年 12 月	公安部—网络安全	规章
15	关于印发《关于信息安全等级保护工作的实施意见》的通知	2004 年 9 月	公安部—等级保护	规章
16	关于印发《信息安全等级保护管理办法》的通知	2007 年 6 月	公安部—等级保护	规章
17	关于开展全国重要信息系统安全等级保护定级工作的通知	2007 年 7 月	公安部—等级保护	规章
18	关于印发《信息安全等级保护备案实施细则》的通知	2007 年 1 月	公安部—等级保护	规章
19	关于印送《关于开展信息安全等级保护安全建设整改工作的指导意见》的函	2009 年 1 月	公安部—等级保护	规章
20	关于推动信息安全等级保护测评体系建设和开展等级测评工作的通知	2010 年 3 月	公安部—等级保护	规章
21	关于印发《信息系统安全等级测评报告模板（试行）》的通知	2009 年 11 月	公安部—等级保护	规章
22	关于印发《公安机关信息安全等级保护检查工作规范》的通知	2008 年 6 月	公安部—等级保护	规章
23	关于印发《国家网络与信息安全信息通报任务分工及报送规范》和《国家网络与信息安全信息通报年度考核暂行办法》的通知	2011 年 12 月	国家网络与信息安全信息通报中心	规章
24	证券期货业信息安全保障管理办法（证监会令第 82 号）	2012 年 9 月	证监会—全局类	规章
25	关于做好信息安全、舆论引导等工作　进一步维护资本市场安全稳定运行的指导意见（证监发〔2009〕43 号）	2009 年 3 月	证监会—全局类	规章
26	关于成立证券期货业信息化工作领导小组及其办公室和专家委员会的通知（证监办发〔2008〕53 号）	2008 年 5 月	证监会—全局类	规章
27	证券期货业信息安全事件报告与调查处理办法（证监会公告〔2012〕46 号）	2012 年 12 月	证监会—全局类	规章
28	关于印发《证券期货市场突发事件应急预案》的通知（证监发〔2012〕97 号）	2012 年 12 月	证监会—全局类	规章

续表

序号	名称	时间	类别	属性
29	关于进一步完善信息安全事件应急预案的函（证信办〔2013〕7号）	2013年1月	证监会—全局类	规章
30	银行、证券跨行业信息系统突发事件应急处置工作指引（银监发〔2008〕50号）	2008年7月	证监会—全局类	规章
31	关于进一步落实信息安全有关工作的通知（证监办发〔2008〕94号）	2008年7月	证监会—全局类	规章
32	关于进一步做好证券期货业重要信息系统安全等级保护定级备案工作的通知（证监办发〔2009〕55号）	2009年6月	证监会—全局类	规章
33	证券期货业信息系统安全等级保护基本要求	2011年12月	证监会—全局类	规章
34	关于开展证券期货业信息安全等级保护安全建设整改工作的通知（证监办发〔2011〕107号）	2011年12月	证监会—全局类	规章
35	关于进一步加强证券期货业信息化建设与信息安全情况通报工作的通知（证监办发〔2008〕121号）	2008年1月	证监会—全局类	规章
36	关于督促有关机构加强投资者网上交易安全保护的通知（证监办发〔2008〕136号）	2008年12月	证监会—全局类	规章
37	关于进一步做好证券期货行业推进使用正版软件工作的通知（证监办发〔2012〕47号）	2012年5月	证监会—全局类	规章
38	关于印发《中国证监会行业信息化与信息安全工作制度》的通知（证监办发〔2014〕44号）	2014年6月	证监会—全局类	规章
39	证券期货业信息系统审计规范（证监会公告〔2014〕58号）	2014年12月	证监会—全局类	规章
40	关于交易所等市场核心机构报告重大信息系统项目有关事项的通知（证信办〔2011〕51号）	2011年8月	证监会—交易所类	规章
41	关于证券交易所报告制度的若干规定（试行）（证监交字〔1997〕21号）	1997年11月	证监会—交易所类	规章
42	关于加强证券期货交易所等市场核心机构信息系统备份能力建设的通知（证监办发〔2011〕30号）	2011年4月	证监会—交易所类	规章
43	期货交易所、期货经营机构信息技术管理规范（试行）（证监期货字〔2000〕38号）	2000年12月	证监会—交易所类	规章
44	证券交易所管理办法（证监会令第4号）	2001年12月	证监会—交易所类	规章
45	期货交易所管理办法（证监会令第42号）	2007年4月	证监会—交易所类	规章
46	证券登记结算管理办法（证监会令第29号）	2006年4月	证监会—交易所类	规章

续表

序号	名称	时间	类别	属性
47	证券公司客户交易结算资金商业银行第三方存管技术指引（证监信息字〔2007〕10号）	2007年1月	证监会—证券公司类	规章
48	进入风险处置程序证券公司信息系统交接技术指引（证监信息字〔2006〕3号）	2006年4月	证监会—证券公司类	规章
49	证券期货经营机构信息技术治理工作指引（试行）	2008年9月	中国证券业协会、中国期货业协会	自律规则
50	关于证券公司为期货公司提供中间介绍业务信息技术有关问题的通知（证监办发〔2009〕8号）	2009年2月	证监会—证券公司类	规章
51	证券公司检查办法（证监机构字〔2000〕281号）	2000年12月	证监会—证券公司类	规章
52	证券公司内部控制指引（证监机构字〔2003〕260号）	2003年12月	证监会—证券公司类	规章
53	证券公司业务范围审批暂行规定（证监会公告〔2008〕42号）	2008年1月	证监会—证券公司类	规章
54	关于进一步规范证券营业网点的规定（证监会公告〔2008〕21号）	2008年5月	证监会—证券公司类	规章
55	证券公司分类监管规定（证监会公告〔2009〕12号）	2009年5月	证监会—证券公司类	规章
56	证券投资基金销售业务信息管理平台管理规定（证监基金字〔2007〕76号）	2007年3月	证监会—基金公司类	规章
57	证券投资基金管理公司管理办法（证监会令第22号）	2004年9月	证监会—基金公司类	规章
58	证券投资基金管理公司内部控制指导意见（证监基金字〔2002〕93号）	2002年12月	证监会—基金公司类	规章
59	证券投资基金托管资格管理办法（证监会令第26号）	2005年1月	证监会—基金公司类	规章
60	关于进一步加强期货公司信息技术管理工作的指导意见（证监会公告〔2009〕15号）	2009年7月	证监会—期货公司类	规章
61	期货公司管理办法（证监会令第43号）	2007年4月	证监会—期货公司类	规章
62	关于加强期货经纪公司内部控制的指导原则（证监期货字〔2000〕12号）	2000年4月	证监会—期货公司类	规章
63	期货公司首席风险官管理规定（试行）（证监会公告〔2008〕10号）	2008年3月	证监会—期货公司类	规章
64	期货公司分类监管规定（试行）（证监会公告〔2009〕22号）	2009年7月	证监会—期货公司类	规章

续表

序号	名称	时间	类别	属性
65	关于中国期货保证金监控中心公司向中国证券登记结算公司报送期货公司集中保存数据的通知（证监办发〔2011〕89 号）	2011 年 11 月	证监会—期货公司类	规章
66	证券公司证券营业部信息技术指引	2012 年 12 月	证监会—全局类	规章
67	期货公司信息技术管理指引	2014 年 8 月	中国期货业协会	规章
68	证券基金经营机构信息技术管理办法	2019 年 6 月	证监会—全局类	规章
69	证券期货业网络安全事件报告与调查处理办法（征求意见稿）	2020 年 12 月	证监会—全局类	规章
70	证券基金经营机构信息技术管理办法（2021 年修正）	2021 年 1 月	证监会—全局类	规章

附录二：信息技术相关的行业和国家标准清单

有关最新行业标准和相关国家标准，请访问中国资本市场标准网。（网址：http：//www.csisc.cn/，由全国金融标准化技术委员会证券分技术委员会主办）

序号	名称	发布日期	类型	状态	牵头单位	类型
1	可扩展商业报告语言（XBRL）技术规范第 1 部分：基础	2011 年 1 月	—	已发布	中国证监会信息中心	国家标准
2	证券期货经营机构信息系统备份能力标准	2011 年 4 月	WG42	已发布	深圳证券通信有限公司	行业标准
3	证券期货业网络时钟授时规范	2012 年 12 月	WG42	已发布	上海期货交易所	行业标准
4	证券期货业信息系统运维管理规范	2013 年 1 月	WG42	已发布	上海期货交易所	行业标准
5	证券期货业电子化信息披露规范体系第 1 部分：基础框架	2014 年 7 月	—	已发布	中国证监会信息中心	国家标准
6	证券期货业电子化信息披露规范体系第 2 部分：编码规则	2014 年 7 月	—	已发布	中国证监会信息中心	国家标准
7	证券期货业电子化信息披露规范体系第 3 部分：标引模板	2014 年 7 月	—	已发布	中国证监会信息中心	国家标准
8	证券期货业电子化信息披露规范体系第 4 部分：实例文档封装格式	2014 年 7 月	—	已发布	中国证监会信息中心	国家标准
9	证券期货业电子化信息披露规范体系第 5 部分：注册管理规范	2014 年 7 月	—	已发布	中国证监会信息中心	国家标准
10	证券期货业信息系统托管基础要求	2016 年 1 月	WG42	已发布	中国期货业协会	行业标准

续表

序号	名称	发布日期	类型	状态	牵头单位	类型
11	资本市场交易结算系统核心技术指标	2016年7月	WG42	已发布	中证信息技术服务有限责任公司	行业标准
12	证券及相关金融工具　交易所和市场识别码	2018年7月	—	已发布	中国证监会信息中心	国家标准
13	证券及相关金融工具　国际证券识别编码体系	2018年7月	—	已发布	中国证监会信息中心	国家标准
14	证券期货业机构内部企业服务总线实施规范	2018年9月	WG42	已发布	兴业证券股份有限公司	行业标准
15	证券及相关金融工具　金融工具分类（CFI编码）	2018年9月	—	已发布	中国证监会信息中心	国家标准
16	证券期货业软件测试规范	2019年9月	WG42	已发布	大商所飞泰测试技术有限公司	行业标准
17	资本市场场外产品信息数据接口	2020年12月	WG42	已发布	中国证券业协会	行业标准
18	证券交易数据交换协议	2020年12月	WG42	已发布	上交所技术有限责任公司	行业标准
19	资产管理产品介绍要素　第2部分：证券期货资产管理计划及相关产品	2021年5月	—	已发布	中国证券监督管理委员会	行业标准
20	挂牌公司信息披露电子化规范　第3部分：临时报告	2021年6月	—	已发布	全国中小企业股份转让系统有限责任公司	行业标准
21	挂牌公司信息披露电子化规范　第2部分：定期报告	2021年6月	—	已发布	全国中小企业股份转让系统有限责任公司	行业标准
22	挂牌公司信息披露电子化规范　第1部分：公告分类及分类标准框架	2021年6月	—	已发布	全国中小企业股份转让系统有限责任公司	行业标准
23	证券期货业结算参与机构编码	2021年6月	WG42	已发布	中国证券登记结算有限责任公司	行业标准
24	证券期货业大数据平台性能测试指引	2021年6月	WG42	已发布	深圳证券交易所	行业标准
25	证券及相关金融工具　金融工具短名（FISN）	2021年7月	WG42	已发布	中证信息技术服务有限责任公司	国家标准
26	基金行业数据集中备份接口规范	2021年7月	WG42	已发布	中国证券登记结算有限责任公司	国家标准
27	证券投资基金编码规范	2021年7月	WG42	已发布	中国证券登记结算有限责任公司	国家标准

续表

序号	名称	发布日期	类型	状态	牵头单位	类型
28	开放式基金业务数据交换协议	2021 年 7 月	WG42	已发布	中国证券登记结算有限责任公司	国家标准
29	证券期货业网络安全等级保护基本要求	2021 年 8 月	WG42	已发布	中证信息技术服务有限责任公司	行业标准
30	证券期货业网络安全等级保护测评要求	2021 年 8 月	WG42	已发布	中证信息技术服务有限责任公司	行业标准
31	证券期货业网络安全等级保护基本要求	2021 年 9 月	WG42	已发布	中证信息技术服务有限责任公司	行业标准
32	证券期货业经营机构内部应用系统日志规范	2021 年 11 月	WG42	已发布	中证信息技术服务有限责任公司	行业标准
33	证券期货业数据模型 第3部分：证券公司逻辑模型	2021 年 11 月	WG42	已发布	中证信息技术服务有限责任公司	行业标准
34	证券期货业移动互联网应用程序安全检测规范	2021 年 12 月	WG42	已发布	中证信息技术服务有限责任公司	行业标准
35	证券期货业信息技术服务连续性管理指南	—	WG42	在建	上海期货交易所	行业标准
36	证券基金经营机构运维自动化能力成熟度规范	—	WG42	在建	国信证券股份有限公司	行业标准
37	证券期货业移动互联网应用程序适老化服务规范	—	WG42	在建	中证信息技术服务有限责任公司	行业标准
38	证券期货业信息技术架构管理指南	—	WG42	在建	上交所技术股份有限公司	行业标准
39	证券公司核心交易系统技术指标	—	WG42	在建	大商所飞泰测试技术有限公司	行业标准
40	证券公司期货业经营机构内部应用系统日志规范	—	WG42	在建	海通证券股份有限公司	行业标准
41	资本市场交易系统核心技术规范（国际化）	—	WG42	在建	大商所飞泰测试技术有限公司	行业标准

第四节　一线监管水平日益增强

改革开放以来，证券和期货交易所通过科技赋能，逐步建立健全"以监管会员为中心"的交易行为监管模式，强化上市公司信息披露，不断提高监管能力，丰富监管措施，增强监管实效，保护了中小投资者合法权益，对促进资本市场健康稳定发展作出了贡献，在资本市场监管和风险防范方面切实履行了自己的一线责任。

一、交易所积极探索监管创新模式

多管齐下纵深推进，交易所一线监管全面发力。交易所作为市场的组织者、运营者和自律监管者，处在资本市场监管体系的第一线，全力做好市场监测，强化一线监管，为资本市场稳定健康发展保驾护航。2005年，《证券法》进一步修订完善了证券交易所的规则制定权、实时监控权、异常交易账户限制交易权、纪律处分权等，为一线监管提供了法律依据。党的十八大以来，沪深证券交易所不断探索在会员监管、交易监管、上市公司监管方面多路齐头并进，全面强化一线监管，将依法全面从严监管往纵深推进，不断夯实资本市场发展的基础。

在会员监管方面，由于中国资本市场中小投资者众多，对于监管资源有限的交易所来说，需要把监管关口前移。在此背景下，交易所推进"以监管会员为中心"的交易行为监管模式落地，以更大程度地发挥会员的作用。"以监管会员为中心"的交易行为监管模式，将从主要直接监管投资者交易行为转变为监管投资者和监管会员并重，使证券交易所监管工作实现"事前了解、事中监控、事后报告"，快速有效处理；推动并督促会员承担客户管理的各项责任，指导会员建立完善有效的客户交易行为监控体系，使其成为识别、发现、劝阻、制止异常交易行为的重要关口。监管新模式下交易所和会员各司其职、各尽其责，共同提升维护市场秩序、发现违法线索、防范交易风险的能力。

在交易监管方面，沪深证券交易所通过使用实时监控、限制交易、现场检查、收取惩罚性违约金等多种手段，切实履行一线监管职责。2017年，中国证监会修订《证券交易所管理办法》，明确交易所对于异常交易行为、违规减持行为等的自律管理措施，完善有关信息披露、停复牌的制度要求，完善证券交易所在履行一线监管职责、防范市场风险中的手段措施，标志着一线监管手段正式升级。同时，通过探索科技化、智能化监管方式，研究建立账户信息共享制度，提升对"看不穿"账户的识别监控能力，加大对重点账户、"黑名单"账户实时监控的力度。

在上市公司监管方面，证券交易所坚持以信息披露为核心的监管理念，推进分类监管、精准监管、科技监管，加强行业信息披露规则体系建设，持续完善资本市场基础性制度，引导督促上市公司遵守行业指引，着力促进上市公司提升信息披露质量和规范运作水平。通过强化信息披露一线监管，通过信息披露"直通车"，聚焦重点高风险公司和市场重点问题；在事中监管这个环节，抓早抓小、抓实抓细，督促相关公司及时改正，避免不当披露误导投资者交易，充分发挥信息披露监管在抑制题材股炒作、防范不当利益输送、化解市场风险中的作用。2020年11月，上交所发布《上市公司自律监管规则适用指引第3号——信息披露分类监管》。分类监管着重平衡好规范与发展、监管和服务，其核心内涵是"管少管精才能管好"，区分情况、分类施策。在具体方法上，要集约监管资源，盯住少数重点公司、重点事项，提高监管的针对性、有效性。同时，坚持监管与服务并举，腾出更多精力为大多数讲诚信、专主业的公司做好服务，支持这些公司借力资本市场转型升级、做优做强、提升质量。

逐步完善核心机构间及跨市场的监管协作工作机制。为适应期货市场发展新形势，提高期货监管效率，增强防范、控制和化解期货市场风险的能力，我国期货市场建立起了"五位一体"的期货监管协调工作机制，包括中国证监会、证监局、期货交易所、中国期货保证金监控中心（现中国期货市场监控中心）和中国期货业协会；通过联合调查、期货立法、意见征求、课题研究、座谈研讨等形式，密切沟通、积极配合，加强日常监管协作，共享监管资源，积极发挥监管合力。跨市场监管协作方面，因股指期货交易涉及股票市场和期货市场，两个市场存在相互联动、风险传递的可能。为防范跨市场操纵和跨市场风险传递，保障股票市场和股指期货市场的安全运行和健康发展，2007年8月，在中国证监会的统一部署和协调下，上海证券交易所、深圳证券交易所、中金所、中国证券登记结算公司、中国期货保证金监控中心（现中国期货市场监控中心）在上海签署了《股票市场与股指期货市场跨市场监管备忘录》等文件，构建起包括信息交换机制、风险预警机制、共同风险控制机制和联合调查机制等在内的跨市场联合监管协作机制。联合监管协议的签署，标志着股票市场和股指期货市场跨市场监管协作机制框架正式确立。

二、市场监察系统更新换代

随着经济快速发展，中国资本市场在过去30多年逐步从不成熟走向成熟，监管体系逐渐完善。根据"统一领导、共享资源、各司其职、各负其责、密切协作、合力监管"的工作原则，迫切需要形成一个分工明确、协调有序、运转顺畅、反应快速、监管有效的工作网络。因此，综合考虑三方面因素，一是明确各方的监管职责和范围，建立完善的流程体系；二是从数据平台和监管算法两方面出发，提供高效准确的异常监测系统；三是考虑交易品种和投资模式日益增多，需要更好地支持日后创新业务。证券和期货各交易所充分发挥其技术优势，运用新一代信息技术打造智能化监管系统，不断提升市场监管效能。

1. 深交所监察系统

到目前为止，深交所监察系统已发展到第三代。1995年，深交所自主研发的电脑辅助监控系统首次投入运行，为第一代监察系统，是国内首家实时报警及事后分析监控系统，标志着深交所监察工作进入实时监控的新阶段。

1999年，深交所启动深交所应用系统改版工程，涉及交易、结算、监察三大系统；2001年，第二代市场监察系统上线，监察主机升级为AS400 740系列主机。监察系统是根据市场监察部的需求开发的交易监管系统。该系统可实时及事后获取证券交易、结算、存管系统的数据，能对证券市场交易的各个层次（市场整体情况，上市公司、券商、投资者等）进行不同角度的监察，帮助监察分析人员及时发现证券市场异常情况、掌握交易动态、分析市场运行状况、发现及制止违规行为、防范市场风险。与原有的监察系统相比,第二代监察系统不仅在性能和功能上有很大的提高和丰富,而且它还为证券市场运行特征提供了一个研究、评估和测试的平台,通过信息反馈机制,帮助业务部门将原来主要依靠个人的经验认识积累过程变成系统化、智能化的积累过程,在日益复杂的市场环境中,不断优化监察手段,合理化监察指标和报警控制值,从而得到最佳的工作效果。第二代监察系统上线时系统处理能力达1万笔/秒,并在后续将监察主机升级为 AS400 780 系列,系统处理能力提升至10万笔/秒。第四代交易系统在同一技术平台上,先后实现了主板、中小企业板、创业板等多个层次市场的运作,且监察功能进一步完善,新增了 ETF、权证、资产证券化、LOF 基金等产品监察功能,是一套多层次资本市场监察系统。

第三代市场监察系统技术平台于 2018 年上线试运行。2019 年 7 月,第三代市场监察系统一期业务功能上线启用。第三代监察系统是深交所为应对市场监察新形势的变化和市场监管的新挑战,提高违法违规线索的发现能力和效率,提升监察系统的智能化、可视化水平,拟规划并实施构建一个实用、易用、先进的智能化监察综合工作平台。第三代监察系统能够适应未来 10 年市场监察业务发展要求,全面支持日常监控、调查分析、工作流程、业务研究的一体化市场监察工作需要。支持多渠道采集海量场内外数据,全方位整合证券市场信息;能够充分利用数据挖掘、机器学习等智能技术,集成市场监察调查分析经验,实现全市场、全天候、全方位海量信息筛查和分析;能够全面支持所有深交所交易系统支持的交易品种、订单类型、交易模式的监控;具备有效、实用、好用、安全特征;符合技术发展方向,具有更高效率、更大容量、更强扩展性、架构合理并可管理,实现更高层次的自动化、流程化、可视化和智能化的可持续的监察技术平台。

第三代监察系统围绕异常交易行为监管、违法违规线索筛查等核心业务,旨在打造一个有效、实用、好用、安全的智能化监察工作平台,全面支持日常监控、调查分析、工作流程、业务研究的一体化市场监察工作需要。一是搭建高效实时监控平台。实时监控平台集电子化预警、可视化分析、快速处理于一体,是及时发现、分析、处理异常交易行为的有力武器。二是建立违法违规智能筛查模型。充分运用大数据分析挖掘等智能化技术,探索建立内幕交易、趋同交易、市场操纵、关联账户等智能筛查分析模块,及时发现和精准挖掘各类违法违规线索。三是多渠道采集整合市场信息和监管数据。充分发挥看穿式监管体系优势,不断扩展监管数据资源,为交易一线监管提供有效数据支撑。

与原有系统相比,第三代监察系统按照"安全高效、持续演进、主流开发、自主可控"的设计原则,采用包容性软件设计理念,基于开放、开源技术,构建了大规模分布式系统架构,打造一个安全、高效、灵活、易用的监察技术平台。一是建设基于流计算的实时计算平台。实时计算平台引入开源、分布式流计算技术,声明式开发模式,逐笔计算,先算后存,构建监察系统的实时统计、实时报警功能模块,满足市场监察实时、海量数据、复杂计算的需求。二是搭建企业大数据平台。为满足市场监察多元化的数据分析场景，深交所企业大数据平台采用了混合的数据平台架构，包含传统关系型数据库、MPP、Hadoop 等数据库产品，也兼容搜索引擎、图数据库、机器学习等特定数据分析领域的产品。三是构建灵活、弹性的技术研发平台。为了适应市场监管要求的变化，具备快速、高效的交付能力，新一代监察系统采用松耦合、可扩展的架构，构建了一个灵活、弹性的研发平台。

此外，2019年11月26日，深交所与巴基斯坦证券交易所成功签署技术输出协议，深交所以自主研发的第三代监察系统为基础，结合巴基斯坦资本市场发展实际，开展巴基斯坦交易所监察系统建设，为巴基斯坦证券交易所提供具有中国特色的解决方案，开启了我国证券技术系统走出国门之先河。

2. 上交所监察系统

2017年，上交所启动了新一代交易监管系统（以下简称"NGSP"）（一期）的建设，并于2019年正式上线。2000年以前，第一代监察系统主要以单机运行，使用命令行方式进行交易的查询统计，实现简单的监察业务。

2000年底，第二代实时监察系统上线，复用了交易撮合机制，与交易系统耦合度较高。第三代监察系统（以下简称"3GSS"），作为与上交所新一代交易系统（以下简称"NGTS"）配套的监察系统，于2009年底正式上线运行。3GSS 支持交易系统证券交易品种和证券交易方式，涵盖了全球主要监察系统的全部功能，保障了上交所业务的连续性、安全性和透明性。在正式运行期间，3GSS 系统在多方面进行了改进，不断满足市场监察部提出的业务需求。3GSS 先后接收了上交所内大宗交易、综业、固定收益、个股期权等平台的数据，扩展了数据来源，同时与中金所进行了数据交换。业务上，支持了融资融券、沪港通、一码通、债券预发行等业务，支撑了市场监察部对新业务的监管需求。2015年，上交所交易金额突破1万亿元，交易数据急剧增长，对3GSS 的处理性能提出了更高的要求。通过项目组的努力，进一步提升了系统的吞吐量，降低了系统延时，保持了高效的处理性能。此外，3GSS 进行了技术改造，采用开源产品，改进系统部署架构，提升系统容量。

2019年底，新一代交易监管系统正式上线，其基于大数据平台和私有云公共服务建设，完全替代了原有的历史分析以及异常调查与跟踪系统，并基于3GSS 的数据处理及存储，重构了实时分析应用，完成了监察门户统一，同时新增了舆情监测、投资者画像、账户关联分析等人工智能分析能力。NGSP 的上线满足了业务的监管要求，扩展了交易监管的广度和深度，实现实时、全景、穿透式监管；完善监管职能，实现单个证券监控与市场整体风险监控并重；优化异常交易和违法违规监测与分析模型，提高违法违规线索发现的能力。集成十大类可灵活配置和自由扩展的监管视图，全面覆盖主板、科创板的实时监控、自律监管、线索分析、运行监测、数据协查等监管手段，逐步提升交易所交易监管的信息化和智能化水平。

新系统在建设过程中也通过科技手段创新监管方式，引入前沿监管科技技术，灵活应用到市场监察的实际业务场景，减少监管资源消耗。通过引入大数据、机器学习、知识图谱等新技术，实现投资者画像，设计机器学习指标330余个，精准刻画投资偏好、盈利情况等信息，帮助监控人员快速掌握投资者情况。又如，开发黑嘴荐股核查模块，运用网络爬虫、语义识别技术，快速提升嫌疑账户的发现效率。再如，打造账户关联分析模块，通过构建知识图谱，实现对账户间关联关系的量化计算和图形化展示，提高了关联分析的准确性和直观性。通过科技手段不断创新，帮助监控人员快速、全面了解市场运行状况，精准定位异常交易、违法违规行为，成为科技赋能监管的有益实践。

面对日新月异的证券业务，监察系统也积累了庞大的数据量，实现监管业务的同时，仍在不断追求技术上的突破。2020年，再一次对系统整体性能进行了优化，经过项目组不断探索与验证，将系统吞吐量提升了3倍，系统容量扩大50%，有效提高了监管业务的处置效率。

监察系统的建设初衷是确保证券市场交易公平有序，识别违规行为，为一线监管在日常监管业务运作中提供必要的技术手段。总体来说，监察系统主要围绕核心功能异常交易行为发现与处置、相关数据协查、市场异常波动分析进行建设，同时以交易可视化、市场或交易相关风险操作、市场交易报告等扩展系统的实用性。

监察业务平台在技术创新层面的亮点突破，包括：证券市场完整交易业务信息源，包括市场参与者（包括17类市场投资者）、各类产品（包括股票、基金、债务、金融衍生品）、交易数据（成交、申报、行情、持仓）等数据；数据实效性，接入交易所实时交易数据，存储实时数据，对异常交易行为实时监控，通过实时预警引擎，以及复杂业务模型，筛查出各类违规交易；系统依托大数据平台对各类数据实现底层整合，实现高性能、大容量和易扩展、易维护的要求，应用使用微服务、前后端分离等新兴技术提高系统性能以及业务扩展能力，同时使用容器云技术，实现部署自动化，降低运维成本；运用了机器学习、知识图谱、文本挖掘等大数据处理和智能分析新技术，进一步提升了监察系统的数据可视化、操作自动化、模型智能化水平。

3. 上期所监察系统

上期所的监察系统主要分为实时风险监控和非实时风险监控。实时风控主要检查是否超仓、报撤单数量、自成交等交易行为的表面合规性。非实时风控的监管范围更广，包括全市场风险、会员风险、品种风险、客户风险、异常交易、关联账户等各种分析。

上期所2007年12月就上线了实时风控系统，此后随监管要求不断增加功能。2009年9月，非实时风控系统上线。2014年，从境外引进SMARTS监控系统，实现对关联交易等交易行为深层次合规性的初步监管。2018年，根据证监会要求开始实施穿透式监管，报单必须附带提供客户终端信息，为交易行为分析提供更多依据。2019年6月，基于前沿技术的监管科技3.0项目——期货大数据平台（一期）建成，为非实时监控提供更快速的底层数据平台，一些原本因计算时间过长而放弃的监管功能得以实现。2021年5月，新一代监察系统上线，逐步替代原实时风控、非实时风控的各个系统；SMARTS 系统被替代后下线；同时随着大数据平台（二期）落地，非实时监控全面基于该平台数据，监管效率大幅提升。

4. 郑商所市场监察系统

郑商所为满足一线监管工作需要，提升对市场风险的量化研判和强化对违法违规行为的监控水平，确立并建设了市场监察系统，从而为期货市场交易提供坚定的系统保障。

第一代市场监察系统：2004 年，郑商所开始建设第一代市场监察系统，包含实时监控、风险预警、风险分析、风险演示四个子系统，通过直连交易系统获取交易数据，为用户提供明细数据刷新展示和查询功能，包含盘中订单、成交、持仓、报价的实时数据，盘中各项风险指标预警，盘后对历史数据进行统计查询等功能。但是受技术限制，系统峰值事务速度慢，存在较大时间延迟，并且存在部分预警指标实际使用效果不佳，历史数据查询慢等问题。

第二代市场监察系统：随着郑商所业务的发展以及监管要求的不断加强，第一代市场监察系统已经不能满足监管人员的需求。因此，在 2008 年开始规划建设第二代监察系统，并且于 2010 年完成上线。在第一代监察系统的基础上，增加了交易重演价差分析系统和交易重演订单簿回放系统，丰富了实时查询、实时监控、统计分析、分析报告、实控组管理、强制减仓、强行平仓等模块。升级后的监察系统支持的数据量成倍增加，为市场平稳保驾护航，但是数据的实时性不高，对数据的分析大多是基于快照数据，数据分析粒度不够细。

第三代市场监察系统：随着人工智能、大数据、云计算等技术的发展，2018 年 9 月，监管科技应用立项，基于大数据平台建设监管科技应用，多维度画像、关联关系分析、内幕交易、老鼠仓、舆情分析陆续落地。新一代监察系统采用分布式 B/S 架构，应用大数据、人工智能等新技术，全面推动监察业务的智能化、流程化及可视化；通过自主研发基于交易流水的实时计算技术，重点解决二代监察系统中存在的数据实时性不高和数据分析粒度不够细问题，实现毫秒级延迟和逐笔监控。

5. 大商所监察系统

2010 年以前，大连商品交易所没有独立的监察系统，旧版监察系统为实时监控子系统，嵌套在交易系统中，成交、持仓、委托、资金、价格行情等基础查询功能点相对完备，系统覆盖的查询功能较为全面，可统计单位、个人客户交易情况、短线客户交易情况、关联客户群的交易情况、套利交易的委托情况等，预警指标还较为单一，市场风险监控主要靠监控人员人工判断，系统性能需要进一步提升和完善。

大连商品交易所新版监察系统自 2010 年起上线，至 2018 年共经历了 15 次项目级别业务变化，100 次以上变更级业务变化，性能得到了极大提升，建立了盘中交易实时查询、实时监控预警功能的可靠的监控系统，是大连商品交易所实时监控交易所盘中交易情况、市场风险波动情况、客户违规交易的主要手段。新版监察系统的盘中实时查询子系统，从委托、成交、持仓、资金、价格变化趋势、实际控制关系账户交易情况、期权交易情况七大维度对交易所盘中交易情况进行实时查询；新版监察系统的盘中预警子系统，根据规模类指标、价格联动性指标、分布指标、个体指标、市场影响指标、个体违规指标、交割月指标、关联群指标、期权特有指标、持续性监控指标、流动性指标十一大类指标对交易所盘中交易情况进行实时预警监控，并对预警结果进行数据整理评分。

科技监管时代的监察系统更进一步。自2018年以来，科技监管时代的监察系统技术上基于大数据技术，依托先进的技术设计方案，基于流批一体的分布式计算和分析引擎等先进的技术体系；业务上利用先进监管模型和理念，整合交易所现有监察业务核心，引入符合业务特点的智能监管辅助等新模式。该监察系统为交易所提供市场运行监控、交易行为预警、异常交易筛查等市场监管服务。主要功能包括预警功能、行情功能、分析类功能和基础查询等功能。其中预警功能主要分为客户市场运行预警、合约运行异常预警、市场主体异常预警、违规行为预警、持续监测指标预警、期权特有预警等共计200个预警指标，并增加幌骗、撞门预警等市场热点监控指标。逐笔历史行情回放可以更好地还原违规线索，是监管人员不可或缺的新业务工具。科技监管时代的监察系统利用科技手段构建符合交易所业务发展的监管和数据分析模型，加快实现交易所监察业务的数字化转型，助力监察部对期货市场的监管。

未来，随着中国证监会科技监管工作深入推进，大连商品交易所将开展深度的数据治理，并基于MPP、Hadoop大数据技术，推进DCE监察7.0系统建设，进一步提升大数据和人工智能等新技术在关联账户检测、客户画像、舆情分析等业务中应用水平，"数据让监管更加智慧"愿景将会成为现实。

三、持续完善风险监测系统

党的十九大报告明确提出，要健全金融监管体系，守住不发生系统性金融风险的底线。2017年，中央经济工作会议对"三大攻坚战"进行了明确部署，防范化解重大风险是未来三年首要任务。新的形势对风险管理提出了新的要求，用科技手段提升市场风险监测预警能力具有较大紧迫性，充分利用大数据平台，综合分析风险因素，提高对风险的感知、预测、防范能力，实现风险管理决策科学化和应对高效化。

1. 深交所风险监测系统

深交所搭建了市场运行风险监测系统、股票质押风险监测系统、融资融券风险监测系统等，并随着市场发展不断推进。

2018年9月，深交所启用"市场运行风险监测系统"。市场运行风险监测系统主要目标是基于全面梳理市场运行影响因素，优化市场风险重点监控指标，完善覆盖交易活动、公司业绩、估值水平、资金变动、杠杆水平、经济金融数据以及投资者信心等市场风险监测指标体系，利用数据挖掘、文本挖掘、人工智能等大数据技术，探索建立和不断完善市场运行风险监测预警模型，建立能够对风险因素进行识别、跟踪、研判和初步预警的业务支持系统，发挥业务系统对岗位人员从日常分析监测，到经验积累和固化，以及专题研究全部业务过程的支持作用。市场运行风险监测系统依托"市场交易状况、上市公司经营、监管政策、资金面指标、投资者信心状况、市场估值水平和市场景气状况"七大风险因素的细化梳理及深度挖掘。市场运行风险监测功能包括：每日市场分析；监测、周报、月报、季报的支持；景气度及运行风险预警。

2018 年，深交所启用"股票质押风险监测系统"。股票质押风险监测系统主要目标是：支持对股票质押的风险监测和因素分析，整合所内外涉及股票质押的数据、信息，支持股票质押风险管控的统计分析。股票质押风险监测系统支持日常监测和事件驱动的风险分析报告，解决场内场外数据集成分析、风险预警，提供大股东质押明细实时查询。主要功能分为"质押总体情况""场内质押情况""风险情况""风险预警""大股东质押明细查询"。

2019 年 2 月，深交所启用"融资融券风险监测系统"。股票质押风险监测系统主要目标是：一是建立覆盖交易所全部融资融券产品和市场风险的动态监测体系，对融资融券产品和市场运行风险情况进行全局性关联、监测、预警并进行系统性风险传导识别，为业务部门和管理层的决策提供有效支持；二是通过整合所内外融资融券类信息资源、形成系统的融资融券类信息的数据集合及数据管理体系，为风险监测、预警和处置提供动态的信息、数据支持；三是开发建立融资融券相关的风险监测模型和有效方法，定期对相关统计指标和体系进行计算并发布统计结果。对融资融券标的管理、交易制度和市场风险进行多角度测算和处置模拟，为科学决策提供创新型信息支持。融资融券风险监测系统，通过设置基本信息类指标、交易类指标、信用账户类指标、券商合规类指标、标的证券类指标形成融资融券风险数据集市，同时构建交易所融资融券市场的风险监测指标体系并探索开发风险分析模型，定期对融资融券市场运行风险展开压力测试。

2. 上交所期权风控系统

随着中国资本市场逐步从不成熟走向成熟，各类金融衍生品也不断涌现，其中上交所在 2015 年正式推出股票期权产品。根据"严控过度投机、严防风险溢出、严守风险底线"的"三严"风险管理原则，针对期权市场，需要建设包括实时监控、查询统计和数据分析在内的"三位一体"期权风险控制平台。因此，综合考虑三方面因素，一是明确各系统职责，建立完备的系统之间数据互联互通体系；二是从时效性出发，提供高效准确的实时监控预警系统；三是考虑到事后回溯，要具备对历史进行查询统计的功能。2013 年上交所启动了期权风控系统的建设，并于 2015 年随期权业务一并上线。

"期权风控系统"全称"上海证券交易所个股期权风控系统（以下简称"DRC"），是上交所的监管类业务系统之一，主要用于监控期权市场交易情况。该系统于 2015 年 2 月与期权业务、期权交易系统同步上线，上线后根据业务需求和技术优化需要，进行了 20 余个版本的迭代，平稳运行至今。

整体来说，期权风控系统的技术架构继承自实时监察系统，使用 B/S 架构和 Oracle

数据库，采用"一主一备，主备双活"的部署策略。该系统根据功能划分为查询汇总、预警管理、数据管理、风险处置、预处理等多个模块，通过接收并存储期权交易系统、竞价撮合系统和其他相关系统的实时交易数据和盘后存储网关文件，为产品创新中心（原衍生品业务部）提供盘中实时监控预警和查询统计服务，实现期权市场的产品数据分析及交易风险控制业务，防范市场重大风险，确保市场平稳运行。

期权风控系统的设计从上交所期权监管业务出发，基于实时监察系统，把握期权和现货业务之间的区别和联系，按照期权业务的特点，遵循规范、科学、通用、实用、安全、易用等要求，统筹规划总体的应用架构，并通过管理与技术的双重手段，达到资源共享、应用软件重用、可管理、可维护等目的。主要具有全面性、扩展性和继承性；其系统架构完整，以支撑所有期权业务的开发实施和集成，保证系统内及与外部相关系统的交互。能够适应未来期权监管业务变化和调整的需要；适应上交所对各个不同市场、不同标的、不同交易方式下的交易行为的扩展性要求。充分考虑期权风控系统在上交所监管类系统的定位以及未来发展的要求，完成了从实时监察系统期权版到期权风控系统的平稳过渡。

期权风控系统建设的初衷是加强期权风险控制与自律监管，严控过度投机、严防风险溢出、严守风险底线，确保市场平稳运行。主要帮助用户以加强对投机行为占比、成交持仓比、期现成交比等重点指标的监控；加大对程序化交易、日内回转交易、大额交易、频繁报撤单等行为的监控；加大对做市商及其交易行为的监管。做市商是股票期权市场的重要参与者，期权风控系统实现了对做市商的自成交、异常报价、希腊字母指标、单位时间内申报笔数、持仓集中度、保证金占用比例等指标进行监控、快速反应和处置。

四、利用新技术打造智能监管新利器

上交所监管科技实验室于 2019 年成立监管分析小组，牵头建设新一代全景看穿式监管平台，通过组织行业机构、科技公司联合研发测试，推动多项监管科技创新产品落地。"公司画像系统""企业科技评价系统""金融文本比对系统"等已成功应用在发行审核、公司行为监管和市场行为监管等多个业务场景。

①公司画像系统提供了公司快览、风险扫描、财报审核等功能，辅助监管人员快速了解公司全方位的特征，及时获得风险提醒。其中，"公司快览"包括公司档案、关键指标等 10 大功能共计 26 个模块；"风险扫描"提供财务业绩、公司经营等七个方面的风险标签；"财报审核"提供了各类定期报告的风险侦测功能。

②企业科技评价系统旨在辅助科创板上市审核，通过专利分类定位企业技术方向，聚类同业公司，精准分析科创板申报企业的核心技术实力、相对排名和发展前景。

③金融文本比对系统基于深度学习和自然语言处理等人工智能技术，自动化比对分析不同版本、不同格式（doc、docx 和 PDF）的金融文档，帮助审核人员可视化分析文档差异，检查保荐机构是否存在擅自修改申请文件等情况。

④财务舞弊风险智能识别旨在打造一款深度挖掘企业财务舞弊线索的垂直化系统。该系统通过深度学习算法，从财务造假分析、关联关系挖掘、股权穿透分析、动态舆情等方面深入挖掘隐性关联关系和财务舞弊线索，以提高监管工作的针对性和指向性。

⑤金融文本处理系统旨在构建自生产数据的基础技术能力，实现从金融文档（招股说明书、公告等）中抽取信息转换成为结构化数据，为后续的数据分析、监管应用等提供数据支撑。

⑥舆情分析系统旨在汇集海量舆情资讯数据，搭建完善的风险事件标签体系以及准确的情感正负面标签。系统上线后，能够向交易所各业务系统提供数据对接、页面嵌入等多样化接入方式，实现交易所各业务部门对全量公司的行业搜索、公司风险监控、舆情事件跟踪、舆情预警通知等方面的业务需求。

深交所根据市场发展和监管需要，不断探索完善穿透式监管机制，优化交易监管，减少交易阻力，切实履行交易一线监管职责。早在2016年就开启了科技监管的有益探索，启动企业画像项目建设，以科技赋能监管，让监管更加智慧，让业务管理系统从电子化迈向数字化、智能化。企业画像项目正式启动时，制定了项目建设的系统性规划，从核心技术及数据模块、业务功能、场景应用等方面入手设定了分期建设方案，并结合项目推进进程及上市公司监管领域重点工作，持续开发新功能模块，迭代优化系统功能。企业画像以深交所多年所积累的上市公司监管数据资料为基础，通过自然语言处理、挖掘数据、机器学习等技术，对数据进行自动运算、分类，形成风险提示标签体系，帮助一线监管人员快速把握公司特征和风险的智能化监管辅助系统，以增强对线索的发现、分析预警能力。最终形成一套完整全面的数据、一套科学有效的指标体系、一个好用管用的系统，并将之广泛应用于公司监管、IPO审核、上市推广、现场检查等与企业相关的监管服务全业务链条。

中金所积极贯彻落实证监会党委关于推进科技监管工作有关要求，深入推进科技监管工作，持续完善科技监管运行架构，提升数据治理和金融科技能力。面对程序化等新型交易方式的快速发展对金融期货市场监管工作提出的更高要求，2019年1月，中金所第二代监查系统在交易流水中增加微秒级时间戳，提高委托、成交信息的时间精度，以更为准确地反映市场参与者的报单速度、报价偏离、行情影响等客观情况。同时，基于微秒级时间戳工具建立报单延时监控指标，并用于监管实践。

为有效落实证监会关于科学监管、分类监管、有效监管的要求，中金所聚焦市场参与者行为，积极引入智能化分析技术，于2019年12月正式启动客户画像系统建设，以交易者基本信息、交易数据、风险特征、违规违约情况等为基础，通过整合、挖掘和处理，全面客观描绘客户信息全貌。同时，该系统充分汲取日常监测经验，引入新型分析方法，实现了以模型驱动的智能化聚类算法，初步形成8类客户标签和5项交易维度，共涉及73个因子指标，为分析市场结构微观变化、客户群体特性变迁、违法违规行为查处、政策调整预研预判提供数据支持。2020年8月，该系统首个版本上线。

第五节　监管科技持续升级

2008 年国际金融危机以来，为有效防范系统性金融风险，适应金融科技快速发展的新趋势，全球多个国家政府部门或监管机构开始借助现代化信息技术手段提高监管效能、提升监管效率和质量，监管科技随之应运而生。

一、监管科技 1.0

2014 年之前，我国资本市场监管科技整体处于 1.0 阶段。建设的主要内容是通过采购或研制成熟高效的软硬件工具或设施，满足会内部门和派出机构基本办公和特定工作的信息化需求，提升监管工作的数字化、电子化、自动化、标准化程度。本阶段的主要建设成果如下：

1. 办公电子化服务效率、质量和可靠性大幅提升

在合理合规的前提下，进一步提高了会机关和派出机构个人办公电子设备的性能。通过扩充个人内外网邮箱容量及邮件附件上限，提高了邮件服务质量。网络带宽、关键网络设备性能、桌面技术服务人员数量、服务态度和服务能力均得到大幅提升，以最大热情、最强技术、最好质量的服务满足了监管队伍不断扩大和监管工作不断加强的信息技术需求。

2. OA 系统性能显著优化、功能更趋完善

进一步提升了 OA 系统特别是会机关 OA 性能，提高了 OA 运行速度。OA 系统与其他系统对接能力进一步增强，在满足保密要求和保障信息安全的前提下快速推进 OA 系统和业务系统的对接，使信息流转更便捷，人工操作大幅减少。有序地推进了会机关 OA 和派出机构 OA、派出机构 OA 之间的互通，实现了派出机构人员账户统一管理、单点登录，实现了会内各部门交办至派出机构的工作任务和统计、舆情等各类工作信息的集中展示。完成了会签等 OA 公文流程、OA 用户权限体系、OA 用户界面和操作流程的优化工作，增强了 OA 系统信息搜索、统计、数据挖掘、查询功能。将综合办公平台建设成了集中统一的知识管理平台，汇集系统内各单位各部门的研究成果、调研报告、动态简报等信息，促进知识分享和经验交流。加强了综合办公平台对各业务系统入口的统一和整合，通过对内容和功能的及时更新和优化，提升了系统的科学性和用户友好程度。

3. 监管专门工具集日益丰富

依照标准化、规范化、易升级的原则，现场数据采集工具、被监管对象现场检查工具、稽查取证设备，用于音频、视频、图像、文字等各类资料的收集、识别、处理、对比、转换的数字化工具、智能审计工具、合规检查工具、证券账户交易分析工具以及其他智能辅助工具等得到持续增加和完善，满足了日常监管和稽查执法科技化的需要。现场检查工具实现了与相关监管系统现场检查模块无缝对接。稽查执法的智能化取证工具集形成了一个全面支持稽查执法的标准化、智能化工具链。监管查询分析工具与现场检查工具功能完成对接，提高了监管部门现场检查期间快速调取所需数据的工作效率，保障了数据调取质量。举报接收工具的升级实现了举报人按照举报范围、线索类型、构成要件等相关原则等分类、逐个点击或填写举报选项，解决了举报渠道误用、举报内容不全、要件缺失等问题。

4. 智能听证室、询问室、应急指挥室、信访举报接待场所陆续建成

完成听证室、各单位专用或兼用询问室的现代化、科技化升级改造，配备案件资料多维展示、语音实时识别转换记录等智能辅助服务，实现统一指挥、管理调度、远程听证、远程询问、有言必录等功能。完成现有信访举报接待场所的现代化、科技化升级改造，配备身份鉴别、来访人员语音实时识别转换记录、视频音频记录一键刻盘备份等智能辅助服务。

根据监管需要，逐步完成证券期货市场应急指挥平台、市场监管应急指挥室和信息安全应急指挥室的建设，实现了对证券市场的应急指挥和监控。完成信息安全应急指挥室建设，全面汇集证监会系统和市场核心机构的网络基础信息资源和网络安全威胁信息，上下协同指挥应对重大网络安全事件。

二、监管科技2.0

监管科技1.0阶段为证监会监管业务全面信息化打下了良好的基础。从2014年开始，监管科技进入2.0阶段。主要建设内容是紧紧围绕证监会职能转变的要求，以服务为导向，全面覆盖各监管业务条线，构建以线索管理和监管任务为核心的监管体系。并进一步实现跨部门监管业务的全流程在线运转，建立数据融会机制，为大数据、云计算、人工智能等技术在监管科技3.0阶段的应用打下良好基础。本阶段主要建设成果如下：

1. 打通业务流程，实现协同监管

依托中央监管信息平台，打通事前、事中、事后各项监管业务流程，实现了从行政许可到日常监管再到稽查处罚的全流程全方位协同监管。统一规范上、下游业务之间的业务接口和数据接口标准，实现了监管业务的无缝对接和监管信息的流畅共享。完成了中央监管信息平台各业务条线子系统的进一步融合，显著降低系统间流程对接的成本，真正实现了统一融合的证券期货监管业务大平台，支持立体化监管。在符合相关保密规定的前提下，成功在外网建设完成现场检查管理系统，用于检查人员实施记录现场检查全过程监管信息，包括检查资料调取、资料分析、人员访谈、实地走访、检查结论及监管措施等。

一是打通各业务条线流程。稳步推进涵盖线索发现、线索分析、立案调查、审理处罚、复议诉讼、行政和解在内的稽查执法全流程业务贯通，基本实现了案件全链条、全流程、全覆盖的程序化管理，形成一个支持稽查执法全流程的大案件管理系统。

二是推进跨部门系统建设。通过对业务功能进行整合，将原来由各个系统分散管理的业务规则和业务流程进行梳理、抽取和重构。根据监管业务对象特点和监管业务的共性，对某些业务进行重新划分和归类，抽取各个系统中共同的业务逻辑和业务流程，制定系统之间的信息共享机制，实现跨部门系统的联动，进而实现了会机关职能部门和派出机构承办处室的有效协同工作。通过完善扩展行政许可系统，实现了行政许可受理部门、审核部门的跨部门流程对接。推动发行审核监管系统与行政许可系统、诚信档案系统等系统的互联互通，实现了会内资源共享、跨部门协同工作以及信息的快速联动。

三是整合派出机构各项业务，建设派出机构视角的可灵活定制的综合业务系统。该系统以平台各业务条线监管子系统为基础，依托中央数据库（现监管大数据仓库）的建设与支持，集中管理与督办辖区各业务条线重要工作事项，整合辖区相关主体监管、功能监管、市场监管、市场舆情等信息，建立会机关、派出机构、监管对象之间的工作交流及资源共享，采用统一综合、全方位、多视角的展现方式，为派出机构领导、综合业务人员提供全面综合的辖区监管相关信息，有效提高辖区监管水平与效率，推进监管转型。

2. 建设主题数据库，实现数据融合共享

中央监管信息平台建设之前的各业务系统是单独建设，分属各业务部门，其数据库设计也相对独立，缺少顶层设计，没有遵循统一的技术标准和数据规范，给业务融合和数据共享带来不便。随着数据规模和应用增长，对各类应用数据进行综合管理，消除冗余，抽取数据主题，建立稳定的主题数据库势在必行。主题数据库能有效消除"信息孤岛"，快速支持业务发展变化，同时也为后续的数据整合、跨部门应用提供数据支持和基础支撑。

一方面，主题数据库独立于具体的业务应用，从证监会监管全局出发，深入分析监管相关数据模型，将数据划分成可管理的单元，从中抽取概括监管主体（如个人、机构）、监管行为等各主题数据。主题数据库强调稳定，减少冗余，并独立于当时的软硬件架构，在较长时间内为证券期货监管业务提供了稳定的信息资源服务。另一方面，主题数据库实现了高效的数据治理和数据管控功能，包括元数据管理、数据质量管理、数据安全管理等。建立了高度共享集约化的数据环境，使数据及数据库更易于管理和使用，降低数据库管理和维护成本。与此同时，通过建立数据的分类分级标准、数据质量控制、数据安全与隐私保护等制度和技术支撑形成了完善的数据治理体系。截至2020年，已先后建设完成的40余个监管业务信息系统整合成"一个库"，通过提供统一的数据采集、数据存储和数据访问服务，有效地支持了宏观监管和各业务监管系统的建设。

3. 完善公共和基础功能，打造面向全体被监管对象的外网门户

一是进一步优化完善中央监管信息平台公共模块、公共组件等公共基础服务功能，实现了通用业务流程和通用功能的标准化；改造公共模块的线索管理、处理处罚等功能，通过全流程统一编码规则等方式实现了与稽查案管、行政处罚系统的融合对接。二是整合建设知识共享管理平台，汇集管理系统内各单位研究成果、调研报告、动态简报等信息，促进知识分享和经验交流，实现了所有业务系统知识库管理功能的统一。三是通过现场数据采集通道和非现场数据报送通道的建立，有效形成了采集通畅、管控有效的数据采集通道。四是建设外部数据交换通道，实现了各部委等不同渠道外部数据的统一汇集和管理。五是完善用户权限管理体系，根据岗位职能梳理用户角色，形成分类清晰的用户模型，优化授权模式；完善用户、组织、角色、资源等的全生命周期管理；扩展用户认证手段，增加了证书认证、扫码认证等方式。六是建设面向全体被监管对象的外网门户，门户兼顾了系统和数据的安全性，以用户为中心优化整合相关资源、功能、入口，使用户通过集中统一的信息门户就能进行访问控制、获取信息、报送数据、办理事项、反馈问题。

4. 加速业务系统建设，提高监管效率

中央监管信息平台是推进证监会监管转型的重要抓手，建设中央监管信息平台既是对全系统数据和资源的统一整合，更是对监管业务和流程的集中改造。

2017 年 12 月，行政许可系统、私募投资基金监管系统等 6 个业务子系统上线运行。2018 年 1 月，会计监管系统上线运行。同年 9 月 27 日，市场监管系统上线运行。

经过 7 年建设，中央信息监管平台已经完成基础设置模块"一网""一库""四通道"的建设，启动了 21 个监管业务系统建设，集中了 26 个数据源单位的历史数据，正式上线运行 18 个系统，平台建设完成。整体由建设阶段转换至应用运行维护阶段，证监会日常监管的信息系统功能群基本形成。截至 2020 年末，已先后完成 40 余个监管业务信息系统建设，初步满足了监管部门事前、事中、事后监管需要，有效提升了监管水平。

主要业务系统建设情况如下：

上市公司监管系统，通过加强会内各部门协同监管和数据共享，实现对上市公司监管相关线索和异常情况的及时发现、跟踪和处理，提高了事中、事后监管水平。提升了会机关部门与证监局一线监管人员的沟通效率，并打通了现场监管、监管日志、监管报告等各功能与监管互动的连接通道，将日常工作中通过电话、邮件、发函等方式统一到系统中，既减轻了监管人员重复录入数据的工作压力，又能将监管人员工作经验通过系统沉淀形成结构化数据，为后续数据深入分析累积数据资源。

行政许可管理系统，是对外面对公众提供服务，对会内跨部门协作进行行政审批事务处理，实现对行政审批业务的有效执行、监督和管理的电子政务应用系统。该系统是"互联网+政务服务"的第一个里程碑，实现了行政审批事项申请、受理、审核、反馈、决定和查询告知等全过程、全环节的"一网通办"。通过系统推广和功能迭代，先后实现了行政许可事项的网上申报和网上预受理、预审查、行政许可事项申报材料电子化申请和受理，并且通过内网的行政许可审批子系统在各部门的广泛使用，有力地推进了网上审批的工作进展，实现了行政审批事项申请、受理、审核、反馈、决定和查询告知等过程的网上办理；为推进证监会政务服务平台与国家政务服务平台事项对接工作，行政许可系统完成了法人单点登录和国办系统的对接上线，具备了用户从国办平台进入行政许可系统办理业务的条件，进一步实现了政务服务事项一体化管理。

稽查系统案件管理及执法支持系统，作为稽查执法综合管理平台的重要组成部分，依托中央监管信息平台总体建设，依赖中央数据库支持和基础功能支撑，覆盖举报信息处理、线索处理与管理、案件启动与交办督导、案件调查、统计分析、银行电子化查询及其他相应辅助功能，自 2018 年上线以来迅速成为资本市场事后监管工作的重要组成部分。系统功能延伸到稽查局各个处室、稽查总队、沪深专员办、36 个证监局等执法上、下游环节，使案件信息在一个完整的稽查工作流程中传递，涵盖稽查执法各相关环节日常工作职能，为稽查工作人员提供了一个综合性的日常工作平台。其中的银行账户电子化查询子系统已完成与 18 家大中型银行数据进行对接，提供了涉案主体银行信息的在线查询功能，改变了以往线下查询方式，极大地降低了稽查办案人员办案成本，显著提升了办案效率。

私募基金监管系统，运用科技、大数据手段辅助监管，整合系统各单位的监管资源，实现监管流程管理，搭建系统交流平台，建设外网门户系统，对接协会登记备案数据及外部数据。实现信息查询、统计分析、风险筛查功能。强化监管留痕，畅通监管交流，促进了私募监管工作信息化、系统化和规范化，解决了业务部门及证监局数据互通共享的问题。

发行审核监管信息系统，该系统覆盖首发、再融资审核全流程，具备数据采集与分析、审核流程在线审批及跟踪管理、与中介机构、会内证监局信息交互等功能，同时，实现与行政许可系统、诚信档案系统等系统的互联互通，为进一步实现会内资源共享、跨部门协同工作、信息的快速联动打下基础。

会计监管系统，实现了审计与评估机构报备、审核、督报、催报、查询、统计等功能，为获得证券业务资格的会计师事务所、资产评估机构提供全面的信息报送服务，包括机构名称变更、从业人员情况等 50 项信息报送以及对上市公司、股转系统挂牌公司等多种公司的年度财务报告审计、内部控制审计等多种审计业务信息的报送。实现了年报审计监管、现场检查、报备管理、监控板块等 60 余项子功能，为各级监管单位对各辖区内审计及评估机构开展年报审计监管、现场检查等工作提供了有力支持。

5. 提供统一数据支撑和监测，有效支撑监管决策

中央信息监管平台的中央数据库（现监管大数据仓库）、采集平台、统计监测系统、风险监测系统，通过提供统一的数据采集、数据存储和数据访问服务，支撑宏观监管和各业务监管系统建设。2015 年，中证数据陆续开展上述系统建设工作；2018 年完成项目工程验收。

中央数据库是中央监管信息平台的核心组成部分，通过收集、存储和处理证监会监管工作相关的数据和信息，为各类监管业务、公共和基础服务提供数据支撑。数据来源上既包括监管业务过程产生的数据，也包括从各单位报送或交换来的数据及现场采集的数据；数据内容上包括市场数据、监管数据、披露数据、宏观经济数据等，成为证监会实现数据集中，提升数据共享能力，继而发挥和挖掘数据价值的重要抓手，也是业务监管系统和宏观监管系统的基础支撑平台。

采集平台不仅支持各监管系统的报表类、大文件数据等非现场数据采集需求和现场检查数据采集需求，实现会管单位、监管对象数据的统一采集，而且支持互联网、证联网、内网三网之间的数据交换，为监管平台提供安全、可靠、稳定的数据采集与交换服务，为系统各部门、各单位的数据共享提供有力支持。

中央数据库和采集平台服务和支持监管决策，建立起统一规划、统一标准、统一收集和统一生产的一体化数据信息处理及应用的完整链条，实现数据信息全面集中、交换和充分共享，增强监管合力。其建设意义深远：首次实现行业内全市场明细级数据整合，打破"信息孤岛"，提高监管透明度；建立统一数据采集通道，有效避免口径不一和重复报送现象，提高监管效能；初步建立面向监管应用的多层次数据模型，初步实现监管数据全生命周期管理，为资本市场全流程监管提供数据支撑；初步实现对跨市场、跨期限数据的挖掘分析，为业务监管和风险监测提供支撑，提高监管工作的智能化水平。

统计监测系统作为中央监管信息平台子系统，是证监会重要的信息系统基础设施，内容覆盖全面、指标口径统一、数据可用可比，为证监会各部门和会系统单位提供了重要的数据查询服务。数据内容全面且权威，覆盖了股票、债券、期货、外资市场、跨市场等交易、持仓数据和投资者数据，数据源包括证监会系统各单位（证券期货交易所、中国结算、中证金融、期货监控中心等）、证监会内部门（机构部、期货部）、其他部委（国家统计局）和部分商业机构。系统指标口径以证监会《证券期货业统计指标标准指引》为依据，支持指标搭配维度的组合查询，并提供数据报表和图形化展示。

统计监测系统打破了"信息孤岛"，串联各业务业态数据，促进了部门间协作，加强了数据共享，填补了科学专业的统计信息系统的空白；同时，统计监测系统基于中央监管信息平台的中央数据库资源进行开发建设，其中包含敏感和非敏感数据信息，系统采取分级授权，对功能点进行敏感定级，对用户依申请进行授权。

风险监测系统作为中央监管信息平台的宏观监管功能模块的子系统，依托中央数据库，全面汇集反映各类风险状况的指标，为风险评估提供指标历史数据查询和联动分析，为开发风险指数模型提供应用和数据支持，为实现系统性风险防范、风险处置、措施制定提供量化支持，推动监管工作从"人工判断型"向"技术导向型"转变，更好地实施风险监测尤其是系统性风险监测。系统包括指数监测、专项监测、压力测试以及分析工具四项监测工具。在市场、机构以及宏观三大维度实现了各类量化指数与指标的落地，可针对两融等专项业务进行风险监测，可展示部分重点业务压力测试结果，同时也集成了常用计量模型与指标，实现了结果展示与数据导出。

风险监测系统具有以下三个突出特点：一是系统业务功能立足于资本市场系统性

风险，是风险监测工作框架的体现。风险监测系统业务区各项功能均参照建立起来的系统性风险监测框架设计。在四项监测工具中，指数监测和专项监测是风险监测框架中监测维度的反映，集中展示的是各项指标及模型的计算结果。压力测试功能则是针对重点业务，以压力测试的方法反映风险水平，是监测框架中压力测试监测方法的体现。分析工具则增强了系统作为风险监测工作平台的可拓展性，为丰富风险监测框架提供支持。

二是实现了指数可视化、自动化监测。在充分研究的基础上，完成了国际上成熟的各类风险指数的本土化落地，将在风险监测框架中的前期探索成果运用可视化手段展现出来，将风险指数用于表征风险，便于在日常风险监测工作中及时观测，发现风险隐患。同时，实现了数据传输、准备与计算的自动化，为业务风险统计分析提供了及时的数据，指数模型自动集成，基本摆脱原有监测手段的手工操作压力。

三是创新尝试主动化与定制化监测。风险监测系统中的压力测试功能为主动化监测的体现，该功能实现了简单假设压力情境下的风险状况评估，并以整体数据与高风险网络压力测试图展示。模型配置功能提供了一定范围内的风险模型集成平台，初步实现了数据源、模型的自动集成，可进行定制化监测，实现了指标可选、模型可选、输出形式可选，为在风险监测领域进行数据挖掘探索奠定基础。同时，关注底层数据及中间计算结果，以迭代开发的模式进行模型优化。

6. 推进内部管理系统建设，提升会机关管理与服务水平

内部管理系统是以内网综合办公系统为核心，利用信息平台和办公系统，实现中央监管平台中各项资源的统一和共享。内网综合办公平台与中央监管平台紧密结合，作为进入各系统的唯一入口，由办公平台进行统一的身份认证，赋予使用各业务子系统的访问权限。

内部管理主要包括综合办公系统和各类办公辅助类系统（财务管理系统、信访管理系统、财务报销系统、人事劳资管理系统、机要信件管理系统、证监会技术服务ITIL系统等）。

首先，综合办公系统实现了证监会各类公文全流程的电子化运转，作为中枢系统贯穿其他各项业务。中央监管平台的入口集成在办公自动化系统中实现单点登录，各业务模块的部分数据最终与办公自动化系统实现共享，如日常监管、稽查处罚、行政许可等业务产生的办理事项等均可在办公系统中展示；监管信息统一查询界面可在办公系统中进行集中展示等。

其次，证监会内部各类办公辅助系统已运行多年，积累了大量信息，其中部分数据与监管系统联系密切。因此，将这些系统一并置于中央监管平台的框架下，将所有的办公辅助类系统划入内部管理进行统一管理。如信访系统，作为证监会接收公众信息的唯一入口，将收集到的各类公众信息按照投诉、举报、意见建议等不同的类别，发送至日常监管、稽查处罚等业务模块。

最后，通过进一步梳理会机关人财物的管理流程，推进人财物管理、党建、纪检等证监会内部管理系统的建设。先后完成了干部因私出国（境）审批和教育培训管理系统，干部任免和日常管理监督等模块，打通了人事管理系统和用户权限系统及ITIL系统之间的对接，实现了对证监会干部人事的全过程管理。

7. 加快政务信息资源整合共享，构建统一政务服务系统

根据《国务院关于印发政务信息资源共享管理暂行办法的通知》和《政务信息系统整合共享实施方案》的要求，加快推进证监会政务信息系统整合共享工作。具体包括完成证监会所有政务信息系统整合工作；完成证监会政务信息资源目录编制工作；通过外部数据交换通道的建设投产，实现了证监会与其他部委之间信息共享与交换，证监会政务信息系统与其他部委的部际协同以及能够及时向国办和发展改革委报送工作进展和相关情况。在此基础上，精心打造的证监会外网门户，构建统一政务服务系统，形成的公众信息发布与反馈通道，为投资者及社会公众提供了一站式、便捷化的政务信息服务。

三、监管科技3.0

当前，监管科技正处于3.0阶段，其工作核心是建设一个运转高效的监管大数据平台，综合运用电子预警、统计分析、数据挖掘等数据分析技术，围绕资本市场的主要生产和业务活动，进行实时监控和历史分析调查，辅助监管人员对市场主体进行全景式分析、实时对市场总体情况进行监控监测，及时发现涉嫌内幕交易、市场操纵等违法违规行为，履行监管职责，维护市场交易秩序。

2017年以来，证监会以防范系统性金融风险为底线和根本性任务，针对当前资本市场亟须解决的重要业务问题，积极运用现代信息技术手段，完善监管模式，建设智能化、科技化的应用系统，提供全面、精准的数据分析服务，进一步增强监管效能，努力实现"数据让监管更加智慧"的愿景。

2018年8月，中国证监会发布了《中国证监会监管科技总体建设方案》（以下简称《总体建设方案》），绘制了中国证监会利用大数据、人工智能等新一代信息技术实现智能化监管的工程蓝图。《总体建设方案》中提出的监管科技3.0概念，由过去"管中窥豹"的局部性思维转变为"眼观六路，耳听八方"的总体性思维，从更丰富的维度、更广阔的视角去观察和认识监管工作的本质。采用跨越时间、空间的多源交叉匹配验证等方式，获取监管事件发展的普遍规律、寻找监管对象之间隐藏的关联及其逻辑、识别隐蔽的异常及其背后动机或诱因，形成更完备的侦察能力，最终实现真正意义上的洞察式监管，提高监管认知能力，全面提升资本市场的风险防范水平。

为实现监管科技3.0的目标，证监会统筹协调监管系统各单位联合成立多个工作小组，从制度建设、数据准备、平台搭建、技术攻关、应用落地、网络建设、专家团队等方面，全方位启动监管科技3.0的工作。本阶段的主要建设成果如下：

1. 制度先行，确立科学机制

编制并发布的《中国证监会监管科技3.0工作制度》，建立了相关数据、技术、成果的共享机制和联合科研攻关的工作模式，建立科学的工作机制。

2. 多管齐下，夯实数据基础

建立证券期货监管系统数据资源目录服务平台，形成清晰的数据资源底账，并通过商业化购买、部委间合作等方式，积极引入资本市场外部数据，做好数据准备。

3. 应用推广，助力智慧监管

结合监管业务需求，在数据、平台、基础分析能力等工作的基础上，于2018年10月启动了上市公司、私募机构、拟上市公司画像系统及财务分析系统建设工作，为相关业务部门和派出机构提供日常数据分析服务，逐步将现代信息技术服务于监管。

系统建设已初见成效。其中，上市公司质量评价与预警系统、上市公司画像系统等，实现了对上市公司年报全面性、系统性的分析与风险预警，在监管资源紧张的情况下，帮助一线监管人员快速发现监管线索，及时进行风险处置，提升了上市公司科技监管水平。

上市监管系统中构建的上市公司风险地图及数据展示屏，利用大屏展示上市公司股票质押风险、立案稽查情况、监管措施情况及整体风险，从宏观数据、上市公司概况、并购重组、分红统计四个维度分析证券市场及上市公司运行状况，并实现了从顶层统计数据到统计列表再到每家上市公司详细情况的逐层钻取功能。

私募基金监管系统新增机构画像和分类分级功能嵌入风险指标体系，强化了风险监测，提高了监管效率。画像系统的应用与推广，增强了监管线索的发现能力，实现了精细化监管，助推了看穿式监管，推进了智能化监管。

另外，根据证监会党委工作部署，积极开展区域股权市场区块链试点工作，实现了同北京、上海、江苏、浙江、深圳五家试点股交跨链对接。成功搭建了上层是监管链、下层是地方业务链的区块链双层架构，实现了穿透式监管。同时建立了面向区域性股权市场的技术、数据、安全的相关规范和标准。

4. 稳步推进，云上科技监管

根据易会满主席在科技监管动员会上的指示，在科技监管局和信息中心的统筹领导下，启动了监管云的规划建设工作，相继制订了《监管云建设方案》和《监管云建设实施方案》。截至2021年底，已建设云主机800多台，完成全部开发测试环境上云工作，并有6个互联网业务系统已正式上云，有力地支持了科技监管系统应用适配改造工作。当前仍在积极推进容器云平台的调研、测试和技术实施方案制订工作，验证了未来监管系统底层架构使用容器的可行性。同时，在科技监管局的领导下，继续推进多云管理平台建设和概念原型验证工作，让云上资源"看得到、管得了"。

5. 科学导向，构建技术支撑

编制并发布了《中国证监会监管大数据平台建设技术指引》，并以此为指导构建了证监会大数据平台，做好基础技术平台支撑。

统筹监管机构技术力量，共同研究并发布了《基于大数据分类与异常检测的财务分析方法》《基于图分析和标签化处理的实体画像工程指南》等五部基础分析能力建设的技术性规范，做好基础技术支撑，同时以"业务导向、监管导向、应用导向"为指导原则，构建了全新的监管科技3.0大数据分析技术体系，总结了数据聚合、智能标签化处理、图分析、智能财务审计、金融文档语义理解、信息披露文档合规性分析、智能舆情分析、资本市场知识库建设、异常交易检测、关联账户分析十大基础分析能力的建设思路、相互关系与技术实现路径，结合工作实际提出了监管科技3.0应用的注意要点，并发布了《面向监管应用的资本市场大数据分析方法指引》。

6. 重点突出，丰富监管手段

近年来，坚持以四大工程为基础，以"好看、好用、管用"为目标，突出问题导向、应用导向和结果导向，继续全力推进包括上市公司监管系统、稽查执法综合管理平台、私募监管系统、发行审核监管系统、机构监管系统等重点业务系统在内的监管业务系统建设。

其中，上市公司监管系统实现了对上市公司质量评价与风险监测的智能化、自动化，形成监管过程的"预警评价眼"和对业务发展的研究支持及合规分析等全流程监测的"业务管理眼"，解决了上市公司监管中质量评价及风险预判的主观性较强、全面性不足等问题，提升主动发现和处置风险的能力，并将监管要求和措施融合在系统中，持续规范和固化监管流程，直击监管痛难点，优化资源配置，统一监管尺度，解放人工投入，提高监管效能。

私募监管系统通过加强与业务部门互动、优化数据质量、运用大数据算法、建设集团化监管等，提升了风险监测能力和图谱刻画能力，逐步实现监管工作的信息化、系统化、标准化。进一步规范日常监管工作流程，强化监管任务留痕功能，促进日常监管及风险处置等监管工作的有机衔接。

稽查执法综合管理平台全面推广应用，实现线索管理、案件管理等业务功能的线上处理，打通调查单位和稽查局之间的业务链条，实现对案件信息的及时掌控。建立了多维度统计分析功能，为决策提供依据。

发行审核监管系统打通了交易所与监管部门的承销环节通道，完成了创业板首发、再融资业务的全流程功能建设，支持了创业板注册制改革。

证券基金机构监管系统基于原基金监管和机构监管进行了整合完善，与行政许可系统对接，实现了机构设立、产品注册和业务资格审核等业务流程的在线审批，同时，通过向监管主体收集各项业务数据，实现了数据模型和风险模型分析，为业务部门提供金融风险建议，协助业务部门及时发现和处理风险。

组织人事管理系统全部4个主线工作模块上线运行，打通20多家会管单位到会内的干部数据通路，整合了全系统1.6万人事数据，完成了移动人事App开发建设，实现了"进管出"人事主业务全流程线上服务，大幅提高了证监会系统人事工作效率。

第六章　以史为鉴，展望未来

30多年来，行业利用信息技术建立了一套完整的、具有中国特色的证券期货市场技术保障体系，有力地支撑了行业的快速发展；以金融科技为代表的新兴技术在缩短金融服务链条、缓解信息不对称、提升市场效率等方面优势巨大、效果明显，是推动金融供给侧结构性改革、促进金融服务实体经济的强大动力。与此同时，科技与金融的深入融合使市场参与者行为变化加快，金融交易日趋复杂化，金融边界日益模糊化，将给金融监管和信息安全等带来严峻挑战，而科技本身也面临体制机制约束和人才短缺等问题。

总结过去是为了更好地走向未来。面对世界新一轮科技革命和产业变革的机遇和挑战，面对深化金融供给侧结构性改革、增强金融服务实体经济能力、防范化解金融风险、推进金融改革开放等要求，为推动我国金融业高质量发展，我们既要继承宝贵经验，又要不断探索新实践、创造新经验、开拓新局面。

第一节　历史经验总结与启示

一、始终把科技作为第一生产力，高度重视科技发展

资本市场成立之初，我国证券期货行业的开拓者们及时抓住了电子化交易的发展潮流，在发展战略上不失时机地充分借助信息技术手段，在高起点上创立与建设我国证券期货市场。在短短十几年时间里，信息技术不仅帮助我国证券期货市场走完了从手工作业到交易自动撮合、无纸化、交易席位无形化的历程，并且逐步形成了目前构建全国、具有我国特色的以电子计算机和各种通信网络为主体的行业信息系统，为我国证券期货市场的快速发展提供了强有力的支撑与推动，充分发挥了信息技术的后发优势，避免了重复走西方成熟市场的发展老路，缩短了我国证券期货市场与国外市场的差距。

科技的定位从传统的支持，跨越科技赋能，走向科技引领的新阶段。金融行业近几年来变化巨大，较为明显的变化是"以企业和牌照为中心"向"以客户为中心"的服务理念转变，数据从战略资源升级为关键生产要素，推动金融服务提质增效。这些都离不开互联网、金融科技的发展，科技已经成为推动金融改革和创新的重要动力。在大部分传统企业中，信息技术部门主要职责是支持业务发展，属于成本中心，创新和发展的主导权还在业务部门。可喜的是，已经有部分龙头证券经营机构，率先在公

司发展战略规划中将金融科技应用视作首要战略支柱，将信息技术在业务发展中的角色从支持者、合作伙伴进一步提升为引领者，并提供配套的资源投入和制度安排。

持续加大行业信息技术领域的投入。近年来，行业科技投入逐步扩大，在监管进一步引导下，从2018年开始，信息技术投入相关指标纳入证券公司分类评价体系，目前主要包括信息系统建设投入排名和信息技术投入占营业收入的比例两项指标。2020年全行业信息技术投入金额262.87亿元，同比增长21.31%，占2019年营业收入的7.47%。2017年至今，证券行业在信息技术领域累计投入达845亿元，为行业高质量发展奠定坚实基础。

互联网券商凭借科技、运营等优势异军突起。近年来，互联网券商凭借其对用户需求和体验的高效反馈、零佣金的实质优惠及多元的媒介运营在行业内脱颖而出，互联网基因带来的商业模式的颠覆及营销模式的创新是互联网券商最大的特点。相比而言，传统券商主要具备综合经营的优势，在专业服务和合规风险管控方面积淀了深厚的经验，但随着新兴客群市场参与权重逐步攀升，传统券商亟待通过重视客户需求和体验、加强金融科技研发、增进组织架构和内控体系建设灵活性、差异化定位和企业文化建设等来提升自身竞争实力。

但同时我们也看到，金融科技各类技术的应用程度参差不齐，面对行业个性化需求的相关技术开放设计仍有待加强。云计算和大数据的技术成熟度较高，但在应用方面，传统信息系统上云面临的改造升级的压力较大，大数据平台构建在实际使用效益方面均面临挑战，人工智能和区块链仍处于技术演进发展阶段，行业的应用价值还有待进一步挖掘。同时，金融科技应用对于金融各大机构原有业务模式和运营机制有着明显的冲击，如何克服原有体制机制制约，制定符合自身实际的金融科技发展战略，为金融科技应用创新创造良好环境也是金融机构所面临的重要挑战。

相较于银行业，证券科技总投入不足，根据相关统计显示，2020年我国金融机构信息技术总投入为1900多亿元，其中银行业的信息技术投入占比过半，证券业信息技术投入占比只占13%，相比银行业差距不小。根据中证协相关研究报告表明，在信息技术投入方面，国内证券业与国际投行的差距明显，2019年摩根大通、花旗银行信息技术投入分别是我国证券全行业信息技术投入的3.34倍、2.41倍。另外，不同证券公司之间在业务规模、营利能力及金融科技投入方面差距巨大，占总数近80%的中小规模证券公司金融科技投入不足，必将制约其持续发展能力甚至影响其生存。如何帮助"长尾"的中小规模证券公司利用金融科技来建立自身差异化发展的竞争能力，可能会是摆在证券公司、金融科技公司，以及监管机构面前的下一个重要问题。

证券行业金融科技产业发展所需的数字化人才仍面临较大缺口。科技人才是推动行业数字化转型和快速发展的核心要素和原动力，2020年底，证券行业科技人才占行业注册从业人员数量的4.3%，远低于国际一流投行水平（国际领先经营机构科技人员占比普遍达到20%）。一方面，金融科技相关应用呈现爆发式增长，业务发展对于人才的需求也随之快速增长；另一方面，对于新兴科技人员的管理模式和激励机制难以适应更加灵活和创新化的科技应用发展模式，存在企业内部技术创新范围和环境培养不够充分，使其自身能力优势未能得到有效发挥的情况，或是缺乏高效的建设和投入力度，不足以吸引高水平金融科技人才。

二、把握好技术与业务良性互动关系，推动资本市场快速发展

在我国证券期货市场的发展历程中，正是通过把握技术与业务的互动关系，及时对影响或阻碍业务发展的信息系统进行调整与变革，从而提升了技术对业务的支持度和推动力，实现了市场的快速发展。资本市场成立初期，通过引入电话委托和网上交易解决投资者下单难问题，引入柜台交易系统缓解证券营业部手工处理慢、容易出错等问题，引入无形席位突破了有形席位交易量的瓶颈限制，这些技术的开发和应用都大大推动了市场经纪业务发展；为了避免证券营业部模式风险控制弱的问题，证券公司开发了集中交易系统，促使一次信息系统的大变革，系统的各个方面得到了极大的提升；电子通信、互联网技术等的快速发展，网上交易成为投资者的主要委托方式，促使互联网金融快速发展；金融科技在行业不断渗透，人工智能广泛应用于智能投顾、智能客服、智能投研等领域，大数据技术、应用分析模型和算法应用于企业运营活动中，凸显"数据驱动业务"的重要地位，云计算有效解决了证券行业发展所依赖的数据存储和计算能力等。

业务和技术的变迁，也可以从证券期货业科技创新奖的获奖项目特征和变化历程上得到侧面印证。证券期货科学技术奖作为资本市场信息技术领域的权威奖项，每两年举办一届，旨在推动行业科学技术研究工作，促进行业科技进步。通过对第一届到第七届的奖项获取情况分析发现，从获奖项目类型来看，业务系统、基础设施和综合运营平台获奖项目数量相对较多，其中业务系统获奖项目中，零售经纪（财富管理）类业务项目数排在首位，这与早期证券经营机构以经纪业务为主相关；机构经纪业务获奖数量位列第二，从第三届开始，这与证券公司机构经纪业务崛起，证券公司开始重视机构经纪业务，纷纷布局机构经纪业务系统有关。从具体获奖项目的变化来看，2009—2012 年，移动互联网等技术开始流行，手机 App 和客户管理系统（CRM）、零售经纪业务相关系统等成为第二届、第三届获奖热门；2013—2016 年，随着云服务逐步成为新型基础设施，同时，证券经营机构的业务数据积累至一定水平，大数据和云服务开始落地并得到广泛应用，第四届、第五届获奖项目开始出现大数据平台和云平台；2017—2020 年，人工智能技术开始大规模落地应用，第六届、第七届获奖项目中逐渐出现不同类型的智能化平台；2016 年 10 月，习近平总书记在中共中央政治局第三十六次集体学习时提出"加快推进国产自主可控替代计划，构建安全可控的信息技术体系""实施网络信息领域核心技术设备攻坚战略"。在国家对自主可控给予高度重视，政策支持力度不断加大的背景下，第五届至第七届获奖项目中均出现了以自主可控和安全为特色的项目。

技术与业务发展呈现出内在互动：一方面，信息技术的应用为市场规模的扩大形

成强有力的支撑和推动；另一方面，市场规模扩大和业务的创新发展反过来又对现有的信息系统提出了新的挑战，促使系统不断革新，以适应市场发展需要。比如，个人投资者在某些年份"井喷式"地增长，直接给证券集中交易系统带来的是系统容量上的压力；机构投资者数量上的增长，则给交易系统提出更多个性化的需求和性能要求，近年来最重要的趋势是部分机构投资者向交易系统提出了低时延的要求。

除此之外，随着资本市场的发展和技术不断地跟进，对于技术与业务适配关系调整的主动意识也越来越明显，一是在体系规划方面，会充分考虑市场较长期的业务发展问题，技术体系的规划先行，同时保持一段时期的稳定；二是在体系架构方面，我国证券期货行业的技术体系结构的适应性更加灵活，可以很好地适应业务的创新发展。为应对市场需求，目前行业正步入新一代集中交易系统选型建设的阶段，在系统容量、扩展性、可维护性方面满足创新业务的要求，并为应对机构投资者的需求，积极开展证券极速交易系统测试选型建设。

三、深入推进信息安全保障体系建设，坚守资本市场安全底线

我国证券期货行业一直都高度重视信息技术的普及应用与信息安全管理的并行发展，将信息技术系统的安全运行和保障工作视其为市场运行的生命线，始终把信息安全相关工作放在首位。监管层积极贯彻落实国家的相关部署，建立健全信息安全组织体系和工作机制，逐步完善信息安全法规和标准体系，开展信息系统安全检查，有效规范了行业机构安全运维和风险管理工作。

信息化的发展，需要建立与之匹配和适应的信息安全保障能力，以确保行业的持续稳健经营。资本市场建立初期，信息系统大多封闭在局域网之内，我国互联网也尚未大范围普及，信息系统面临的威胁主要来自技术缺陷、误操作或人为破坏。信息安全工作主要关注终端安全、物理安全、运行安全等方面。进入 21 世纪，信息技术获得"井喷式"发展，随着集中交易等一系列重大工程，信息技术的广泛、深入应用增强了行业对科技的依赖性，互联网应用进一步加大了信息安全风险的扩散效应，信息系统的高度耦合使小故障可能导致大事件，业务连续性保障需求更加迫切。移动互联网时代，行业借助技术革新迅速将各类业务线上化，提供更加优质便捷的金融服务，信息系统走向开放的同时，面临外部攻击的威胁与日俱增，网络攻击防护、数据安全保护等重点领域成为行业信息安全亟待解决的问题。数字化时代，人工智能、区块链、大数据、云计算、物联网等金融科技在深刻改变金融服务模式和金融产品形态的同时，也为金融科技安全赋予全新的内容，突出体现在网络安全风险和应用安全风险上。其中，网络安全风险表现在信息系统、平台承载的数据规模急剧攀升、数据价值愈加凸显，逐渐成为攻击者发动网络攻击、进行数据窃取的重点攻击目标，如公网安全（DDoS、恶意软件、勒索软件等）、App 安全、数据安全等；应用安全风险随着金融科技和业务之间融合程度不断加深，业务边界不断削弱，为金融科技安全监管带来了新的挑战，如大数据技术应用安全、人工智能技术应用安全、区块链技术应用安全等。

近年来，我国相继发布了一系列信息安全相关的法律法规和国家及行业标准，为金融行业开展信息安全工作提供专业指导，其中包括：2017 年正式施行的《中华人民共和国网络安全法》（以下简称《网络安全法》），是我国互联网、信息安全领域首部完整性和基础性法律，为各行业开展网络安全工作指明了方向，对保障国家网络空间主权、促进网络应用健康发展、打击网络违法犯罪、维护公民和组织合法权益具有重大意义，其中明确指出："国家实行网络安全等级保护制度，并在网络安全等级保护制度基础上，对关键信息基础设施实行重点保护。"为全面贯彻落实《网络安全法》，行业监管层认真组织经营机构、交易所等从关键信息基础设施保护、网络安全审查、网络安全通报等有序开展工作，确保行业网络和信息系统整体运行平稳。

2017 年将《信息安全技术信息系统安全等级保护基本要求》改为《信息安全技术网络安全等级保护基本要求》，与《中华人民共和国网络安全法》中的相关法律条文保持一致。等级保护就是统筹兼顾、重点保护，把有限的资源用在刀刃上，突出保护好事关国家安全、社会稳定、公众利益的信息系统安全；要求建立以计算环境安全为基础，以区域边界安全、通信网络安全为保障，以安全管理中心为核心的信息安全整体保障体系。

2019 年 5 月，网络安全等级保护制度 2.0（以下简称"等保 2.0"）国家标准正式发布，网络安全等级保护工作进入新时代。等保 2.0 将行业安全的关注点从原来的传统系统安全拓展到云计算、移动互联网、大数据平台等新的技术领域；由被动防御转为主动防御，更加注重全方位动态防御、整体防控和精准防护。证券业各机构积极落实等级保护要求，从人才、技术、平台等多方面入手构建信息安全专业能力，在不断提升信息系统健壮性的同时，提高全网安全态势感知、预警、响应、溯源能力，以切实履行客户交易安全和个人信息安全的职责。

强化信息技术服务机构监管，将对信息技术服务机构的管理纳入信息技术治理范畴。2019 年正式实施的《证券基金经营机构信息技术管理办法》，对信息技术服务机构作了相应的监管安排，明确了经营机构委托信息技术服务机构提供信息技术服务的范围、选取要求、备案等相关要求。在信息化建设发展模式上，行业建设者坚持自主创新与外包模式并举，探索出了具有中国特色的信息化发展之路。与国外市场相比，我国的市场环境具有自身特点，例如，投资者结构散户化、地域分布广、投资者交易频繁等，加上我国市场成立时间短、发展快，由此决定了我国证券市场的核心系统，特别是交易系统的开发不能单纯地依赖国外技术提供商，而必须坚持自主研发，以便及时满足市场的发展需要。在坚持自主创新的同时，市场的建设者们对交易外围系统和国内市场有成熟产品的系统采用外包模式，充分利用社会开发力量，快速地搭建市场技术支持体系。这种自主创新与外包相结合的开发模式，使市场的信息系统能快速地建立起来，稳定了市场，降低了技术革新和升级带来的风险，并能及时满足市场的发展需求，同时也锻炼了队伍、积累了经验。

科技的广泛应用也给金融信息安全带来了更加严峻的管控风险。一方面，科技带来业务全流程的数据化，尤其是大量非传统金融企业成为金融服务市场主体，金融信息数据使用范围扩大、渠道增加，客观上增加了金融数据泄露的风险；同时大数据、人工智能等新兴技术深入应用，数据的集中存储和云端管理越来越普遍，存在利用技术漏洞非法获取投资数据，侵犯投资者隐私的潜在风险。另一方面，科技应用衍生大量创新性金融服务模式，往往由于监管的滞后性，给部分非法机构利用监管漏洞，非法获取或使用个人金融信息，带来了便利。最后，目前大量新兴科技应用侧重于获取效益和提升价值，能够直接创收的技术往往被大范围采用和开发，而安全保护属于成本性投入，难以带来明显的经济效益，造成当前金融科技中，业务发展能力与安全防控能力的显著失衡，也间接给危害金融信息安全的违法犯罪行为提供了可乘之机。

四、坚持市场竞争、行业自律与监管机制相结合，推进技术创新与进步

证券期货监管从最初的分散管理到1998年开始实行集中统一的监管体制，坚守监管主责主业，持续完善查审分离体制，提升稽查执法效能，逐步形成了行政监管与行业自律相互补充，证监会机关、派出机构、交易场所、行业协会等各司其职、紧密协作的监管执法体系。在技术创新机制上，行业坚持走市场竞争、行业自律与政府监管相结合的道路。一方面，鼓励市场展开技术竞争，推动行业信息技术的创新与发展；另一方面，对于电话委托、网上交易等创新技术手段的应用加强管理，通过制定相关的法规和技术指引，规范运作，维护"公开、公平、公正"的市场环境，保护投资者的合法权益。

作为市场的组织者，交易所一直在行业信息技术的应用上起到了先导作用。交易系统每进行一次升级，各会员公司信息系统的功能与性能都会积极跟进。例如，交易所在电子化交易模式的推广与灾难备份系统建设等方面，直接带动了会员公司在这些领域的技术创新与发展。事实上，证券期货交易是一种链式处理模式，作为链条的核心，交易所的技术升级与改造，必然引起其他处理环节（如交易前、交易后）的升级变动，从而带动整个行业的技术进步。

当然，行业的金融科技建设和创新仍面临能力、成本、机制、标准规范等多重制约。一方面，金融科技的运用和创新主要集中在传统业务的转型，缺少金融产品和金融交易技术的创新，与国际同行相比存在不小的差距，我国证券行业提升科技运用水平和创新能力尚有较长的路要走。另一方面，新技术的试错成本高。证券经营机构在强监管之下，开展业务运行和信息系统建设，面对新技术往往只能在测试环境中试错。最后，行业科技发展规范与技术标准体系亟待完善。金融行业的高度复杂性、敏感性与科技领域的快速创新性、灵活性相叠加，对金融科技产业发展的规范性和标准化有着非常高的要求，亟须结合金融业务应用场景，从金融科技产业发展实践和应用需求出发，制定明确的行业规范和技术标准，为金融科技应用与产业发展指明方向、划定边界。

在鼓励科技创新的同时，也不能忽视科技创新给行业监管带来的诸多挑战。首

先，金融科技具有跨市场跨行业特性，而且带来金融服务市场主体的不断多元化，业务结构设计更为复杂，交易速度和交易量呈几何级数增长，风险扩散更快、破坏性更广，在极端情况下可能引发市场局部震荡甚至系统性风险。其次，监管套利的可能性增大。金融科技的业务类型和营利模式多样化，呈现出高度细分和业务相互交叉的特点，一些创新产品层层嵌套、隐蔽底层资产和最终投资者，大大增加了金融监管界定和识别的难度。一些市场主体使用新技术新工具，突破现行监管制度机制安排，既可能导致某些业务游离于监管体系之外而出现监管真空，更容易滋生监管套利。最后，违法违规交易可能改头换面。金融科技伴随的市场活动主要以数字化、虚拟化、云服务等方式呈现，模糊了参与者身份特征、行为模式等关键要素，市场违规操作也因此更新进化。一些不法分子可能打着金融科技的名义，"挂羊头、卖狗肉"，以技术创新之名行市场操纵、金融欺诈、非法集资之实。

五、利用科技实现普惠金融的同时强调科技向善

科技具备共享、便捷、低成本、低门槛的特点，在实现普惠金融方面具有天然优势。借助互联网平台，更多消费者可参与到财富管理中来，从而降低了财富管理的门槛；移动互联、生物识别、大数据、人工智能等技术在行业的逐步应用，拓宽了行情、资讯查询、交易、业务办理的渠道和手段，减少对人工服务的需求，提高金融机构全流程风险管控能力，降低合规等运营成本，有效地扩大了金融服务的覆盖面，提高了金融服务的可得性和满意度。金融科技作为技术驱动的金融创新，成为推动金融转型升级的新引擎、金融服务实体经济的新途径、促进普惠金融发展的新机遇。

科技在金融领域的应用同样具有伦理上的"向善"属性。近年来，关于金融科技的伦理探讨迅速升温，反映出人们对于金融科技、数字经济安全性的重视与反思。主要关注点集中在：科技与金融的深度融合过程中产生了技术排斥、算法歧视、数字鸿沟、"信息茧房效应"等诸多伦理问题；个人信息泄露、过度收集、大数据杀熟等侵犯个人合法权益的事件挑战着人与技术的"亲密关系"；大型金融科技公司金融科技服务的集中度过高带来的操作风险和网络风险，可能引发市场垄断、降低创新效率等。

事实上，科技是中性的，本没有善恶之分。一系列政策正在用"向善"原则引导金融科技机构、用户、监管部门三方形成用负责任的科技打造的负责任的金融生态。"科技向善"已经是金融科技领域的必然趋势。一方面，金融监管机构和行业自律组织根据《数据安全法》《个人信息保护法》等与金融科技发展相关的法律，加快推动金融科技领域的专业伦理准则、道德指引、行业实践标准的制定与完善。另一方面，消费者应当提高权益的保护意识和伦理意识，增强对于金融科技有关数据问题的敏感性，最终形成保护隐私、尊重权益的良好氛围。最后，金融经营机构也应当在科技应用当中树立正确的伦理观和道德准则，采取有效措施保障金融消费者知晓相关数据处理和数据保护策略；并从数据的采集、传输、使用等全生命周期的视角进行管理，保证数据的完整性、保密性、可用性；充分利用隐私计算等新技术，促进数据跨机构流

通，解决"数据孤岛"、数据垄断等问题。从商业角度，科技向善所追求的用户长期价值和社会福祉最大化，有可能成为商业竞争中的新竞争力。

在监管的正确指导下，业内已经逐渐形成共识：在"科技向善"的原则下，负责任的金融科技应包含两层含义：一是目的和用途方面，金融科技产品、服务必须脱虚向实，帮助金融服务更有效覆盖长期未充分服务的人群的合理金融需求；二是用伦理治理推动负责任的科技创新，将社会责任融入产品和服务的各个环节。科技向善从一种愿景、思想和理念，正在得到逐渐落实，形成实践、创新、产品和解决方案。

第二节　对未来的展望与建议

未来5G、虚拟现实、物联网、工业互联网技术的进一步突破，科技手段将进一步提高资本市场运行效率，更有可能重塑金融业新格局和新形态，带来资本市场新变革，甚至有可能颠覆资本市场的运行逻辑。同时，随着注册制等资本市场改革创新的深入推进，市场规模不断扩大，交易日益活跃，国际化水平稳步提高，影响证券期货行业安全运行的因素增多，资本市场信息化建设和信息安全工作面临更大的挑战。在当前和未来一段时期，证券期货行业应立足经济金融稳定发展大局，充分应用金融科技，把握数字化转型的机遇，强化行业信息安全保障能力，建成布局合理、治理有效、先进可靠、富有弹性的证券期货基础设施体系，更好地服务实体经济，全力支持资本市场改革发展，推动行业发展和多层次资本市场建设的不断繁荣。

一、加强行业金融科技发展的统筹规划和顶层设计，推动全行业数字化转型

金融科技的快速发展不断向金融行业渗透融合，应加强行业对金融科技的顶层设计、统筹规划和指导引领。证券行业应始终坚持把服务实体经济作为金融科技助力证券业高质量发展的出发点和落脚点，充分利用科技手段，提高证券服务供给对实体经济需求变化的适应性和灵活性。坚持以客户为中心和深度服务实体经济，推动行业做大做强和向数字化、智能化方向迈进。金融科技正在重塑金融行业生态，"无科技不金融"已经成为行业共识。

为顺应新一轮科技革命和产业变革趋势，抓住数字经济的巨大潜力，国内外先进企业、政府机构等纷纷探索数字化转型之路。疫情防控催生线上经济爆发式增长，数字化转型更是成为企业重启增长的新抓手。数字化转型是什么，包含哪些深刻内涵？业内还未给出统一的定义。从本质上看，数字化转型是由科技革命引发的系统性变革与重塑；是在全渠道、全场景、全链路下实现业务数据化和数据业务化的螺旋式上升，达到迭代式、体系化、全面变革的过程；是对传统业务、流程等解构，再采用新理念、新技术、新方法对其进行重塑。

市场参与主体们正积极推进证券行业数字化转型，以科技赋能业务发展，从而实

现资本市场高质量发展。

在监管层面，将继续深化科技监管改革，加强行业科技发展的统筹规划和顶层设计，狠抓基础工程，优化监管系统建设，加强行业安全监管，推进科技监管再上新台阶。2021年10月，证监会正式发布《证券期货业科技发展"十四五"规划》，阐明了"十四五"时期行业科技监管工作和行业数字化转型的指导思想、工作原则及工作重点，为新发展阶段行业数字化转型发展提供纲领性指南。"十四五"规划坚守"不发生系统性金融风险"一条底线，紧扣"推进行业数字化转型发展"与"数据让监管更加智慧"两大主题，重点提升行业科技创新能力、数字化监管能力、基础设施支持能力、数据安全治理能力、网络安全防护能力五项能力，聚焦行业金融科技创新行稳致远、行政监管与自律监管协调联动、科技和数据治理体制机制健全完善、行业公共服务基础设施达到国际领先水平、网络安全防护能力全面加强、行业标准化建设深化实施六大目标。内容涵盖打造一体化行业基础设施、推进科技赋能与金融科技创新、完善行业科技治理体制、塑造领先的安全可控体系、提高科技标准化水平、提升金融科技研究水平六个方面。

在自律性组织层面，将全面提升一线监管科技应用水平，将数字化智能化监管打造成为资本市场高质量发展新的驱动力。构建一线监管现代化生态体系：一方面，针对现存的监管盲区，扩大监管范围，将市场中所有资金、产品、交易行为都纳入统一监管体系中，建立以交易账户体系为核心，把证券、期货、基金等机构交易间的相关关系，形成以交易所等核心机构为引领的综合自律监管体系，形成协调一致、现代化的一线监管体系，实现统一监管、实时监管、精准监管、科技监管相互促进的新生态。另一方面，完善跨境、跨市场、跨产品相关机制建设，制定行业内跨境跨市场跨产品监管规则，加强顶层设计，加强跨市场交易发展模式及监管政策对策研究，摸清跨市场跨产品交易间的操作方式，穿透各类交易之间的相互关系，促进资本市场公平竞争。最后，加强一线监管生态体系数据共享，打破各种信息壁垒和"数据孤岛"的枷锁，推动数据跨部门跨层级共享共用，有效发挥数据作为生产要素的价值。

同时，大力推进科技赋能与金融科技创新，持续提升行业数字化应用水平。通过科技赋能帮助行业完善金融产品服务、加强行业合规风控能力、提高投教服务质量、提升业务服务能力；加强行业科技创新能力建设，积极组织关键技术共研、科研创新平台与科技应用监管体系建设、新型基础设施建设和前沿应用，加强科技创新知识产权保护与转化。

在经营机构层面，将数字化转型作为围绕主责主业做专做精做优做强的关键环节，对组织架构、业务流程、业务模式、IT系统、人员能力等进行变革。证券公司转型后，数字化将驱动业务发展、提供经营管理的抓手、创新商业模式，进而带动业务内生增长。通过数字化转型提升金融服务的能力水平，改变金融服务的经营模式，创新金融产品的研发模式，提升用户持续运营的效率水平；同时拓展证券服务能力的广度和深度，提高证券风控体系的有效性和系统性，增强证券服务体系的适应性和普惠性。数字化的路径由"单边"走向"共建"，数字化的结果从离线的"记录过去"转向在线的"预测未来"。

二、持续推进行业新基建，发挥平台枢纽功能

加大力度推动行业信息化公共基础设施建设，充分利用现有行业资源，促进行业基础设施资源共享和集约化发展，提高基础设施保障水平和安全性，优化通信网络建设，促进交易网络互联互通，降低行业通信成本，强化行业通信保障能力。以此提高市场运行效率，支持资本市场改革创新和对外开放，维护国家金融安全。

充分发挥行业基础设施平台枢纽作用，为市场提供金融科技资源与服务。行业核心机构等可以充分发挥技术资源优势，统筹推进行业数据中心和行业灾备中心建设运营，通过共建共享共用降低行业成本；行业齐心协力，加大力度推动新型行业公共服务基础设施建设与应用，稳步探索开展统一用户身份服务中心、统一信息披露服务中心、统一信息交互服务中心、统一信用服务中心和统一风险管理服务中心等新型金融基础设施云化建设；开展"云、网、库、链"一体化建设，即行业云平台、证联网、行业大数据仓库和行业区块链公共基础设施，全面提升行业业务专网服务能力，比如，行业云平台为行业机构提供行情源、数据资讯等应用服务，并满足行业机构生产、灾备等系统的随时接入、弹性扩展等上云需求。通过集约资源，提升行业内各个机构的风险管理能力；通过赋能行业，引领行业的金融创新水平，助力资本市场数字化创新发展。

三、强化科技创新应用和自主可控，为行业高质量发展保驾护航

围绕行业发展方向和要求，自主创新，抢占科技竞争和未来发展制的高点，努力实现关键核心技术自主可控，牢牢掌握创新主动权、发展主动权。完善交易、结算、登记、托管等重要系统，打造高性能、低时延、易扩展、高可用的平台，支持多层次资本市场发展。推进行业信息技术应用创新，积极开展相关产品验证测试和应用技术解决方案探索研究，建立信息技术应用创新相关标准体系，着力解决基础设施、技术架构、核心系统等创新过程中的前瞻性、关键性难题，提高行业自主可控水平。

同时，规范技术创新应用引导金融科技正向发展。健全金融科技监管规则体系，完善创新管理机制，综合运用规则、制度和标准等手段规范新技术在金融领域的应用，为金融科技健康发展营造良好的政策环境。与此同时，完善科技监管规则与风险管控机制，制定和完善涉及行业信息技术、数据服务、安全管理等领域的管理办法和配套制度，明确各类行业机构信息技术安全要求。持续跟踪证券期货基金经营机构应用新型技术手段开展业务活动的新情况、新问题，及时识别、监测、防范有关风险，适时制定有关监管规则。加强监管规则数字化研究，探索将风险防控机制嵌入金融业务流程，对交易行为进行实时监测，对业务数据进行实时分析提取，实现可疑交易的自动化拦截与风险应急的智能化处置，增强对金融风险的识别、评估、监控、预警和处置能力。持续改进信息安全管理体系，强化落实网络安全等级保护制度，加强

行业信息系统安全防护能力建设，研究探索态势感知等新技术在网络安全防护中的应用实践，提升动态防御和主动防御能力，强化系统运维保障能力，提升行业整体安全运营水平。

资本市场金融科技创新正处于重要发展机遇期，需要建立健全工作机制，积极推进资本市场金融科技创新试点。证监会已将金融科技创新研究与实践纳入行业科技发展"十四五"规划，在研究国内外监管实际经营的基础上，制订开展资本市场金融科技创新试点的工作方案；在做好风险防范的基础上，在具备条件的地区开展试点工作。行业机构要紧跟数字化发展趋势，积极运用好证券期货业金融科技研究发展中心（由深交所建设并运营）和金融科技研究发展中心（由上交所负责运营）等行业公共研究平台，加强行业内外交流协作和资源共享，加大行业金融科技创新预研和推广应用，推动行业科技进步与创新发展。

把握金融科技创新的核心与本质，以守正为基础，以安全为关键，牢牢守住不发生系统性风险的底线。在科技创新发展过程中，业务创新系统升级频繁，外部网络安全风险加大，将进一步加强行业信息安全监管工作，增强行业机构风险意识，加强对业务合规、信用系统安全、数据安全的识别分析和监测工作，守牢安全底线。同时还将研究完善相关工作机制，为金融科技创新发展预留一定的试错空间。回归技术中立的本源，面对新技术既不能将其神化，也不能一味地排斥。在严控风险和确保安全的前提下，依法、合规创新金融科技产品与服务，合理运用新兴技术手段赋能金融高质量发展、助推数字经济转型升级。

四、共建行业金融科技新生态，以开放的态度面对科技创新

健全科研工作体制机制，提升行业金融科技研究水平，共建行业金融科技新生态。构建行业协同创新的科技研究体系，深化前沿研究探索与创新试点，通过搭建行业研究交流平台，行业核心机构、科研机构、科技企业和高校等各种形式的深度合作，充分发挥核心机构行业科研主力军的作用，推动行业机构建立金融科技创新中心，加强研究能力建设，开展数字金融创新试点；借助科研院所在基础研究和人才培养方面的优势，联合设立行业金融科技研究机构，开展深入合作，打造研究高地；借助科技企业在数字技术应用研发和聚集数字技术应用人才资源方面的优势，推动金融科技研究应用落地；深化对外合作研究，借鉴吸收国际先进技术与实践成果；推动成立行业科技发展联盟，促进行业科技融合发展。打造行业金融科技新生态不仅需要行业层面拥有便捷的基础设施和服务，而且需要配备多层次的数据共享与保护机制，以及完善的政策制度与机制保障，在清晰可靠的监管框架下，以开放、包容、合作的态度面对创新。

推动"产、学、研、用"合作，加速金融科技成果转化。科技应用能力是金融科技发展的基础，是实现金融高质量发展的必要条件。"产、学、研、用"各方应凝聚发展合力，通过产业联盟、专业委员会和联合实验室等形式，针对金融科技发展过程中存在的难点和痛点，积极开展关键核心技术联合攻关，在分布式数据库和中间件等领

域锻造具有自主知识产权的拳头产品；同时，坚持"以应用促创新，以创新促发展"的原则，构建场景共建、成果共用和产权共享的成果转化新模式，促进科技成果供给端和需求端的精准对接，有效打通科技成果转化的"最后一公里"，形成一批技术含量高且用户体验好的金融科技应用，切实赋能金融服务的提质增效。

五、持续完善行业科技治理体制机制，加强行业数字化科技人才队伍建设

健全多层次金融科技治理体系，完善科技监管组织架构。发挥证监会对行业科技发展的牵头引领作用，发挥交易所等核心机构在行业科技发展中的"排头兵"和"奠基石"作用，发挥行业协会、经营机构、行业信息技术服务商等各类机构在行业科技发展中的重要作用，共同实现行业科技治理的闭环。同时，还要发挥外部机构在行业科技发展中的协同作用，持续完善和扩大行业科技生态圈。此外，构建行业监管、行业自律、机构自治、社会监督的有效协同的多层次的金融科技治理体系，发挥好社会监督和行业自律对监管的有效补充，进一步完善监管规则体系，提升监管的科技水平。

加快夯实技术和制度基础，完善行业标准化体系。完善行业标准体系，促进市场标准化、规范化发展，降低市场运行成本，提高运行效率。要加快推进行业人工智能、大数据、云计算等全新技术的技术标准的研究制定，在应用范围、运作方式、操作细则和风险防控等方面明确体系化的技术要求，充分发挥标准化的引领作用；建立行业数据传输、应用和保护标准，统一数据交换标准；加快推动出台相关法律法规，为行业金融科技研发与应用提供坚实法制保障。

提高行业科技标准化水平。健全行业标准化工作体系，加强国家标准与行业标准、政府制定标准与市场制定标准之间的统筹推进和协调，构建国家标准、行业标准、团体标准和企业标准协调发展的多层次新型标准体系。顺应新时期资本市场数字化转型和科技监管发展趋势，聚焦数据治理、金融科技、业务服务、信息技术等重要领域，加大标准供给力度。拓展标准实施路径，开展标准认证工作，以认证带动行业机构贯彻落实标准要求，提升标准应用绩效。

加强行业数字化科技队伍建设，夯实行业发展基础，促进技术人才队伍稳步壮大完善。需要研究制定加强行业科技人才队伍建设的指导意见，优化人员结构，提高科技能力。制定人才需求目录、团队建设规划，合理增加数字化科技人员占比，打造既懂金融又懂科技的分析师、专业金融科技人才团队。完善科技人才评价体系，推动建立有利于吸引和留住人才、激励和发展人才的薪酬和考核制度，推动行业金融科技人才资质、技术技能、职务职称的考核与认定工作。

新一轮科技浪潮脚步越来越近，机遇与挑战并存，我们应加快科技与金融的融合，积极拥抱和适应科技创新，营造良好的科技创新环境，加大投入做好充分准备，迎接资本市场进入新的发展模式。

参考文献

［1］中国证券期货业信息化工作专家委员会．中国证券期货业信息安全发展报告
2009［M］．北京：中国财政经济出版社，2009．

［2］中国证券监督管理委员会．中国资本市场三十年［M］．北京：中国金融出版
社，2021．

［3］中国证券监督管理委员会．中国证券期货业信息化发展报告（2008）
［M］．北京：中国经济出版社，2009．

［4］中国证券业协会．中国证券业发展报告（2019）［M］．北京：中国财政经济
出版社，2019．

［5］中国证券业协会．金融科技引领下证券公司的商业模式重构及监管机制研究
［J］．传导，2018．

［6］中国证券业协会．关于推进证券行业数字化转型发展的研究报告［J］．传
导，2020．

［7］郑州商品交易所．足印：郑州商品交易所30年发展历程［M］．北京：中国
财政经济出版社，2021．

［8］张晓京，王治宝，王秀峰．我国证券交易系统发展现状及展望［J］．计算机
应用，2001（3）．

［9］波士顿咨询．顺势而为，在伟大的变革创新时代成功实现券商转型
［R］．2015．

［10］易观．2016中国互联网证券专题分析［R］．2016．

［11］李维．互联网证券生态发展报告［J］．21世纪经济报道，2016．

［12］王海航．证券公司信息技术应用与发展［J］．金融电子化，2019．